国家社科基金后期资助项目"江藩集笺注"
(编号18FZW032)阶段性成果

| 中国当代研学丛书 |

文化

江藩生平与学术研究

高明峰 | 著

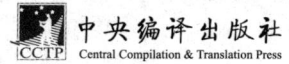

图书在版编目(CIP)数据

江藩生平与学术研究/高明峰著.—北京:中央编译出版社,2020.3
ISBN 978-7-5117-3801-1

Ⅰ.①江…
Ⅱ.①高…
Ⅲ.①江藩(1761—1831)—思想评论
Ⅳ.①B249.9

中国版本图书馆 CIP 数据核字(2020)第 004831 号

江藩生平与学术研究

出 版 人:葛海彦
责任编辑:李易明
责任印制:刘 慧
出版发行:中央编译出版社
地　　址:北京西城区车公庄大街乙 5 号鸿儒大厦 B 座(100044)
电　　话:(010)52612345(总编室)　　(010)52612339(编辑室)
　　　　　(010)52612316(发行部)　　(010)52612346(馆配部)
传　　真:(010)66515838
经　　销:全国新华书店
印　　刷:三河市华东印刷有限公司
开　　本:710 毫米×1000 毫米　1/16
字　　数:251 千字
印　　张:17
版　　次:2020 年 3 月第 1 版
印　　次:2020 年 3 月第 1 次印刷
定　　价:95.00 元

网　　址:www.cctphome.com　　邮　　箱:cctp@ cctphome.com
新浪微博:@中央编译出版社　　微　　信:中央编译出版社(ID: cctphome)
淘宝店铺:中央编译出版社直销店(http://shop108367160.taobao.com)(010)55626985

本社常年法律顾问:北京市吴栾赵阎律师事务所律师　闫军　梁勤
凡有印装质量问题,本社负责调换,电话:(010)55626985

前　言

随着新修《清史》工程的启动，有清一代的文献整理陆续展开，清代的学术文化的研究也得以不断深入。这种情况，极大地扭转了以往文献不足所致的研究缺漏。

江藩，是清代知名学者，"扬州学派"的代表人物，以《国朝汉学师承记》著称于世。对于江藩的研究，学界主要着眼于其所著《国朝汉学师承记》，以此评析江氏的学术思想和治学特色。然江藩著述遍及四部，不仅长于经学，精通象数制度与声韵训诂，且兼修文史，自成一家。经整理之江藩著述，主要有钟哲、徐洪兴、漆永祥诸家整理的《国朝汉学师承记》，以及漆永祥编校的《江藩集》。尚有传世的《周易述补》四卷、《乐县考》二卷、《尔雅小笺》三卷、《校补陆志》一卷、《炳烛斋杂著》八卷等经史杂著未经整理，存目的《考工戴氏车制图翼》《仪礼补释》《礼堂通义》《石经源流考》《通鉴训纂》《蝇须馆杂记》等则更是无暇稽考。就漆永祥整理的《江藩集》而言，系首次对江藩文集进行系统的整理，其价值不言而喻；然文字错讹、标点不当处亦在所难免。这种文献不确、资料不全的情况，势必影响到江藩乃至清代学术探研的准确性、系统性。事实上也是如此，对《国朝汉学师承记》评述歧见纷出，对江藩学术成就及其学术地位的论述更是付诸阙如。特别值得指出的是，漆永祥《江藩与〈汉学师承记研究〉》一书对江藩的生平、交游及著述作了较为充分的考索，对于了解江藩其人其学颇有帮助，垒高了相关的研究平台，自然有益于进一步深入拓展。

2003年，笔者有幸参与了田汉云老师主持的"扬州学派文献丛刊"项目,负责整理《江藩全集》。在搜集整理江氏文献的过程中,对江藩的生平、交游、著述以及经史四部的成就、特色等问题常有思考,并提出见解。有的篇章已先行刊载于学术刊物。可以说,整理文献与理论研讨是相得益彰的,这也是笔者所践行的治学之法。本书即可说是这一探研过程的产物。在全面翔实地掌握资料的基础上,对江藩其人其学,作出客观公允的探讨和评述,借此推进江藩乃至清代学术的研究,这是笔者的初衷。实现与否,则留待读者诸君评判焉。

本书的写作,前后长达十余年,从材料到观点,均不断得以修正。举凡先行刊发之著述中与此所论不合处,请以此书为准。在本书的撰著过程中,得到了扬州大学文学院田汉云老师的悉心指导,得到了扬州大学柳宏、刘建臻,北京大学漆永祥,广西师范大学刘汉忠诸师友的无私帮助,得到了《求索》《社会科学家》《图书馆理论与实践》《新世纪图书馆》《扬州文化研究论丛》等刊物的大力支持,同时得到了辽宁师范大学文学院王卫平、于永顺、张庆利等领导的亲切关怀,在此一并致谢!

目 录

第一章　江藩生平探研 ·· 1
　一、生卒年考说 ·· 1
　二、生平探略 ·· 6

第二章　江藩交游考索 ·· 28
　一、师长辈 ·· 29
　二、友朋辈 ·· 37
　三、后学辈 ·· 115

第三章　江藩著述叙录 ·· 124
　一、独著 ·· 124
　二、参编 ·· 137
　三、辑校 ·· 139
　四、其他 ·· 146

第四章　江藩经学平议 ·· 148
　一、《周易述补》 ··· 150

二、《乐县考》 …………………………………………………… 152
三、《尔雅小笺》 ………………………………………………… 155
四、《隶经文》 …………………………………………………… 156
五、《国朝汉学师承记》与《国朝宋学渊源记》 ……………… 166

第五章　江藩子史新探 ……………………………………… 180
一、史学融贯 …………………………………………………… 180
二、子学博杂 …………………………………………………… 184

第六章　江藩文学发微 ……………………………………… 190
一、诗 …………………………………………………………… 190
二、词 …………………………………………………………… 196
三、文与赋 ……………………………………………………… 198

附录一　江子屏先生年谱 …………………………………… 202

附录二　新编江藩年谱 ……………………………………… 222

主要参考文献 ………………………………………………… 262

第一章

江藩生平探研

一、生卒年考说

江藩，小名三多，族人称三多先生。初名帆，一作飒，字雨来，一作豫来。后改今名，字子屏，一作国屏，号郑堂，又号水松、竹西词客，晚号节甫、节父、节甫老人、炳烛老人；佛号辟支迦罗居士。① 江苏甘泉（今扬州邗江）人。监生。其为人权奇倜傥，豪饮好客，至贫其家。早年受业吴门，从余萧客、江声学，传惠氏《易》；后交游四方，为名公巨卿王昶、王杰、阮元等所重，踪迹遍及齐、晋、燕、赵、闽、粤、江、浙，曾数应乡试不第，以监生终老。在颠沛流离的生活中，江藩泛览群籍、博通经史、诗酒唱和、著述不辍。既以《周易述补》《尔雅小笺》《隶经文》等研经之作为乾嘉学术增色不少，又以《国朝汉学师承记》《国朝宋学渊源记》为清代学术史作出了初步总结，同时还精于诗词古文，清疏俊朗，享誉当时。因其博通之学，江藩甚得艺林推崇，与乾嘉通儒焦循并称，时有"二堂"之目，并以布衣为掌故宗且二十年，得"实学昭代崇，宗风递流衍"（王翼凤《挽江郑堂（藩）先生》）之誉。综观江藩的一生，虽无缘于仕途，生活也不免困顿，

---

① 漆永祥：《江藩与〈汉学师承记〉研究》（上海古籍出版社2006年版）第二章《江藩生平与学行考》、薛以伟《江藩年谱补订》（南京师范大学2007年硕士学位论文）有详细考释，可参阅。

"眼见功名草头露，情忘身世絮兼风"（江藩《和洪水樾林客中感旧二首》其二），然于经术、辞章、为人等方面皆有特别可称之处，以至于"儒林、文苑、游侠三传，令后世难于位置"①，足成其为一代通儒，为"扬州学派"的代表人物。《清史列传》《续碑传集》《国朝先正事略》等有传。

关于江藩的生卒年，史无明文。一般认为，江藩生于乾隆二十六年（1761），这是没有疑问的。江藩著有《尔雅小笺》三卷（于光绪十九年刻入《鄦斋丛书》中），卷首有《尔雅小笺序目》一文（此文又收入《炳烛室杂文》，光绪三年潘氏《滂喜斋丛书》本），文中江藩自序云"予少习此经，乾隆四十三年（1778），年十八矣，不揣谫陋，为《尔雅正字》一书……（予）嘉庆二十五年（1820），年六十矣，为阮生赐卿说《毛诗》，肄业及之"，又题署"道光元年（1821），太岁在重光，大荒落霜月，庚申自叙，时年六十又一"，江藩的自序，当可信从，据此，我们不难推得江藩的生年为乾隆二十六年（1761）。实际上，还有更直接、具体的材料。江藩于嘉庆十五年作有《节甫字说》一文（收入《炳烛室杂文》），自言"藩生于乾隆二十六年三月二十二日"，闵尔昌②撰《江子屏先生年谱》（民国十六年江都闵氏刊本）所言"清高宗乾隆二十六年辛巳三月二十二日，先生生"，当出于此处。

问题在于，江藩的卒年，却有两种说法。一为道光十年（1830），持此看法的学者为数较少，如钟哲在《国朝汉学师承记》（中华书局1983年版）的点校后记中指出：江藩"生于一七六一年（清乾隆二十六年），死于一八三〇年（清道光十年）"，朱维铮《汉学师承记·导言》（徐洪兴编校，生活·读书·新知三联书店1998年版）有云："恕我寡闻，至今没有见到《汉学商兑》的道光丙戌（一八二六）初刻本。我所见的此书最早版本，是道光辛卯（一八三一）冬的重刊本。江藩已在去岁死去。"等等。其主要依据当是清代陈穆堂《读骚楼诗二集·汪冬巢寒林独步图·序》所云"道光庚寅

---

① 陈康祺：《郎潜纪闻二笔》卷十六《江郑堂在儒林文苑游侠之间》，中华书局1997年版，第633页。

② 为行文简便，直呼名讳，省去"先生"二字，下同。

(1830)，江郑堂（藩）、许楚生（珩）、李练江、周乐夫相继殂谢"。另一种看法是道光十一年（1831），这一观点为多数学者认同，如张舜徽在《清代扬州学记》中指出："江藩，字子屏，号郑堂，晚又号节甫，甘泉人。生于公元1761年，即乾隆二十六年；卒于公元1831年，即道光十一年。年七十一。"他同赵航《扬州学派概论·江藩》（广陵书社2003年版）、薛飞《〈扬州图经〉前言》（江苏古籍出版社1998年版）、许卫平《扬州历代名人·江藩》（江苏古籍出版社1992年版）以及大量论文如王树民《江藩的学术思想及汉学与宋学之争》（《河北师范大学学报》1999年第2期）等都认定江藩卒年为道光十一年（1831）。其依据当是清人张丙炎《扁舟载酒词·跋》中所云"（江藩）卒年七十一"，再由江藩出生年乾隆二十六年（1761）推算而得。值得注意的是，上引朱维铮《汉学师承记·导言》又云："正如江藩在一八三一年死去的时候，没有想到他在《宋学渊源记》中已判为必死的道学末流会再度跳踉一样……"可见，关于江藩卒年，混淆不清，值得一辨。

最早对江藩卒年进行探究的，是近代著名学者闵尔昌。他在为乡贤江藩所作的《江子屏先生年谱》中指出："（道光）十一年辛卯（1831），七十一岁。先生卒"，并附按语云："张午桥跋《扁舟载酒词》云'卒年七十一'，未言何年。以生乾隆二十六年推之，应卒道光十一年。陈穆堂《读骚楼诗二集·汪冬巢寒林独步图·序》云'道光庚寅（1830），江郑堂、许楚生、李练江、周乐夫相继殂谢'，则当年七十矣。包慎伯《安吴四种·汪冬巢传》亦云：'庚寅，君之挚友三数人皆以物故，为《寒林独步》之图。'附记于此，以俟再考。"看来，闵尔昌已经注意到关于江藩卒年著录的差异，虽然将之系为道光十一年，但仍附录相关资料以备考，此种做法是科学而可取的，也为我们今天考辨江藩的卒年提供了重要线索。

近来续有探讨，并取得突破的，首推北京大学学者漆永祥。漆氏《江藩与〈汉学师承记〉研究》（上海古籍出版社2006年版）第三十六至三十八页专门对江藩卒年予以考辨。作者提出了四点依据，认为江藩卒于道光十年（庚寅，1830），寿龄七十。对此论断，笔者深表赞同，然就其依据来说，第一条为上引闵著中提到的陈穆堂《读骚楼诗二集·汪冬巢寒林独步图·序》，可谓有说服力的铁证，其余三条，多属推论性质。故尚有进一步论证的必要，兹作一补证。

其一，陈穆堂《读骚楼诗二集·汪冬巢寒林独步图·序》（道光十三年刊）云："道光庚寅（1830），江郑堂、许楚生、李练江、周乐夫相继殂谢，汪子哀之，为作图以寓士衡叹逝之意，不忘旧朋也。呜呼！厚矣。"漆氏以为是"唯一言之凿凿且有确切记年的孤证"。其实，亦有旁证。包世臣《艺舟双楫·汪冬巢传》（收入《安吴四种》，同治壬申秋重刊本）记载有汪冬巢画《寒林独步》图一事，其云："君讳潮生，字汝信，别字饮泉，晚又自号曰冬巢，姓汪氏……（道光）庚寅（1830）冬，予自删定文稿，乞诸友朝夕者分缮清本，君顾从他友所分去赋与文各一卷，字数累万，呵冻精写，点画清俊，有紫芝中江之意。是岁，君之挚友三数人皆以物故，君嗒然自伤，为《寒林独步》之图……又为《舫溪秋隐》之图，皆乞予序其意……"可知，汪冬巢为伤悼道光庚寅亡故的"挚友三数人"而作《寒林独步》图，再结合汪氏《冬巢诗集》中《曩以卜生庵图册乞题于郑堂练江题未成而两君皆殁秋窗展玩怆忆为诗》《送江郑堂》等诗，足证陈穆堂所言不虚。

其二，江藩侄孙江璧为江藩《伴月楼诗抄》写有跋文（上海图书馆藏清抄本《伴月楼诗抄》卷末附），其云："岁在戊子（道光八年），复归广陵。是时曾宾谷先生在扬掌蓞务，深喜公之归，而恨公归之晚也。为之改馆授餐，犹有风雅之意焉。未几，宾谷先生谢任去，公郁郁不适，绝口不谈文字，逾年遂卒"。此记载有疑误之处，包括江藩复归广陵的时间以及江藩与曾宾谷交游的时间。江藩侄孙江顺铭在《节甫老人杂著》（道光九年刻本）卷首《识语》中明言江藩于道光乙酉（五年）退息里门（即回归广陵）。《识语》亦云江顺铭等人编订《节甫老人杂著》时曾请命于江藩，故江顺铭所言当可信从。此外，江藩与曾宾谷交游的时间也不在戊子（道光八年）之后。据《清史列传》《续碑传集》等所载曾燠（字宾谷）的传记资料，曾燠先后有两个时期在扬州为官。一次是从乾隆五十八年到嘉庆十一年，任两淮盐运使。另一次是道光二年，以巡抚衔巡视两淮盐政，道光六年四月即被召回京，以五品京堂候补。其后，道光七年，曾燠引病乞归，奉旨不准给假，直至道光十一年（一作十年）卒于京寓。故此，江藩与曾燠之交游不可能迟至道光八年之后。尽管江璧所言有如此疑误，但其提及的江藩与曾燠的交游确有其事，戊子（道光八年）之后，江藩"逾年遂卒"也符合事实。① 只不过，由于事隔多年，江璧只能记其大概而不够精确罢了。

其三，阮元《高密遗书序》云："甘泉黄右原孝廉（奭）以誉为刑部郎……右原乃言幼读书为举业，入安定书院，曾宾谷先生异之曰：'尔勿为时下学，余荐一老师宿儒与尔为师。'乃甘泉江郑堂子屏藩也。右原以重修礼延之馆其家，从之学。右原质本明敏，又专诚受教。四年，子屏老病卒，独学又十余年，日事搜讨，从汉唐以来各书中得高密遗书盈尺之稿……"（黄奭辑《黄氏逸书考》所收《高密遗书》卷首附，清道光中甘泉黄氏刊民国十四年（1925）王鉴修补印本）其中叙及曾燠引荐江藩，黄奭因之延江藩馆于家，四年后江藩老病卒一事。此间江藩与曾燠的交游，当在曾燠回京的道光六年（丙戌）四月之前，且在江藩晚年即道光五年退息里门之后。由此后推四年，即在道光九年、道光十年间，江藩老病卒。再排除道光九年，亦只能取道光十年为江藩卒年。

综合上述论证，可以断定江藩卒年为道光十年庚寅（1830），享年七十。其依据有陈穆堂《读骚楼诗二集·汪冬巢寒林独步图·序》和包世臣《艺舟双楫·汪冬巢传》两条铁证，另有漆永祥《江藩与〈汉学师承记〉研究》所论三条以及笔者上述所论两条推论性的证据。认为江藩卒于道光十一年辛卯（1831），享年七十一者，其依据仅有张丙炎作于光绪丙戌（1886）的《扁舟载酒词·跋》中所云"（江藩）卒年七十一"一条，且找不到任何旁证或推论性的依据，故此论断难以成立，张丙炎所言许是事隔久远或年岁计算失误所致。

---

① 细绎上引跋语，戊子（道光八年）及其后江藩有极短暂的交游，由此推知江藩卒年最有可能在道光九年或道光十年，因道光九年江藩尚在，故取道光十年庚寅。

二、生平探略

（一）世系与家学

江氏世系，源远流长。据江志伊《新修金鳌江氏宗谱序》①，江氏源出颛帝玄孙伯益子玄仲，传十七世至贞公，居济阳，是为济阳江氏始祖。六十世至玄公，居临淄，为临淄派。七十一世至革公，官谏议大夫，《济阳宗谱》宗为一世祖。传十六世，至淹公，封醴陵侯，为陈留派。淹公第三子荃移居宣城，为宣城派。二十世至韶公，由宣城迁旌德，卜居金鳌山麓，为金鳌派江氏始祖。以上谱系梳理，尤其是始祖追溯，多有附会之词，不可尽信。然自韶公以来，家业兴旺，俨然已成当地望族，江冲《歙北丰瑞里族谱序》云："至二十世祖韶公，器局不凡，识量过人，常以世居繁杂，见金鳌山水秀异，八景呈祥，遂卜居之，名其地曰江村。自是人和俗美，英俊叠生，甲第盈门，遂为旌邑首族。"②且其后子孙繁衍，厘然可考，"韶公三子，长知敬，五世孙烈，迁泾县丰乐乡。三知节，四世孙悬卿迁歙县、海宁。次知德，孙绪公三子，长执中，子全铭，唐太和中，中明经科，官侍御史。全铭公次子天骥，传曾孙从义、从厚、从政。次执义，孙天常，怀宁主簿，有善政，传曾孙从简、从龙"③。从政公生子六，五为彦璋，江藩即出于彦璋一脉，列五十八世。自五十三世以来之繁衍，择与江藩关系密切者，列表如下④：

---

① 江志伊等纂：《济阳江氏金鳌派宗谱》江志伊《新修金鳌江氏宗谱序》，（1938年）续修本。
② 江志伊等纂：《济阳江氏金鳌派宗谱·旧谱序》，（1938年）续修本。
③ 江志伊等纂：《济阳江氏金鳌派宗谱》江志伊《新修金鳌江氏宗谱序》，（1938年）续修本。
④ 此处参据薛以伟：《江藩年谱补订》，南京师范大学2007年硕士学位论文。

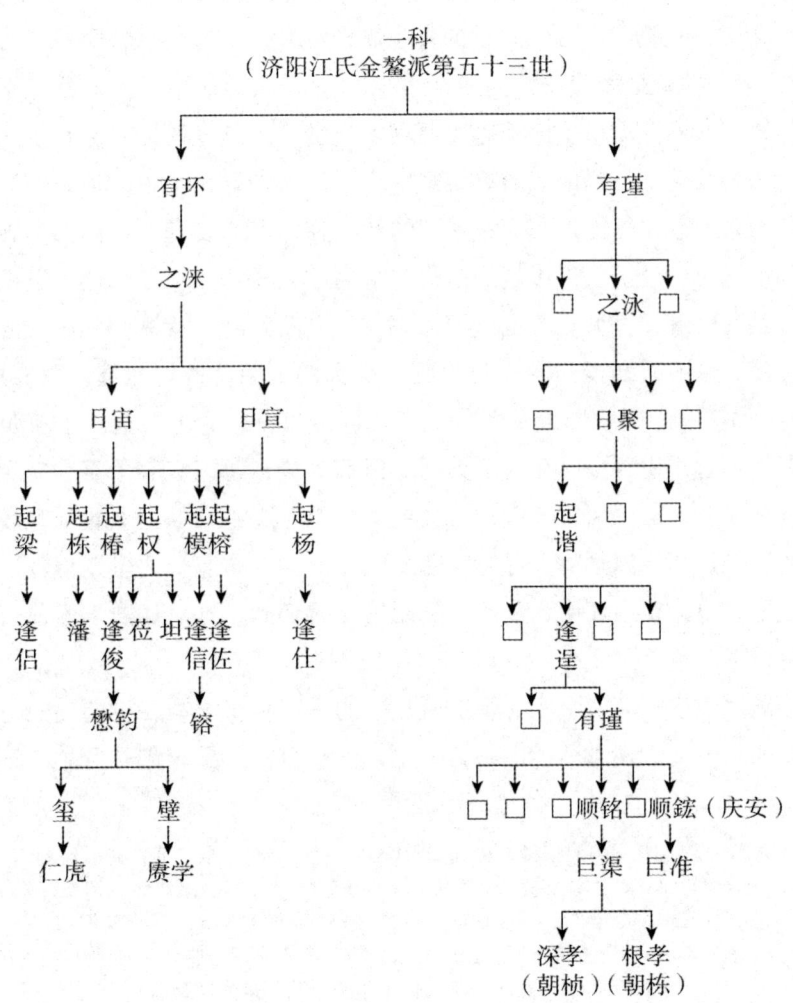

江藩祖父名曰宙,从安徽旌德移居扬州,著籍甘泉。① 据李斗《扬州画舫录》记载,在扬州小东门附近的多子街开设有天瑞堂药肆,即是"旌德江氏生业"②。甘泉是清代扬州府治的属县之一,而清代中叶的扬州,则是江南最为繁华的商业城市。由于有着便利的交通,又是全国的盐务重心,扬州的经济极为发达,扬州的盐商更是富甲天下。加之扬州又不是地区的政治中心,与南京、苏州等治地相比,受到的政治控制要来得薄弱。因而,在这样政治环境宽松、经济条件优越的扬州,富商巨贾每每以交结名流、资助出书为乐,名公巨卿如卢见曾等也以振兴书院、刊刻经籍、诗酒唱和、主盟风会为务,使得这一时期扬州的文化得到了极大的繁荣,诚如江都人薛寿所说:"吾乡素称沃壤。国朝以来,翠华六幸。江淮繁富,为天下冠。士有负宏才硕学者,不远千里百里,往来于其间。巨商大族,每以宾客争至为宠荣。兼有师儒之爱才,提倡风雅。以故人文汇萃,甲于他郡。"③ 这种地域环境,对江藩的影响是相当深远的。尽管江藩少长于吴门,传惠氏之学,但他后来常年居住于甘泉,得与汪中、焦循、阮元等交游切磋,这对江藩学术成就的影响不容低估。

江藩本出生于商贾之家。祖上所从事的是药材生意,开设药铺兼行医治病。扬州多子街天瑞堂药肆即是其中之一。然自江藩父亲起栋开始,逐渐弃

---

① 关于江藩的祖籍,有安徽旌德和安徽歙县两说。如洪亮吉《北江诗话》卷四载"江上舍藩,寓居江都,实旌德人",汪廷儒《广陵思古编》录江藩《河赋序》后所附小传称江藩"歙县籍,后居江都"。据江志伊等纂《济阳江氏金鳌派宗谱》(1938年续修本),江藩隶属济阳江氏金鳌派。济阳江氏先后有临淄派、陈留派、宣城派。宣城派二十世至韶公,由宣汪旌,卜居金鳌山麓,是为金鳌派江氏始祖。其后,金鳌派又分为五支,"从义迁太平、长源及榨梓里,从政之后分迁太平、文野及歙之丰瑞里,其居金鳌者又分番禺之沙甬,从简、从龙则迁泾县之视坑、溪口。各建祠修谱,自为一宗。惟吾从厚公支,世居金鳌"。(江志伊《新修金鳌江氏宗谱序》)而江藩又出自从政第五子彦璋一系。故此,称江藩祖籍为旌德较为妥当,而歙县之说,亦无大碍。至于江藩《乙丙集》之《谷董羹·序》所言"予本宣州人也",乃因古时宣州领宣城等县,治所在宣城;清时宣城、旌德同隶宁国府,治所在宣城。故而,江藩所言,亦不足怪。
② 董玉书:《芜城怀旧录》卷一又称"小东门三之栈药肆,亦为江氏后人所业,今已易主",江苏古籍出版社2002年版,第32页。
③ 薛寿:《学诂斋文集》卷下《读画舫录书后》,冶城山馆光绪庚辰刊本。

商业儒，研读诗书，并与饱学之士如薛起凤、汪元亮、余萧客、江声等相交游。值得注意的是，藩父起栋学佛有年，明于去来，对江藩影响颇深。受其父影响，江藩幼年即喜欢诵经，起栋诲之曰："佛教大指由戒生定，由定生慧，功有序矣。徒以童心，悦其文词，知见未真，必多疑语。盍读儒书，究世法，以为之基，然后从文字般若入实相般若乎！"① 又尝曰："儒自为儒，佛自为佛，何必比而同之？学儒、学佛，亦视其性之所近而已。儒者谈禅，略其迹而存其真，斯可矣。必曰佛、儒一本，亦高明之弊也。"② 援佛入儒的程在仁曾下榻江藩家，乐与江起栋谈论，自悲身世不偶，多愤激之言。起栋曰："传有之，'富贵在天'，虽一衿，亦有定数。子学儒、学佛，十有余年，胸中尚不能消'秀才'二字，学道何为！"在仁退而告江藩曰："闻丈言，醍醐灌我顶矣。"③ 职此之故，江藩自幼谨守庭训，少读儒书，不敢辟佛，亦不敢佞佛。后来，江藩曾从以儒证佛、以佛证儒的薛起凤、汪缙学，与方外之人如淡上人、玉上人等也有交往唱和，如《游天平山次苏子美韵赠淡上人》一诗云："执儒又执佛，我势若骑虎。"又《玉上人云寺内鸣钟声闻在此闻声在彼是现在声是虚空声请下一转语为述二十八字》曰："罗筏城中无有我，毗卢门里住千人。钟声只在阿难耳，耳本无尘岂有音。"可见，江藩固然以专研儒学为主，于佛学亦有一定修养。故而江藩有"人之所以学佛者，为了生死耳。闭户参究，回光返照，即可以了矣，何事仆仆道路为？亦可谓疲于津梁矣"之论，又能对儒生与佛学之关系作出如下精辟论述："儒生辟佛，其来久矣，至宋儒，辟之尤力。然禅门有语录，宋儒亦有语录；禅门语录用委巷语，宋儒语录亦用委巷语。夫既辟之，而又效之，何也？盖宋儒言心性，禅门亦言心性，其言相似，易于混同，儒者亦不自知而流入彼法矣。至儒、佛之分，在毫厘之间，若暗中分五色，饮水辨淄渑，其理至微，学者贵

---

① 江沅：《染香盦文外集·处士江公墓志铭》，道光庚子刊《江先生诗古文词遗集》本。
② 徐洪兴编校：《汉学师承记》（外二种），生活·读书·新知三联书店1998年版，第230页。
③ 徐洪兴编校：《汉学师承记》（外二种），生活·读书·新知三联书店1998年版，第229页。

自得之，岂可以口舌争乎！自象山之学兴，慈湖之言，近于禅矣；姚江之学继起，折而入于佛者，不可更仆数矣。然尚自讳其学，曰：'吾之言，儒言也，非禅言也；吾之行，儒行也，非禅行也。'如沈、史诸君子是已。至明之赵大洲，始以儒证佛，以佛证儒，如香闻师诸先生是已。间尝考之，后人皆曰：援儒入佛，始于杨慈湖；然程伯子有言曰：佛言前后际断，纯亦不已是也。是援儒入佛，不始于慈湖，始于伯子矣。"① 其中，指出援儒入佛不始于慈湖而始于程颢，可谓有识之论。而江藩所撰《正信录序》②，则在一定程度上反映出江氏通达佛理，兼容儒释的特质。更有甚者，即便是在一些唱和文字中，江藩也能信手拈来，融释无间，如《和汪大墨庄焚香二首》：

木叶烧残火色昏，诸华香散到儒门。通灵鼻观无生灭，更向曹溪问水源。

城南松柏北邙坟，来往新人底事勤。鸭舌兽炉经一卷，唱叉业海自然闻。③

（二）受业吴门，渊源红豆

乾隆二十一年（1756），江藩父起栋三十五岁时，移家吴县。五年之后，江藩出生，遂长于吴门。

十二岁时，江藩从薛起凤受句读，起凤谕以涵养工夫。某天，江藩忽然叱责仆人，起凤婉言开导说："读书以变化气质为先，汝如此气质，尚能读书乎！况彼亦人子也，为汝役者，逼于饥寒耳。方哀矜之不暇，忍加诃责耶？"又尝从汪缙游，汪氏以自身的实践告之曰："吾于儒、佛书，有一字一句悟之十余年始通者。读《二录》《三录》，当通其可通者，不可强通其不可通者。"《二录》《三录》，乃汪氏所著儒、佛互证之书。当时游学时的情形，江藩有《过爱庐师》一诗纪之："阊门喧早市，衣葛夏初天。童子知迎客，

---

① 徐洪兴编校：《汉学师承记》（外二种），生活·读书·新知三联书店1998年版，第230页。
② 罗聘：《正信录》卷首，上海国光印书局民国二十年刊本。
③ 江藩：《伴月楼诗抄》卷上，清抄本，藏上海图书馆。

幽人欲问禅。全芳供杂佩，新竹当疏帘。堂静生虚白，虚中复有边。"这些有关涵养的训导、读书方法的传授，对年幼的江藩来说，无疑是有着重要影响的。

十五岁的时候，江藩从吴县余萧客游，始知风雅之旨。《乙丙集》即作于是年。在余萧客的指导下，江藩上窥汉、魏、六朝，下逮李唐、赵宋，"虽不能入天厨、窃禁脔，而钟嵘之品、皎然之式，亦三折肱而思过半矣"（《乙丙集自序》）。如江藩呈余萧客的《谷董羹》一诗："蓬窗雨雪声疏密，苦菜生园吾未贫。寒夜投醪若下酒，春天杂煮洞庭莼。佳名传自罗浮老，好句还思陆道人。谷董羹香旧乡景，盘餐市远味艰新。"与其后的成熟之作如《春日杂兴》（春日身如不系舟）等相比，虽不免稚嫩，然措辞、用典、意境等方面仍有可取之处。在此后的十一年中，江藩共作诗800首，于乾隆丙午年去萧取艾，得一百二十八首，厘为二卷，名曰《乙丙集》。余萧客兼擅经义、诗古文词，曾将修补《古经解钩沉》一事托付江藩："（藩）闻之先生曰：'《钩沉》一书，汉、晋、唐三代经注之亡者，本欲尽采；因乾隆壬午四月得虚损症，危若朝露，急欲成书，乃取旧稿录成付梓，至今歉然。吾精力衰矣，汝能足成之，亦经籍之幸也。'"① 可惜江藩自心丧之后，遭家多故，奔走四方，饥寒切体，而不能专心从事编辑，"叹治生之难，蹈不习之罪，有负师训，能不悲哉！"

藩年十六，即受知于朱筠。朱氏性爱山水，喜好吟咏，每酒阑灯灺时，辄劝藩曰："吾侪当以乐死，功名利钝何足介意哉！"此种鄙薄功名利禄的思想，对江藩有一定影响。日后，他尽管多次应考不中，仍能坦然面对，且优游山水、广交友朋，不以仕途、家计为意。譬如，他作有《古风》一诗，其中有句云，"嗟乎羊叔子，不如铜雀妓，富贵于我如浮云。"又譬如，乾隆四十五年（1780），洪亮吉、黄景仁流寓日下，贫不能归，江藩与之共饮于天桥酒肆。遇武亿，遂招之入席。喝了数盏之后，武亿忽然环视左右，哭声大作，楼中其他饮酒的人多骇而散去。江藩问武亿为何如此，答曰："予幸叨

---

① 徐洪兴编校：《汉学师承记》（外二种），生活·读书·新知三联书店1998年版，第41页。

一第，而稚存、仲则则寥落不偶。一动念，不觉涕泣随之矣。"江藩戏称其为"今日之唐衢"①。后来，朱筠去世以后，江藩每每忆及交游时的情状，还时常情不自禁地深切缅怀，如《栢因轩有梅一株倚墙而生今年春笥河夫子探梅见此婆娑树本以竹杖去其枝头蛛网谓藩曰何其古也十一月二十六日与墨庄约明年春宿还元阁作众香国主人谈及此事而先生已归道山矣唏嘘久之泫然泣下感而作此》一诗，其中有句云，"横杖枝头拨蛛网，美人恐与风尘涴。玉堂神仙今羽化，灞桥驴背谁人跨。催花风去败花雨，梅为谁开为谁罢"，可见其无限哀思。

十七岁时，余萧客殁。余氏为文典博古茂，所作无多，江藩将之编次为集，得二十余篇藏焉。自萧客殁后，江藩泛滥诸子，如涉大海，茫无涯涘。江声（号艮庭）教之读"七经""三史"及许氏《说文》，乃从其受惠氏《易》。读书有疑义，质之艮庭，指画口授，每至漏四下，犹讲论不已。

十八岁时，江藩承江艮庭先生之学，著《尔雅正字》。② 是书以《说文》为指归，《说文》所无之字，或考定正文，或旁通假借，不妄改字画。王鸣盛见此书后，倍加称赏，称好学深思之士惟江藩、李赓芸及费士玑三人而已，并告之邵晋涵作疏有年，可俟其书出再加订正。

也就在这一年，朱筼看到江藩的诗作，嘱张居寿为介绍，引为忘年交。朱筼特立独行，所作诗文皆根底经史，曾以"读书惟正心诚意为第一义，富贵如浮云耳"教诲张居寿等弟子。因有着如此特殊的交谊，江藩在嘉庆十三年三月既望为之撰《墓表》，有"处士之韬耀绝机、含和隐璞，藩知之最深"云云。其弟子张居寿性刚烈，疾恶如仇，嗜酒落拓，学诗于朱筼，所作五言诗曾得到袁枚的延誉。后居寿殁，诗稿散佚无存，江藩因录其唱和投赠之作

---

① 按：唐衢乃唐时人，据《旧唐书》本传，唐衢应进士，久而不第。善歌诗，意多感发。每见人文章有所感伤者，读讫必哭，涕泗不能已。每与人谈论，临别之时，发声一号，音辞哀切，闻之者无不凄然泣下。故世称唐衢善哭。

② 关于《尔雅正字》的作年，《尔雅小笺序目》云："予习习此经，乾隆四十三年，年十八矣，不揣谫陋，为《尔雅正字》一书，承艮庭先师之学，以《说文》为指归。"然《国朝汉学师承记·王鸣盛》却说："藩十六岁时，著《尔雅正字》。"按：江藩受学于艮庭当在其师余萧客殁后，时在十七岁，而《尔雅正字》又是承艮庭之学而作，故当以《尔雅小笺序目》所言"年十八"为是。

为一册，并作《张旧山诗集序》，收于《炳烛室杂文》中。

这一时期，江藩受业于吴门，余萧客、江声都是惠栋的得意门生，江藩因此得传惠氏之学。其后，江藩在《国朝汉学师承记》一书的序言中追溯道："藩绾发读书，授经于吴郡余古农、同宗艮庭二先生，明象数制度之原，声音训诂之学。乃知经术一坏于东西晋之清谈，再坏于南北宋之道学。元、明以来，此道亦晦。至本朝，三惠之学，盛于吴中；江永、戴震诸君，继起于歙。从此汉学昌明，千载沉霾一朝复旦。"又在《宋学渊源记》一书的序言中征引红豆山房半农人的手书楹帖"六经尊服、郑，百行法程、朱"，以针砭汉学家一味地痛诋宋学，不事躬行，并宣称作此《记》"实本师说"。特别值得一提的是，惠栋深于《易》学，撰有《周易述》二十卷，专宗虞翻，参以荀爽、郑玄诸家之义，"约其旨为注，演其说为疏"，得使《易》汉学粲然复章，惜未竟而卒，缺自鼎及未济十五卦和《序卦》《杂卦》二传，江藩承受其学而撰《周易述补》四卷，"方之惠书，殆有过之，无不及也"①。

（三）往返苏扬，广交友朋

自乾隆四十五年到五十五年，即江藩二十岁到三十岁的十年间，江藩往来于苏州、扬州两地，广泛结交友朋。诸如扬州名儒汪中、阮元、焦循、凌廷堪等皆与定交，时相过从，谈经论史，诗酒唱和，学问得以大进。

江藩二十岁这年春天，从朱文游处借得汲古阁影宋抄《九僧诗》，至二十二岁阅读从扬州书肆中购得的《群贤小集》时，才知《九僧诗》乃《圣宋高僧诗选》的前集。同一年，江藩与汪中定交，日相过从，成为亲密的学侣。汪中尝谓江藩曰："予于学无所不窥，而独不能明《九章》之术。近日患怔忡，一构思则君火动而头目晕眩矣。子年富力强，何不为此绝学？"并以梅文鼎历算之书相赠。藩遂知志位布策。后又与算学名家谢野臣之子身灌交，获读毛乾乾之遗书，逐渐通晓历算之学，从其所作《天地定位节为纳甲之法解》《释椭序》等文中可见一斑。在《国朝汉学师承受记》一书中，还生动记载了徐复因羞于不通算法而发奋图之，并时常向江藩请益，终于算学

---

① 凌廷堪：《周易述补叙》，见《续修四库全书》本《周易述补》卷首附。

大进的事例:"甲寅(1794)省试,与友人江都黄君承吉同寓,黄君诘以《九章》算法,不能答,以为耻,典衣购算书归。时君携妇入城,与藩所赁之屋衡宇相望,薄暮时,即执算书一册来相质问,未及一年,弧三角之正弧、垂弧、次形、矢较诸法,皆能言其所以然矣。"① 汪中七岁而孤,一生坎坷,曾撰《自序》一文,以其悲惨境遇比之刘孝标。江藩因遭遇相似,极表同情,在《国朝汉学师承记》为汪中作传时,不录其享有盛誉的《广陵对》《哀盐船文》等妙文佳作,而全文移录《自序》一文,可见其良苦用心,尤其是江藩在《自序》文后所发的一段感慨,更是夫子自道:"藩自遭家难后,十口之家,无一金之产;迹类浮屠,钵盂求食;睥睨纨绔,儒冠误身;门衰祚薄,养侄为儿;耳热酒酣,长歌当哭。嗟呼!刘子之过,酷于敬通;容甫之陁,甚于孝标。以藩较之,岂知九渊之下,尚有重泉;食荼之甘,胜于尝胆哉!"② 汪中有子名喜孙,"能读父书,长于考据",与江藩交谊亦深。汪喜孙十六岁时,即以《许浦都统司砖考》见赏于江藩。当《国朝汉学师承记》撰成之后,江藩即问跋于喜孙。在作于嘉庆十七年的跋文中,汪喜孙亦对该书赞誉有加,"异时采之柱下,传之其人,先生名山之业,固当附此不朽",并自言"奉手受教,服膺有年"于江藩。此外,在江藩去世后,喜孙还校录江氏遗书。而当喜孙为其曾曾祖父汪镐京向江藩乞墓志文时,藩也慨然应允,挥毫成《汪先生墓表》一文。

其间,江藩与高邮李惇结交。有一次,李惇往江阴,留宿藩家,一起燃烛豪饮,议论史事。李惇朗诵史文,往往达旦。第二天,江藩取史文核之,一字不误。当时江藩年少气盛,好诋诃古人。李惇从容劝道:"王子雍有过人之资,若不作《圣证论》攻康成,岂非淳儒哉!"过不多久,又说:"若夫佛氏轮回因果之说,浅人援儒入墨之论,不可不辨,子车氏所谓'正人心,息邪说',苟不力辟之,是无是非之心矣。"对于这些规劝的言论,江藩记忆

---

① 徐洪兴编校:《汉学师承记》(外二种),生活·读书·新知三联书店1998年版,第139页。
② 徐洪兴编校:《汉学师承记》(外二种),生活·读书·新知三联书店1998年版,第137页。

深刻，且铭感于心。后来在《国朝汉学师承记》中，江藩还一再感叹："自君（李惇）谢世之后，二十余年，藩坎坷日甚，而性情益戾，不闻规过之言，徒增放诞之行，可悲也夫！"①

江藩又与阮元同学交善。嘉庆二十三年，阮元在为江藩《国朝汉学师承记》所撰序文中指出："元幼与君同里同学，窃闻论说三十年余年"。两人切磋经史，志趣相投，阮元曾对此有生动记载："江君未弱冠，读书已万卷。百家无不收，岂徒集坟典。欲识列尊彝，石墨堆碑版。我年幼于君，获与君友善。谈经析郑注，问字及许篆。书寠小东门，出城路不转。时从书寠坐，左右任披展。"② 江藩也作有《与阮侍郎书》，就阮元所撰《墓表》提出商讨意见，认为古人居丧不文，墓表不当自为之，并提出"墓表不可建于下圹之时，当立于礼祭之后"，另有《书阮云台尚书性命古训后》一文，对阮元所撰《性命古训》大加推崇，以为"功不在禹下"。江藩的学问及人品，同样得到了阮元的推许，赞之以"博闻强记，无所不通，心贯群经，折衷两汉"，"淹贯经史，博通群籍，旁及九流二氏之书，无不综览。所为诗古文辞，豪迈雄俊，卓然可观……所著《周易述补》《尔雅正字》诸书，皆有发明。为人权奇倜傥，能走马夺槊。豪饮好客，至贫其家。遍游齐、晋、燕、赵、闽、粤、江、浙。王韩城师极重之"③，并以为修纂《大清经解》，能总其事、审是非、定去取者，海内学友唯江藩与顾广圻二三人④。故而，当阮元显达之后，仍不忘故友，馆江藩于幕府修书讲学，并馈以厚金。江藩《国朝汉学师承记》《国朝宋学渊源记》等著述，多赖阮元之力才得以刊行。惜江藩不善治生，又轻财傲物，散其家产结纳友朋，故阮元称其"随手挥霍，虽有陆贾装无益也"，终至穷困一生。

二十四岁时，在扬州，经汪中介绍，江藩与凌廷堪定交，凌氏为作《周

---

① 徐洪兴编校：《汉学师承记》（外二种），生活·读书·新知三联书店1998年版，第132页。
② 阮元：《揅经室四集》卷四《题江子屏（藩）书寠图卷》，《续修四库全书》本。
③ 阮元：《定香亭笔谈》卷四，《丛书集成初编》本。
④ 徐洪兴编校：《汉学师承记》（外二种），生活·读书·新知三联书店1998年版，第4页。

易述补叙》,赞誉有加。江藩不仅经学专门,史学也颇为精湛,凌氏曾在《与张生其锦书》中推许江藩于史学"融洽条贯,相与纵谈古今,同时朋好,莫与为敌"。江藩三十三岁时,在京师与凌廷堪、王塽时讲求象纬之学。后来,在嘉庆十七年江藩五十二岁的时候,为凌廷堪《校礼堂文集》作序,称相交垂三十年,论乐会意,执礼析疑,有"同声相应"之乐。

二十六七岁间,江藩父秋庄公、母吴孺人先后辞世,归葬扬州。此间又频遭丧荒,江藩以所聚书易米,书仓为之一空,遂作《书窠图》以寓感,一时耆宿题咏殆遍。此间的窘况,在江藩所作《乙丙集自序》中有生动的描述:"丙午岁大饥,日唯一饘粥。贫居无事,发八百首读之,吟哦之声与饥肠雷鸣声相断续。"① 以书易米,实出无奈,可谓是读书人的悲哀,其遗恨可想而知,后来江藩为秦敦夫作《石研斋书目序》时还表现出耿耿于怀:"藩昔年聚书,与太史相垺,乾隆乙巳、丙子间频遭丧荒,以之易米,书仓一空。自我得之,自我失之,夫复何恨?然师丹未老,强半遗忘,所弃秘籍至有不能举其名者,惜未编目录以志之也。"②

二十七岁时,江藩与焦循订交。二人常有书信往来,切磋学问,相得益彰。是年江藩自西湖归扬,接焦循手书,即致函焦氏,讨论阮元主编《经籍籑诂》事,并言八月必为豫章之行。后遂客游江西,在谢启昆处,交胡虔。时江藩又有致阮元、朱锡庚书,请焦氏代寄进京。是年冬,江藩偕叶英访焦循。江藩获睹焦氏《毛诗物名释》,阅三月而读竟,遂题序其上。二十八岁时,江藩请焦循摘录《御览》旧注。三十二岁时,江藩致书焦循,言及撰《春秋解诂》一书,并向焦氏请教年根置闰之捷法。焦氏有《答江子屏论春秋历法书》《答江郑堂书》等,释江藩之疑。三十六七岁时,江藩与焦循一度因谗言而产生误会。江藩多次致函焦循,语带责备;焦氏遂复信解释,消弭嫌隙。三十八岁时,江藩应焦循之请,作《释椭序》,"书椭圆缘起,为读是篇者之先导"。焦循乃扬州通儒,江藩知之甚深,在成书于嘉庆十六年的《国朝汉学师承记》中对焦氏作有中肯而精确的评价,称其"声音、训诂、

---

① 江藩:《炳烛斋杂文・乙丙集自序》,光绪三年《滂喜斋丛书》本。
② 江藩:《炳烛斋杂文・石研斋书目序》,光绪三年《滂喜斋丛书》本。

天文、历算，无所不精。淡于仕进，闭户著书，五经皆有撰述"①。后焦循《雕菰楼集》卷首之《纪略》亦载录江氏此文。江、焦二人皆以淹博经史为学界所推，时有"二堂"之目。厥后又称"江焦黄李"，谓黄承吉、李钟泗。江藩三十岁时即与黄承吉结交，往还甚密。三十六岁时，江藩应黄承吉之请，为其亨年室撰铭，称其"于学靡不讲贯，尤精于汉儒之说"，于《周礼》《毛诗》皆有撰述。黄承吉《梦陔堂文集》《梦陔堂诗集》中也多有寄赠江藩的文字，如《观汉学师承记怀江郑堂粤东》一诗，称赞江氏"梦寐康成志矻矻，渊源红豆膺拳拳。不忘数典创斯作，直凭一线垂仔肩。茫茫绝业望千载，一堂恍接逵与虔"②，又如《江郑堂象赞》一文，谓江氏"千秋一师，源穷派通"，堪称推崇有加。当江藩去世数月之后，黄承吉又有缅怀之作《江郑堂没已数月秋窗坐忆恻然成诗》，诗中追忆了江藩对其学业上的指导和帮助，既引导其注重研究经义，"古来善读书，读横不读竖。要在研精微，能使经义著。记诵非可师，经师有先路"，又在六书、历算、金石、传注等方面广加开示，黄氏因而感叹道，"我行虽未逮，非君莫假步"，并发出了"叹逝益思哀，滔滔水空度"的无尽哀思。李钟泗则治经深于《左传》，撰《规规过》一书，焦循赞为精妙详博，曾从江藩问《丧礼》，往复问难，能发人所未发。

二十八九岁时，江藩客江西布政使王昶官署，时与王昶、翁方纲等雅集。江藩从王昶游，垂三十年，论学谈艺，多蒙鉴许。在《国朝汉学师承记》一书中，江藩称许王昶"天资过人，于学无所不窥，尤邃于《易》。诗宗杜少陵、玉溪生，而参以韩、柳；古文则以韩、柳之笔，发服、郑之蕴。功业文章，炳著当代"③。王昶曾以文学受到乾隆帝的特达之知，喜好结交友朋，诗酒唱和，主持风会多年，著有《春融堂诗文集》六十八卷、《金石萃编》一百六十卷等，未竟之书则有《群经揭橥》《五代史注》，江藩在

---

① 徐洪兴编校：《汉学师承记》（外二种），生活·读书·新知三联书店1998年版，第145页。
② 黄承吉：《梦陔堂诗集》卷二十二《观汉学师承记怀江郑堂粤东》，咸丰元年刻本。
③ 徐洪兴编校：《汉学师承记》（外二种），生活·读书·新知三联书店1998年版，第71页。

《寄呈述庵夫子》（二首）中，对此做了生动的反映：

> 风雨萧萧到水乡，先生爱客胜圭璋。图书情思尊周孔，金石文章数汉唐。十国世家搜典故，两川征战记农桑。徐君空读春秋例，但继欧公论灭亡。

> 经训堂中秋色老，山光摇落泖湖前。草生南国萧萧画，人住东方点点烟。两汉学行三十载，六书艺绝一千年。道高大力持风雅，红豆分枝火独然。①

王昶曾因袁枚以诗鸣江、浙间，从游者若鹜，乃痛加诋毁，比之轻清魔。王氏提唱风雅，以三唐为宗，而江、浙李赤者流，以至吏胥之子、负贩之人，能用韵不失拈者皆在门下。嘉庆四年，时年三十九岁的江藩从京师南还，至武林，拜谒王昶于万松书院，从容言曰："明时湛甘泉，富商大贾多从之讲学，识者非之。今先生以五七言争立门户，而门下士皆不通经史，粗知文义者，一经盼饰，自命通儒，何补于人心学术哉！且昔年先生谓笥河师太邱道广，藩谓今日殆有甚焉！"② 王昶无言以对。是时，依草附木之辈，闻江藩言大怒，造谤语构怨，几削著录之籍，然江藩不顾也。藩又尝作《河赋》，豪迈雄俊，论者谓可与木玄虚《海赋》、郭景纯《江赋》并传，王昶跋云，"本《汉书》《水经》以立言，故晋、魏后置莫论也，醇厚斑驳亦似邹、枚"③，评价颇为中肯。

三十岁时，江藩为师长吴兆松作《廪膳生吴君墓表》。兆松字苍虹，其子名梦熊，字曰达，与江藩有尹、班之雅。每见苍虹，江藩执弟子礼，尝闻兆松诲曰："读书当融释，讲学在缜密；不读书无入德之门，不讲学无自得之乐。"④ 在《墓表》中，江藩盛赞兆松能明辨是非，不惑于王艮之徒的乱道之言，可称真儒。

---

① 江藩：《伴月楼诗抄》卷中，清抄本，藏上海图书馆。
② 徐洪兴编校：《汉学师承记》（外二种），生活·读书·新知三联书店1998年版，第71—72页。
③ 江藩撰：《河赋注》，钱坤注，卷末王昶《跋》，《藕香零拾》本。
④ 江藩：《炳烛斋杂文·廪膳生吴君墓表》，光绪三年《滂喜斋丛书》本。

（四）走南闯北，游幕四方

自江藩三十一岁直到六十五岁退居里门，江藩主要过着游幕的生活。先是，江藩见赏于王昶，后又受王杰相国器重，馆其府邸十余年，继而又长期入阮元幕府，应聘讲学、修书。这种游幕生活，使其声名更著，学术著作的刊刻也有了便利条件，生活状况也有所改善，惜其轻财傲物，随意挥霍，散其钱财周济友朋，又以丰厚馆金尽易端溪石砚，终至穷困而归。

三十一岁时，江藩得同乡好友阮元之荐，馆于大学士兼管礼部事务王杰府邸。江藩颇得王杰器重，先后馆其府邸达十余年。期间，江藩尝协助王杰编纂《御制诗五集》，备查列《御制诗》注之事。① 复与王杰子埙时、凌廷堪讲求象纬之学。嘉庆八年，王杰乞休归里，同僚留别唱和，为艺林盛事，江藩后来将唱和之作编辑为《祖帐集》二卷②，由粤东省城西湖街正文堂承刻，卷末有江藩跋文云："文端公（王杰）予告归里，同官公钱于翰林院，公赋诗二章留别，一时和者几及百人，亦一代词林之掌故也。道光四年夏四月，更叔观察（文端叔子，名埙时）摄两广盐铁都转事，出稿命藩编次。今以和韵诗为上卷，送行诗为下卷，公之原唱见遗集中，兹不复录。门下士甘泉江藩纪。"江藩另编有王氏《赐杖集》二卷、《王氏经说》六卷等。

江藩馆王杰府第时，与洪亮吉交。时洪亮吉充石经收掌详覆官，手定条例，嘱藩呈总裁王杰，王杰是其说。彭元瑞主其事，以为不然，王杰不能与之争。后元瑞自作凡例，王杰命藩勘定，驳其秕谬者数十条。元瑞遂大怒，

---

① 时有传闻江藩注释清高宗的诗集，特许召对圆明园，后因台湾林爽文起义未果。江藩后辈、仪征人王翼凤《舍是集》卷四《挽江郑堂先生》云："畚年负书游，声华轹京辇。呿笔窥宸章，旁征引坟典。抄成奏松扉，五云翼丹篆。皇情颇忻悦，召传俞未遣。金鞍捧赐函，荣耀照轩冕。（先生恭撰《纯庙诗小注》，由王韩城相国进呈，恩赏《御制诗五集》。后许召对圆明园，因闻林爽文逆信，庙谋劳昃，遂未果召。）……"然林爽文起义在乾隆五十一年，《御制诗五集》初刻于乾隆六十年，二者相隔近十年，殊为可疑。江藩密友阮元《揅经室再续集》卷三《高密遗书序》指出："子屏嘉庆初年入京师，予荐馆王韩城师相家，备查列《御制诗》注之事，终落魄归扬州。"故实际情形当如阮元所说，江藩仅是协助王杰核校《御制诗》之注文，而并没有单独著成《御制诗注》，自然也就谈不上特许召见了。

② 北京国家图书馆有藏本，卷末附江藩所作跋文。

谓藩与洪氏互相标榜。江藩为此感叹"直道之不行也久矣"。嘉庆十一年，时年四十六的江藩遇洪亮吉于宣城，论《说文解字》"五龙六甲"之说及"冕""旒"字，不合。洪氏出示所作古文，藩又指摘其用事讹舛。洪氏龂龂强辩。藩比之为梁武之护前，洪氏遂愠怒形于色。因谈次偶及舆县，洪氏认为在江都，江藩则据《文选》注赤岸山之证，以为当在六合。藩又谓《太平寰宇记》邓艾石鳖城、白水陂之事，不见于史而已，并未言无此事。洪氏忽寓书于藩，谓舆县实在江都；而邓艾事，乐史本之《元和郡县志》，不可疑为无此事。洒洒千言，反复论辩。藩未答一字，恐激洪氏之怒，岂知益增其怒，遂不复相见。① 后来，江藩在《国朝汉学师承记》中对此事详加记载，并颇感遗憾："今作君传，潸然泪下，自悔卤莽，致伤友道，能不悲哉！"洪亮吉则在《北江诗话》中称江藩《过毕弇山宫保墓道》诗曰"公本爱才勤说项，我因自好未依刘"，亦隐然自具身份，并云识江藩已二十年，惜其为饥寒所迫，学不能进。

三十五岁，江藩至金陵应布政司试，未中。与同人集小西湖。汪廷桂约填《莺啼序》，藩因匆匆渡江，未暇倚声，待到三年后重来白下，方填此调，以践前约。江藩撰有《扁舟载酒词》一卷，嘉庆二十年刊刻，论者评曰"清真典雅，流丽谐婉"②。这年冬天，阮元自山左移任浙江，过扬州，江藩偕焦循、徐复等饯之于虹桥净香园。是日，寒雨满湖，未及平山而返，奚冈为作《虹桥话旧图》。其间，江藩与徐复亲善，讲习经义，常至废寝忘食。后徐氏

---

① 江藩：《国朝汉学师承记》卷四《洪亮吉》系江藩与洪亮吉于宣城论学不合一事在嘉庆四年。闵尔昌《江子屏先生年谱》嘉庆四年亦载录此事，然又注曰："案《北江年谱》，己未（嘉庆四年），稚存似未曾至宣城，稚存至宣城当在丙寅（嘉庆十一年）、丁卯（十二年）修《宁国府志》时。《凌次仲年谱》，丙寅二月，与宁郡鲁子山太守札有'今日之招，虽稚存、郑堂旧雨咸集，竟不敢奉陪'之语，是先生与稚存宣城遇后遂不复相见，疑非嘉庆四年事。"另据《北江诗话》卷三记载，汪墨庄尝寄食江藩家，闻洪亮吉到扬州，偕江同访，共至傍花村赏菊。明日，亮吉携墨庄拜谒扬州太守伊秉绶，嘱咐为他安排地方。考《同治续纂扬州府志》卷八《宦迹》，伊秉绶守扬在嘉庆九年至十二年间，则其时江藩与洪亮吉仍相见矣。故江藩与洪亮吉于宣城论学不合以致不复相见，当发生于嘉庆十一年，是时江藩至宣城，而洪亮吉也应宁郡鲁铨之邀主纂《宁国府志》。

② 江藩：《扁舟载酒词》卷首顾广圻《序》，《江氏丛书》本。

出所著《论语疏证》，江藩为之序，叙《论语》之原委以释作者著书之意，并极力推许，称"昔《张侯论》出，诸儒为之语曰：'欲为《论》，念张文。'今当移赠徐君矣"。①

三十七岁这年春天，江藩与张筱原同客王杰府第，谈释地沿革之难，作《六安州沿革说》，详考六安州的沿革，质之张筱原，并称张氏为六安州之望族，能文，治古学。江藩又有《与张筱原书》，乃针对张氏的提问作出解答，主要是纠正《通典》和《文献通考》中一条史料——"宋文帝元嘉中，始兴太守孙豁上表曰'武吏年满十六，便课米十斛，十五以下至十三，皆课三十斛'云云"的讹误。

四十一、四十四岁时，江藩两度赴江宁应乡试，皆未中。四十四至四十七岁间，汪绲（字墨庄）落魄江、淮，江藩馆之于家。王豫称江藩"好客忘贫，今之顾侠君也"②。汪绲工诗，时与江藩唱酬赠答，江藩《伴月楼诗抄》收有唱和之作达十余首，除上文提及的《和汪大墨庄焚香二首》外，还有《和汪大墨庄初秋有感》《墨庄于九日前有诗约仆与眉峰登高赋诗岂知苦雨久阴登高之约遂不果矣得诗一首示墨庄寄眉峰》等诗。

四十五岁时，江藩与宋葆淳、焦循、秦恩复、阮元等拟送唐石佛入焦山，未果。秦恩复藏书甚丰，编有《石研斋书目》四卷，江藩曾为之作序，对当时士大夫藏书以多为贵，不论坊刻恶抄，一律束以金绳，管以玉轴，终身不读的做法提出了批评，称赞恩复"乐志铅黄，栖神典籍，蓄书数万卷，日夕检校，一字之误，必求善本是正"③。江藩尝居秦恩复五笥仙馆校订明刻本《十二子》，复为秦氏刊刻之《词源》《草堂诗余》等书题跋，并与其交游唱酬，在江氏《扁舟载酒词》中即收有如《薄幸·过红如旧院有感索澹生太史同作》《龙山会·九月十日秦澹生太史招饮即席作》等唱和之作。

四十六岁时，阮元与扬州知府伊秉绶聘江藩、焦循纂辑《扬州图经》。一年后，伊秉绶丁父忧去职。江藩在江宁，抵舍见讣，有"稽颡拜拜稽颡"

---

① 江藩：《隶经文》卷四《徐心仲论语疏证序》，《续修四库全书》本。
② 王豫：《群雅集》卷二十五《江藩》，嘉庆十三年王氏种竹轩刻本。
③ 江藩：《炳烛斋杂文·石研斋书目序》，光绪三年《滂喜斋丛书》本。

之文。后作吊人署，见门状亦然，心窃疑之。及读伊氏所刊《阴静夫先生遗文》，始知"稽颡拜拜稽颡"之说出于阴氏。先生以为"稽颡拜"用于世俗之谢帖则可，用于讣书、门状则不可，遂致函伊秉绶，与之商榷。

四十七岁时，粟莽上人告诉江藩旧城二巷井栏有宋嘉定三年蒋世显刻字，字五行，计六十八字，藩即同族兄江仙舟、表弟方象明携纸墨往。这天，赤日如炉，火云似伞，三人挥汗拓之。旁观者都以为痴，而三人浑然不顾。同一年，仪征县令颜希源欲修县志，阮元劝其只续新志，旧志不必更张，又嘱江藩以《舆地纪胜》中《真州》一卷校补旧志，得数十条，颜希源刻之续志之末。

四十七八岁间，江藩先后为亡友郑宗汝、朱筼作《清故刑部山东司员外郎郑君墓志》与《朱处士墓表》。

四十九岁这年春天，江藩客游四明，道出吴门，王孺人谓藩曰："吾老矣，不知能复见子否？"待到季秋复至吴下时，王孺人已殡两楹。江藩为作《吾母王孺人传》。江藩与王孺人的长子学海少同学，情好愈昆弟，童年时登堂拜母，王孺人以子侄蓄之。后学海娶江藩之妹为妻，两家时相往来，欢洽如一家。江藩在此传文中，表彰了王孺人的孝顺、贤惠、勤俭、博爱，并深致哀思："回忆三十年来两家旧事，竟同尘影，能不悲哉！纵横涕泗，不知所云"。① 同一年，两淮盐政阿克当阿主修《扬州府志》，延江藩、焦循等共事纂辑，以之前伊秉绶主修的《扬州图经》为本，订讹补缺，于次年刊成。

五十岁时，江藩作《节甫字说》。藩游学四方，生活困顿，数应乡举而不第，不免感慨连连，甚至颇有不平之意："呜呼！今世之人，举孝廉策甲科、紫其绶而丹其毂者，岂尽赡知之人哉！亦时之通塞而已。"并将扬雄所说"为可为于可为之时，则从；为不可为于不可为之时，则凶"引为知言。于是，江藩窃比扬雄之守玄而不尚白，决定"守先师所传之经，为章句之徒，抱一艺以终老于家，可谓居而安、乐而玩者夫"。②

五十三岁时，江藩应漕运总督阮元之聘，主讲山阳丽正书院，以布衣为

---

① 江藩：《炳烛斋杂文·吾母王孺人传》，光绪三年《滂喜斋丛书》本。
② 江藩：《隶经文》卷四《节甫字说》，《续修四库全书》本。

诸生师。藩尝发策问汉、魏《易》十五家，丁晏条陈万余言，发抉群书之精、象数之奥，得到江藩的赞许。是年，江藩应乡试，宣城张其锦谒之于江宁，藩出示以《乐县考》，九月望日，其锦为之作序。其锦受业于凌廷堪，能精研章句，不堕师承；凌氏去世后，其锦辑录其遗稿，得《燕乐考原》六卷、《校礼堂文集》三十六卷、《诗集》十四卷等，将谋剞劂，可谓不负师门。其锦在序文中，夸赞《乐县考》"篇叶无多，条理在握，古乐之复，此其权舆乎"，又称江藩"其体丰、其神壮、其兴趣勃勃"，"著述等身，穷年矻矻"，并引以为知音。①

五十五岁时，江藩为赵魏所藏宋刻本《金石录》题跋，复观《护命经》《尊胜陁罗尼咒》《褚河南书阎立本画灵室度人经小楷》《陶贞白书茅山帖》诸帖于宵市桥西一草堂，作《题宋拓魏晋隋唐小楷》。是年中秋后五日，顾广圻为作《扁舟载酒词序》，对江藩所作词赞誉有加，称其"追《花间》之魂，吸《绝妙》之髓，专门名家，未能或之先"②。顾氏《思适斋集》又有《江郑堂诗序》一文，对江藩的诗歌创作亦有高度评价，并以为诗歌乃学中之一事，学之所至，诗乃至焉，江藩之诗堪为典范。明年秋，江藩以画蝉柳扇索顾广圻题，广圻为填《小重山》一阕。江藩自南归后，与广圻等友人诗酒唱和，为一时盛事，其侄孙江璧《伴月楼诗抄跋》有详细记载："公年五十始南归，居广陵之城北草堂。维时，适吴谷人祭酒、洪桐生太史掌教在扬，而华亭汪墨庄从吴中来，主于吾家，顾千里先生亦从虎丘买舟来扬，一时士大夫并汪容甫、赵介南诸公相为过从，文酒之宴无虚日，酬唱之作最多，甚盛事也。"③顾广圻亦为江声弟子，江藩《国朝汉学师承记》为之作传，称其无书不读，贯通经史，又擅长诗古文词、骈体文，"海内学者，莫之或先"。

五十六岁时，江藩得痹疾，几成龃齿半人，淡于利禄，唯愿使所著书得以付梓。这年十一月，遇宋葆淳于白公堤上，方晴江为江藩作《募梓图》，

---

① 江藩：《乐县考》卷首张其锦《序》，《粤雅堂丛书》本。
② 江藩：《扁舟载酒词》卷首顾广圻《序》，《江氏丛书》本。
③ 江藩：《伴月楼诗抄》卷末江璧《跋》，清抄本，藏上海图书馆。

宋葆淳有跋文记其事。是年冬，江藩尝客游吴下，晤吴翌凤，获睹吴氏所示《吴越备史》，藩得以重校秘书，如获奇珍。至明年六月，江藩完成《吴越备史》之抄校，并题记于后。十月，江藩自吴门归，以抄校之《吴越备史》示秦恩复。秦氏读竟，复疏其疑虑而题跋于后。

五十七岁时，龚自珍为江藩叙《国朝汉学师承记》，称其以布衣为掌故宗且二十年，又致书江藩讨论《国朝汉学师承记》的名目，认为其有十不安，建议改为《国朝经学师承记》，那样就"浑浑圜无一切语弊"了。江藩未予采纳。

五十八岁这年春天，江藩客游南昌，阳城张荞粲出示惠栋《易大义》，为江声手写本，云系徐述卿学士所赠。藩遂手录一帙，知其非《易大义》，实为《中庸注》。在嘉庆二十五年所作《易大义跋》一文中，江藩指出：惠栋《易大义》三卷，《目录》云"《中庸》二卷、《礼运》一卷缺"，"盖征君先作此《注》，其后欲著《易大义》以推广其说，当时著于目而实无其书，嗣君汉光先生即以此为《大义》耳"。江藩早年曾想补此三卷，惜于《中庸》尚能略通其义，而于《礼运》之义则反复求之而不能明，终未能如愿，以至在《易大义跋》中不免深感遗憾和愧疚："今行年六十矣，垂老气尽，学业无成，弗克续先师之绪言，徒伤日月之易迈，悲夫！"①

五十八岁这年夏天，江藩南下广州，入两广总督阮元幕府，借其力刊刻著述数种，《国朝汉学师承记》即在是年刻成，四方争相传诵。期间，阮元延江藩删校《江苏诗征》、修纂《广东通志》，留幕府多年，所得馆金，江藩皆用来购买端溪石砚。后来离粤返里时，归装压担，强盗还以为挟带有大量金银，尾随多日，待到开箱察看时，见全是石砚，唾骂而去。

六十岁时，江藩为阮元子阮福说《毛诗》。因检《尔雅正字》旧稿，重加删订，对邵晋涵《尔雅正义》多有补正，对师友之绪论则择善而从，据古文厘为三卷，易名《尔雅小笺》。明年霜月庚申，藩作《尔雅小笺序目》，具述其原委并交代体例。

六十一岁这年三月二十一日，为江藩诞辰前一日，藩出示丹阳丁以诚写

---

① 江藩：《周易述补》附《易大义》卷首江藩《跋》，《节甫老人杂著》本。

真、西吴费丹旭补图之《郑堂先生小像》，李黼平、郑兆珩、韩卫勋、阮元、阮福等皆题诗以贺。六月，吴兰修欲刻何梦瑶《算迪》，江藩为之序，称何梦瑶亲受业于惠士奇，"何君之书由梅氏（文鼎）之书而通之"，"寒士有志于九章八线之术者，力不能购钦定诸书，熟读《算迪》，亦可以思过半矣"。是岁，曾钊与吴兰修校刻江藩《隶经文》四卷成，并分别为之作序题跋。藩自言《隶经文》乃从诸文中删存者，苟非说经者不录，曾钊赞其"能于前人纷纠同异之说参互考订，发所未发，谓之六艺传注可，谓之自成一家亦可"，并称江藩善汉学而不喜唐宋文，常在酒后耳热时自言文无八家气；吴兰修则在跋文中推许江藩"博学综群经，尤深汉诂"，乃近日通儒，并称与藩"交厚，且服膺是书"。①

六十二岁时，江藩纂成《国朝宋学渊源记》二卷《附记》一卷，长白达三于粤东权署为之序，称藩"经术湛深，渊源有自"，于此书无分门别户之见、争名好胜之心。

六十三岁时，江藩偕张杓、曾钊等校刻汪缙《汪子文录》，复校勘李锐《李氏遗书》。同一年，江藩应肇庆知府夏修恕之聘，往端州纂辑《肇庆府志》。阮元、周世锦、田享屯、萧光襄等皆有诗送行。

（五）暮年归里，授徒终老

道光五年，江藩六十五岁时，自岭南退息里门，益加穷老。② 是时，曾

---

① 江藩：《隶经文》卷首曾钊《序》、吴兰修《跋》，《续修四库全书》本。
② 江藩退息里门的时间，江顺铭在《节甫老人杂著》（道光九年刻本）卷首《识语》中指明是道光乙酉（五年），阮元《高密遗书序》云："余调任云南，（江藩）遂归扬州，不再相见。"阮元调任云南在道光丙戌（六年）五六月间，则江藩归扬似在道光六年，闵尔昌《江自屏先生年谱》以为"先一年归"，将江藩退袭里门的时间定为道光五年。然江藩侄孙江璧所作《伴月楼诗抄跋》云："岁在（道光）戊子，复归广陵。是时曾宾谷先生在扬掌蹉务，深喜公之归，而恨公归之晚也。为之改馆授餐，犹有风雅之意焉。未几宾谷先生谢任去，公郁郁不适，绝口不谈文字，逾年遂卒。"此处言道光戊子（八年）始归广陵，不确，因为，据《清史列传》《续碑传集》等所载曾燠（即曾宾谷）的传记资料，其道光六年四月即从扬州应召回京，以五品京堂候补，道光七年，引病乞归，奉旨不准给假，直至道光十一年（一作十年）卒于京寓，故而江璧所述江藩与曾宾谷之交游当在道光六年四月之前。

燠以巡抚衔巡视两淮盐政，深喜江藩归来，为之改馆授餐，犹有风雅之意；又将江藩以老师宿儒推荐给黄奭，黄氏遂以重修礼，延江藩馆其家，专诚受教达四年之久。

道光九年，侄孙顺铭等请命于江藩，将所刻书板修补合刊，题作《节甫老人杂著》，收有《周易述补》四卷附惠栋《易大义》一卷；《国朝汉学师承记》八卷；《国朝经师经义目录》一卷；《国朝宋学渊源记》二卷《附记》一卷；《隶经文》四卷《续隶经文》一卷；共计五种二十二卷。光绪十二年，侄曾孙巨渠又以板多残缺，命二子朝栋、朝桢校雠补刊，即今《江氏丛书》本，较《节甫老人杂著》多收《乐县考》二卷和《扁舟载酒词》一卷两种，计七种二十五卷。

道光十年，江藩卒，享年七十。无子，生时尝议以兄子为后，江藩亦尝有"门衰祚薄，养侄为儿"之叹，侄江懋钧在嘉庆十六年跋《国朝经师经义目录》时称江藩为"家大人"，自署"男钧"，可证其言。据《同治续纂扬州府志》《光绪增修甘泉县志》《民国甘泉县续志》等书记载，江懋钧，字季调，年十六，父殁，母哀痛失明，懋钧涕泣之余，强为欢笑，以解母忧。早补诸生，试辄高等。时叔父江藩以朴学名东南，所交多海内通儒，每宴集，懋钧皆陪侍左右，于是学问日进。懋钧性狷介，教授生徒成就者众。著有《诗经释义》二十卷、《尔雅旁证》八卷、《鸥寄斋古今体诗》八卷，江藩所著《乐县考》卷末附《宫县建鼓设于四隅辩》一文亦为懋钧作。懋钧子璧，字南春，同治四年进士，历知万载、进贤县事，以经术缘饰吏治，后主丽正书院、钟山书院讲席，卒年七十三，著有《读左随笔》《读史管见》《黄叶山樵诗抄》《子笙赋抄》《南昌文录》若干卷。璧子赓学，诸生，有孝行，另一子仁虎，亦诸生。

昔日，江藩自京师归，尝盛赞徐松与徐颋曰："京师学者，孰与二徐？"待江藩殁后，徐松出泉十万贯，俾汪喜孙抄录江氏遗书，与吴太守、陈明经校正之。《尔雅小笺》即其中之一。光绪十八年，武进费念慈（字屺怀）得以借读此抄本①，十九年，南陵徐乃昌遂将费念慈所借读之抄本刻入《鄦斋丛书》②，这样才有了《尔雅小笺》的初刻本。由此可见，徐松资助汪喜孙抄校江氏遗书，对江藩著述的刊刻流传亦有贡献。

---

① 《续修四库全书》本《尔雅小笺》即据汪喜孙校录本之传抄本影印，其卷末有"壬辰闰六月武进费念慈叚读，时寓城西华石桥"。
② 《鄦斋丛书》本《尔雅小笺》卷首有牌记云："光绪癸巳南陵徐氏从武进费屺怀抄本借刻。元和江标写记。"

第二章

江藩交游考索[1]

江藩生性豪迈，好接友朋，上至达官显贵，下至市井寒士，皆有过从。生平足迹更是遍及大江南北，颠沛流离之中，亦尽得阅历之便、交游之乐。考其交游，不仅可见江藩之为人，更可知江藩学术之因缘与境界。兹分师长辈、友朋辈、后学辈三类考述，凡师长十四人，友朋二百二十九人，后学十八人，总计二百六十一人。每类之中，按照年岁先后排序，无可考者，胪列于后。至如江藩戚属辈，亦属其交游之一部分，置于每类最后，以便观览。记述体例大致如下：先简介姓名字号、出身籍贯、生平事迹、才学专长、撰作之书等；次指明主要的材料来源；最后揭示诸人与江藩的关系、列举交游的诗文。因闻见有限，缺漏之处，在所难免，容他日续补。

---

[1] 关于江藩的交游，闵尔昌《江子屏先生年谱》略有述及，漆永祥《江藩与〈汉学师承记〉》第三章《江藩交游考》则考订较详。漆氏考得师长辈十三人，友朋辈六十四人，弟子及晚辈十一人，总计八十八人。比较充分地展示了江藩的交游面貌，颇有功绩。然缺漏错误亦不能免，诸如年岁、籍贯、生平事迹、文献出处等，仍有可勘正者。此外，笔者又补得交游人物一百七十三人，除去漆氏著录于第一章《江藩世系与戚属考》之戚属八人，则有一百六十五人，其中不乏与江藩生平、著述颇为重要者。如黄景仁、孙星衍等与江藩为文字交，而汪绲、林远斋等与江藩现存的唱和之作尤夥；再如李锐，从钱大昕问学，精于天文算术，江藩与之切磋论学，自称"老友"，并尝校订其《李氏遗书》；再如徐松，尝资助汪喜孙抄校江藩遗书，有功于江氏著述的刊布流传；等等。

一、师长辈

(一) 吴兆松

吴兆松（1710—1790），字苍虬，一字敬堂，祖籍安徽歙县，曾祖始迁江苏江都，遂为江都人。廪膳生。十五岁丧母，昼夜哭泣，悲痛欲绝。二十五岁娶妻，共事父，孝敬有加。家道中衰，以读书、著书为乐，足不出户三十年，以故世无知者，唯李道南、朱筼极力称许。子梦熊，字曰达，与江藩有尹、班之雅。江氏每见苍虬，必执弟子礼。吴氏尝诲藩曰："读书当融释，讲学在缜密；不读书无入德之门，不讲学无自得之乐。"藩以真儒推许之。曾删节朱熹门人张元德所著《春秋集传》，萃其精华而手写成书。又著《尚书先儒遗论》四十六篇。事见江藩《炳烛室杂文·廪膳生吴君墓表》。

(二) 袁枚

袁枚（1716—1797），字子才，号简斋，晚号仓山居士、随园老人，浙江钱塘（今杭州）人。乾隆四年（1739）进士。历任溧水、江浦、沭阳、江宁等县知县。后卜筑江宁小仓山，号随园，日以诗酒自娱，门徒甚众。优游其中达五十年，终不复仕。论诗标榜性灵，士多效其体。与赵翼、蒋士铨合称"乾隆三大家"。著有《小仓山房诗集》三十九卷、《小仓山房文集》三十五卷、《小仓山房外集》八卷、《小仓山房尺牍》十卷、《随园随笔》二十八卷、《随园诗话》二十六卷、《子不语》三十四卷等。事见姚鼐《惜抱轩文集》卷十三《墓志铭》，《清史列传》卷七十二、《清史稿》卷四百八十五有传。与江藩为忘年交。江氏二十岁时，拜袁枚于山塘。三十岁时，袁枚过江氏蝇须馆诗酒唱和，江氏作有《呈简斋先生》四首，对袁枚推崇备至："公才大如河，从天下注地。一泻一万里，气可吞淮泗""公诗通造化，挥洒天花雨……大哉诗世界,公作风骚主"①。袁枚亦曾称许藩诗清拔工切:"凡攻经学者,诗多晦滞,独江郑堂(藩)诗能清拔……《登齐云山》云……抑何工切!"②

(三) 朱筼

朱筼(1718—1797),字二亭,号市人,江苏江都人。幼遭父丧,哭泣尽礼。事母以孝闻,因家贫,服贾以养母。十三岁即能为五七言诗。中年博通文籍,肆力作诗古文。开四库馆,疆吏荐之于朝,力辞不就。家无余财,好周人之急,乡人称为独行君子。著有《经济纂要》《二亭诗抄》等。事见朱筼《二亭诗抄》卷首江藩《朱处士墓表》,王逢源修、李保泰辑《嘉庆江都县续志》卷六有传。乾隆四十二年(1777),朱筼看到江藩的诗作,嘱弟子张居寿绍介,引为忘年交。嘉庆十三年(1808)三月十六日,藩为之撰《朱处士墓表》,有"处士之韬耀绝机、含和隐璞,藩知之最深"③云云。

(四) 童钰

童钰(1721—1782),字二如,后字二树,号璞岩,又号借庵,浙江山阴(今绍兴)人。少弃举业,专攻诗古文。与同郡刘文蔚、沈翼天、姚大源、刘鸣玉、茅逸、陈芝图结社联吟,号"越中七子"。善画,尤长于梅,画成辄题一诗,有"万树梅花万首诗"之句,世称"二绝"。河南巡抚阿思哈聘修《省志》,凡三十六县,分疏总校,条清例严,人多称之。著有《二树诗略》五卷、《二树今体诗》一卷、《二树山人写梅歌》一卷《续编》一卷等。事见袁枚《小仓山房文集》卷二十六《墓志铭》,《清史列传》卷七十一有传。童钰在扬州时,曾病暑,江藩亲自冒热送药。藩与童钰时有唱和,其《伴月楼诗抄》卷中有《二树老人画梅歌》《作二树老人画梅歌后老人作梅书长歌见答遂次其韵》《二树先生画梅竹一幅并题绝句见赠舟至江口

---

① 江藩:《伴月楼诗抄》卷下,清抄本,藏上海图书馆。
② 袁枚撰,顾学颉校点:《随园诗话》,人民文学出版社1998年版,第576页。
③ 朱筼:《二亭诗抄》卷首江藩《朱处士墓表》,嘉庆十三年刻本。

阻风细读于水窗中次韵一首》等唱和之作，在《和答玉松》（其二）诗尾联"仙翁成鹤去，无计惜春余"下还有小注，"谓二树先生"，流露无尽思念。

（五）江声

江声（1721—1799），字叔沄，号艮庭，江苏元和（今苏州）人。嘉庆元年（1796），举孝廉方正。年三十五，师事同郡通儒惠栋，治《尚书》。著有《尚书集注音疏》十二卷、《论语质》三卷、《六书说》一卷、《恒星说》一卷、《艮庭小慧》一卷等。孙星衍《平津馆文稿》卷下、江藩《国朝汉学师承记》卷二有传。藩少从余萧客学，余氏殁后，藩泛滥诸子百家，如涉大海，茫无涯涘，江声教以读"七经""三史"及许氏《说文》，乃从其受惠氏《易》。藩读书遇有疑义，质之江声，"指画口授，每至漏四下犹讲论不已，可谓诲人不倦者矣"。藩又云："藩弱冠时，受易汉学于元和通儒艮庭征君，始知六日七分、消息升降之变，互卦、爻辰、纳甲之说。"① 江氏《伴月楼诗抄》卷上有《题艮庭先生小红吹箫小影二首》，即为二人唱和之作。其第二首三、四句云，"也词一阕卿知否，试问图中识字人"，"也词"后有小注，"艮庭先生有《也字诗》一首"，可略窥其唱和情形。

（六）王鸣盛

王鸣盛（1722—1797），字凤喈，号西庄，晚号西沚居士，江苏嘉定（今属上海）人。幼从沈德潜受诗，后又从惠栋问经义。乾隆十九年（1755），以一甲进士授翰林院编修。历官侍讲学士、内阁学士、礼部侍郎、光禄寺卿等职。后丁内艰，遂不复出。著有《尚书后案》三十卷、《周礼军赋说》四卷、《十七史商榷》一百卷、《蛾术编》一百卷、《西庄始存稿》三十九卷，《西沚居士集》二十四卷等，今人辑刻有《嘉定王鸣盛全集》。事见钱大昕《潜研堂文集》卷四十八《墓志铭》，《清史列传》卷六十八、《清史稿》卷四百八十一有传。乾隆四十三年（1779），江藩著《尔雅正字》，王鸣盛见此书后，倍加称赏，谓藩曰："闻邵晋涵太史作疏有年，子俟其书出，

---

① 江藩：《隶经文》卷四《节甫字说》，《续修四库全书》本。

再加订正,未晚也。"① 又尝谓藩曰:"予门下士以金子璞园为第一。予近日得见好学深思之士,惟子及李子赓芸、费子士玑三人而已。"②

(七) 王昶

王昶(1724—1806),字德甫,号兰泉,晚号述庵,江苏青浦(今属上海)人。乾隆十九年(1754)进士。曾参与清廷征缅甸、平四川诸役,卓有劳绩。历官内阁中书、刑部郎中、吏部主事、刑部侍郎等职。天资聪颖,博学多识,尤擅金石,成《金石萃编》一百六十卷。工诗古文辞,与王鸣盛、吴泰来、钱大昕、赵文哲、曹仁虎、黄文莲并称为"吴中七子",有《春融堂集》六十八卷行于世。另编撰《湖海文传》七十五卷、《湖海诗传》四十六卷、《国朝词宗》四十八卷、《二集》八卷等。事见管同《因寄轩文初集》卷八《行状》,《清史列传》卷二十六、《清史稿》卷三百零五有传。江藩从王昶游"垂三十年,论学谈艺,多蒙鉴许",后因王氏"以五七言诗争立门户,而门下士皆不通经史、粗知文义者",曾当面劝谏,王氏"默然不答"。③ 王氏《春融堂集》卷十九《腊月二十一日招翁学使振三及曹仲梅(秉钧)家若农金宝函(鸿书)施锡蕃(晋)江子屏(藩)汪上章(庚)吴照南(照)何梦华(元锡)诸君小集》、江氏《伴月楼诗抄》卷中《寄呈述庵夫子》,袁枚《随园诗话补遗》卷一所引《送兰泉从方伯升司寇入都》诗,即为二人唱和之作。王昶另有为江藩《河赋》所作跋文,文曰:"本《汉书》《水经》以立言,故晋、魏后置莫论也。醇厚斑驳,亦似邹、枚。"④

(八) 汪缙

汪缙(1725—1792),字大绅,号爱庐居士,江苏吴县(今苏州)人。

---

① 江藩:《炳烛斋杂文·尔雅小笺序目》,光绪三年《滂喜斋丛书》本。
② 徐洪兴编校:《汉学师承记》(外二种),生活·读书·新知三联书店1998年版,第51页。
③ 徐洪兴编校:《汉学师承记》(外二种),生活·读书·新知三联书店1998年版,第71—72页。
④ 江藩撰:《河赋注》,钱坤注,卷末王昶《跋》,《藕香零拾》本。

诸生。少不善记诵。壮岁读《陈龙川文集》，复读宋五子书与佛经，遂出入儒佛。平生落落寡合，与彭绍升、罗有高往来甚密。喜为诗，宗陈子昂、杜少陵，尤工古文，曲畅跌宕。曾主来安建阳书院，以儒学教授诸生。著有《汪子诗录》四卷、《汪子文录》十卷、《汪子二录》二卷、《三录》三卷等。江藩《国朝宋学渊源记·附记》《清史列传》卷七十二有传。江藩少时从汪缙问学，尝诲藩曰："吾于儒、佛书，有一字一句悟之十余年始通者。读《二录》《三录》，当通其可通者，不可强通其不可通者。"① 江氏《伴月楼诗抄》卷上有《过爱庐师》诗，可略见其游学情形。道光元年（1821），江声之孙沅携汪缙《文录》及《制义》至南海，张杓、曾钊读而善之，出资为刻《文录》，江藩亦分任之，计五十余金而十卷之工竣，即道光三年张杓等刻本。②

（九）王杰

王杰（1725—1805），字伟人，号惺园，又号葆淳，陕西韩城人。初从武功孙景烈游，讲濂、洛、关、闽之学；后从陈宏谋学，日益精进，自谓生平行己居官得力于此。乾隆二十六年（1761）进士，官至兵部尚书、东阁大学士，入直军机处、上书房。卒赠太子太师，谥文端。为人和蔼近情，居官则持守刚正。著有《惺园易说》二卷、《葆淳阁集》二十四卷等。《清史列传》卷二十六、《清史稿》卷三百四十有传。江藩北上京师，得阮元荐举，馆王杰府邸十余年，颇受王氏器重。王氏曾奉敕编纂《御制诗五集》，江藩参与其事，校核诗中注释。今传题署王杰等撰《祖帐集》二卷、《赐杖集》二卷（附《淳葆阁集补遗》一卷）、《读书札记》一卷，亦由门下士江藩编定而成。

（十）钱大昕

钱大昕（1728—1804），字晓征，一字辛楣，号竹汀，江苏嘉定（今属

---

① 徐洪兴编校：《汉学师承记》（外二种），生活·读书·新知三联书店1998年版，第225页。
② 汪缙：《汪氏文录》卷末江沅《跋》，《续修四库全书》本。

上海）人。乾隆十九年（1754）进士。历官翰林院编修、詹事府少詹事、广东学政等。乾隆四十年（1775），钱氏居丧归里，遂引疾不仕，潜心著述课徒，历主南京钟山、松江娄东、苏州紫阳等书院。早年以诗名，为"吴中七子"之一。精于经史，兼通文字、音韵、训诂、天算、地理、氏族、金石诸学。著有《唐石经考异》一卷，《经典文字考异》一卷、《声类》四卷、《廿二史考异》一百卷、《十驾斋养新录》二十三卷、《潜研堂文集》五十卷、《诗集》二十卷、《诗续集》十卷等，今人辑刻有《嘉定钱大昕全集》。事见王昶《春融堂集》卷五十五《墓志铭》，《清史列传》卷六十八、《清史稿》卷四百八十一有传。江藩曾向钱氏请益，这从江氏《国朝汉学师承记》所用钱氏称谓可以看出。江氏立传时，一般于友朋称"君"或称其字号，于师长称"先生"或"师"，余则直呼名讳。在江氏《国朝汉学师承记》卷三《钱大昕》一篇中，称钱氏为先生，如"时紫阳书院院长王侍御峻，询嘉定人才于王光禄西沚，以先生对。先生，西沚之妹婿也""先生淡薄名利""先生深于经史之学"等。且对钱氏评价极高，云："先生不专治一经，而无经不通；不专攻一艺，而无艺不精"，"戴编修震尝谓人曰：'当代学者，吾以晓征为第二人。'盖东原毅然以第一人自居。然东原之学，以肄经为宗，不读汉以后书。若先生学究天人，博综群籍，自开国以来，蔚然一代儒宗也"。① 然江氏毕竟未入钱氏之门，所以在为钱氏立传时仅以《钱大昕》名篇，而并未如《余古农先生》《江艮庭先生》《薛香闻师》《汪爱庐师》等篇在姓氏名号之后加缀"先生"或"师"。而戴熙《题郑堂先生像赞（并序）》云："阮文达太傅督粤，先生（江藩）曾入幕中，先生精《三礼》，直入竹汀宫詹之室，文达深重之。"萧光襄《题奉节甫先生玉照》云，"竹汀红豆久薪传，绝学绍承二汉年"②，则认为江藩受学于钱氏，并能传承钱氏之学。

---

① 徐洪兴编校：《汉学师承记》（外二种），生活·读书·新知三联书店1998年版，第62页。
② 戴熙、萧广襄二诗均见于南京博物院藏丁以诚写真、费丹旭补图《郑堂先生小像》之题诗中。

（十一）余萧客

余萧客（1729—1777），字仲林，别字古农，江苏长洲（今苏州）人。惠栋弟子。博通经史，兼擅"选学"。常与薛起凤、汪缙、彭绍升、汪元亮等论难唱和。著有《古经解钩沉》三十卷、《文选音义》八卷、《文选纪闻》三十卷等。事见任兆麟《有竹居集》卷十《墓志铭》，《清史列传》卷六十八、《清史稿》卷四百八十一有传。江藩父起栋在吴门时，与余萧客过往甚密，余氏劝以蓄书、戒杀。江藩年十五即从余氏游，知风雅之旨。江氏《伴月楼诗抄》卷上有《谷董羹》诗，乃与余氏唱和之作。江氏十七岁时，余萧客殁，遂将其诗文编次为集，得二十余篇藏焉。余氏生前曾将修补《古经解钩沉》一事托付江藩："《钩沉》一书，汉、晋、唐三代经注之亡者，本欲尽采；因乾隆壬午四月得虚损症，危若朝露，急欲成书，乃取旧稿录成付梓，至今歉然。吾精力衰矣，汝（江藩）能足成之，亦经籍之幸也。"惜江藩遭家多故，饥寒切体，"叹治生之难，蹈不习之罪，有负师训，能不悲哉！"①

（十二）朱筠

朱筠（1729—1781），字竹君，一字美叔，号笥河，顺天大兴（今属北京）人。乾隆十九年（1754）进士。历官编修、侍读学士、安徽学政、福建学政等职。博闻闳览，兼擅经史诗文。交游广泛，尤喜奖掖后进，天下才人学士从游者众，才彦若戴震、汪中等皆在幕中，弟子任大椿、洪亮吉、孙星衍、章学诚等皆以通经显。曾上书奏请采辑《永乐大典》，清廷因开四库全书馆，于《永乐大典》中辑得逸书计五百余部。著有《笥河文集》十六卷、《笥河诗集》二十卷等。事见朱珪《知足斋文集》卷三《神道碑》、章学诚《章氏遗书》卷十六《墓志铭》，江藩《国朝汉学师承记》卷四、《清史列传》卷六十八、《清史稿》卷四百八十五有传。江藩十六岁时，即受知于朱

---

① 徐洪兴编校：《汉学师承记》（外二种），生活·读书·新知三联书店1998年版，第41页。

筼，朱氏尝谓藩曰："吾侪当以乐死，功名利钝何足介意哉！"① 江氏《伴月楼诗抄》卷上有《孟陬十八日陪笥河夫子游圣恩寺作此以呈》、卷中有《栢因轩有梅一株倚墙而生今年春笥河夫子探梅见此婆娑树本以竹杖去其枝头蛛网谓藩曰何其古也十一月二十六日与墨庄约明年春宿还元阁作众香国主人谈及此事而先生已归道山矣唏嘘久之泫然泣下感而作此》，可见其从游之乐及追思之意。

（十三）薛起凤

薛起凤（1734—1774），字家三，号香闻，江苏长洲（今苏州）人。少孤，依舅氏广严福公，即吴人所称不二和尚。福公间与论出世法，辄解悟，福公喜而属曰："末法众生，不识心原，儒、佛互争。自欲见儒者身说法，要以见性为宗，诚能见性，何儒、佛之有！"薛氏遂出入儒、佛。乾隆二十五年（1760），举于乡。寻主沂州书院三年。患肝疾卒。虽家贫，好急人困。与余萧客、汪元亮同学，为古文诗歌，见称于时。与彭绍升论佛理，彭氏深折之，遂归心向佛，且常相讲论。殁后，彭氏录刻薛诗若干卷，并为之撰《行述》。有《香闻遗集》四卷行于世。江藩十二岁时，从薛氏受句读，谕以涵养工夫。事见彭绍升《二林居集》卷二十二《薛家三述》、江藩《国朝宋学渊源记·附记·薛香闻师》。

（十四）福公

福公，吴人称不二和尚，薛起凤之舅。本滕县诸生，厌世出家，传磬山宗，住扬州法云寺。后见逐，寓吴下，隐于卜。曾资助薛起凤从师读。间与薛氏论佛法，辄解悟，福公喜而属曰："末法众生，不识心原，儒、佛互争。自欲见儒者身说法，要以见性为宗，诚能见性，何儒、佛之有！"薛氏终身诵之。事见彭绍升《二林居集》卷二十二《薛家三述》、江藩《国朝宋学渊

---

① 此据江藩：《国朝汉学师承记》卷四《朱笥河先生》。漆永祥以为江藩所记"藩年十六，即受知于先生"一事似无可能（《江藩与〈汉学师承记〉研究》第45页），然并无确证。

源记·附记·薛香闻师》)。江藩受业于薛起凤,故福公亦属尊长辈。江藩是否与福公有交游,难以确考,然江氏《国朝宋学渊源记·附记·汪爱庐师》载:"(汪缙)喜为诗,以陈子昂、杜少陵为则,不二师见其《虎丘题壁诗》,诧曰:'此白衣大有根器。'。"此"不二师"①,即指福公,则江藩至少通过其师汪缙、薛起凤等得闻福公言论。姑考录于此。

二、友朋辈

(一)崔瑶

崔瑶(1715—1811),字方期,号筠谷,晚号华林外史,江苏江宁(今南京)人。工山水,松竹二品尤为奇绝。尝与友人莫愁湖雅集,绘长卷,孙星衍题名。卒年九十七。蒋宝龄《墨林今话》卷三有传。崔氏与江藩的交游,今有王豫《种竹轩诗选》卷二《快园主人招同崔筠谷(瑶)吴孝侯(思忠)蔡芷衫李瘦人(荧)曹澹泉(言路)洪稚存(亮吉)方子云余秋农秦梪香(大光)江郑堂(藩)程夔斋(赞和)汪绣谷(文锦)焦里堂黄春谷(承吉)李渔衫僧竟成等四十人同咏》一诗。

(二)叶英

叶英(1733—1797),初名永福,字英多,后易名英,号霜林,江苏甘泉(今扬州邗江)人。扬州评话名家,尤擅说靖康南渡事,声泪俱下,感人至深。与焦循交好。事见焦循《雕菰集》卷二十一《叶霜林传》。据焦氏《叶霜林传》所载,乾隆五十二年冬,江藩曾与叶英一起拜访焦循。另,胡量《海红堂诗抄》收有《方菊人月查兄弟招同黄秋坪焦理堂刘松岚李艾堂江郑堂洪江门汪味芸叶霜林黄仓雅朱蔼亭游上方禅寺雨阻藉绿轩咏三绝碑东坡

---

① 徐洪兴编校:《汉学师承记》(外二种),生活·读书·新知三联书店1998年版,第225页。

次苏伯固韵》一诗。

（三）罗聘

罗聘（1733—1799），字遁夫，号两峰，别号花之寺僧、金牛山人、衣云道人等。祖籍歙县，迁居江都。从金农学诗习画，为"扬州八怪"之一。擅画人物、佛像、山水、花鸟、梅竹，尤喜画鬼，笔致古逸，曲尽其妙。亦工诗，境清味远。儒佛兼修，悟证人天。著有《正信录》二卷、《香叶草堂诗存》《白下集》《罗两峰画册》等。事见吴锡麒《有正味斋骈体文》卷二十三《墓志铭》，《清史稿》卷五百零四有传。罗聘乃江藩佛门之友，藩曾为其《正信录》作序，称其"穷诸妄想，究论万缘，以莲界之思，为归宿之所；以经传之文，为近取之譬……是书之有补于二氏，厥功甚伟，当与《法藏碎金录》同生天壤"①，末署江氏佛号名"辟支迦罗居士"。

（四）翁方纲

翁方纲（1733—1818），字正三，一字忠叙，号覃溪，晚号苏斋，直隶大兴（今属北京）人。乾隆十七年（1752）进士。历督广东、江西、山东学政，官至内阁学士。精通经史、金石、书法。尝谓考订之学，以衷于义理为主。论诗倡"肌理说"。著有《经义考补正》十二卷、《两汉金石记》二十二卷、《粤东金石略》十二卷、《复初斋文集》三十五卷、《复初斋诗集》七十卷、《石洲诗话》八卷等。《清史列传》卷六十八、《清史稿》卷四百八十五有传。据王昶《春融堂集》卷十九《腊月二十一日招翁学使振三及曹仲梅（秉钧）家若农金宝函（鸿书）施锡蕃（晋）江子屏（藩）汪上章（庚）吴照南（照）何梦华（元锡）诸君小集》、卷二十《初八日复邀振三及仲梅诸君官斋小集》，可知江藩尝客王昶江西节署中，与翁方纲等人雅集。又江藩《国朝汉学师承记》卷六《孔广森》载："栖霞又有牟廷相，字默人，覃溪学士为藩言之。后晤莱阳赵君曾，始知其治《今文尚书》。"此"覃溪学士"即翁方纲也。

---

① 罗聘：《正信录》卷首江藩《序》，嘉庆十六年潮阳郭氏校刻本。

（五）李惇

李惇（1734—1784），字成裕，一字孝成，高邮人。乾隆四十五年（1780）进士。注选知县，南归。曾主暨阳书院。治经博洽通敏，尤深于《诗》及《春秋》"三传"之学。友同郡王念孙、汪中、刘台拱等，力倡古学。晚好历算，得宣城梅氏书，尽通其术。著有《左传通释》十二卷、《群经识小》八卷等。事见汪中《述学外编·墓铭》，江藩《国朝汉学师承记》卷七、《清史稿》卷四百八十一有传。李惇曾留宿江藩家，一起燃烛豪饮，议论史事。时藩年少气盛，好诋诃古人，李氏从容劝道："王子雍有过人之资，若不作《圣证论》攻康成，岂非淳儒哉！"又曰："若夫佛氏轮回因果之说，浅人援儒入墨之论，不可不辨，子车氏所谓'正人心，息邪说'，苟不力辟之，是无是非之心矣。"李氏殁后，江藩不禁感叹道："自君（李惇）谢世之后，二十余年，藩坎坷日甚，而性情益戾，不闻规过之言，徒增放诞之行，可悲也夫！"①

（六）段玉裁

段玉裁（1735—1815），字若膺，号茂堂，一作懋堂，又号砚北居士、长塘湖居士、侨吴老人，江苏金坛人。乾隆二十五年（1760）举人。历任贵州玉屏、四川巫山等县知县，引疾归，闭门著述。师事戴震，通文字、音韵、训诂、校勘诸学，尤精《说文》。著有《古文尚书撰异》三十二卷、《毛诗故训传定本》三十卷、《诗经小学》四卷、《周礼汉读考》六卷、《仪礼汉读考》一卷、《春秋左氏古经》十二卷《附》一卷、《说文解字注》三十卷、《六书音均表》五卷、《经韵楼集》十二卷《补编》二卷等。《清史列传》卷六十八、《清史稿》卷四百八十一有传。乾隆五十八年（1793），段玉裁于苏州阊门外之枝园为任兆麟《有竹居集》作《序》，有云："余自蜀中

---

① 徐洪兴编校：《汉学师承记》（外二种），生活·读书·新知三联书店1998年版，第132页。

归,访友吴中,若汪明之元亮、江雨来藩,皆博雅士也。"①

(七) 黄文旸

黄文旸(1736—?),字时若,号秋平,江苏甘泉(今扬州邗江)人。贡生。工诗古文辞,兼通经史。乾隆时,两淮盐运使设词曲局,聘为总裁。入阮元、曾燠幕,颇受器重。著有《扫垢山房诗抄》十二卷等,辑有《曲海目》。《清史列传》卷七十二有传。黄氏与江藩时与雅集,诗酒唱和,如胡量《海红堂诗抄》收有《方菊人月查兄弟招同黄秋坪焦理堂刘松岚李艾堂江郑堂洪江门汪味芸叶霜林黄仓雅朱蔿亭游上方禅寺雨阻藉绿轩咏三绝碑东坡次苏伯固韵》,另据阮元《定香亭笔谈》卷三所载可知,乾隆六十年阮元自山左移任浙江,过扬州,黄文旸、江藩等在虹桥净香园为之饯行。

(八) 谢启昆

谢启昆(1737—1802),字蕴山,号苏潭,江西南康人。乾隆二十六年(1761)进士,官至广西巡抚。博闻强识,精于史学,兼擅作诗。著有《树经堂集》《西魏书》《小学考》,晚成《广西通志》,为世所称。《清史列传》卷三十一、《清史稿》卷三百五十九有传。主编有《广西通志》二百七十九《卷首》一卷、《小学考》五十卷,独撰有《西魏书》二十四卷、《树经堂诗初集》十五卷(《续集》八卷)、《树经堂咏史诗》八卷、《树经堂文集》四卷等。据江藩《半毡斋题跋》卷上《三辅黄图》,可知乾隆五十二年(1787),江藩曾客游江西,在谢启昆家结交胡虔,并得见宋抚州本《三辅黄图》。

(九) 吴翌凤

吴翌凤(1742—1819),字伊仲,一字小匏,号枚庵,江苏吴县(今苏州)人。诸生。博雅工诗,兼擅书画。中岁游湖南,垂老始返,著书奉母。

---

① 段玉裁撰,刘盼遂辑校:《经韵楼集补编》卷上《有竹居集序》,北平来熏阁书店1936年刊本。

为人宽和耿介，笃于友谊，一时文士，多从之游。酷爱手抄秘籍异书，日夕不辍，因之目损。著有《与积斋丛稿》十八卷、《梅村诗集笺注》十八卷、《镫窗丛录》五卷（《补遗》一卷）、《东斋脞语》一卷、《逊志堂杂抄》十卷等，辑有《国朝文征》三十八卷、《卬须集》八卷（《续集》六卷、《又续集》六卷）、《怀旧集》十二卷（《续集》六卷、《又续集》二卷）等。蒋宝龄《墨林今话》卷七、《清史列传》卷七十三有传。吴氏与江藩交好，江氏《半毡斋题跋》卷上《杨太真外传》称吴氏为"老友"，《李贺歌诗篇》则云该本"乃吴氏枚庵所赠"。

（十）方正澍

方正澍（1743—1809），一名正添，字子云，号玉溪，安徽歙县人。国子生。寓居金陵。性耽吟咏，不求仕进，与袁枚激扬风雅，争长诗坛。诗重苦吟，工于体物，有晚唐之风。著有《子云诗集》十卷等。吴翼凤《怀旧集》卷八、张维屏《国朝诗人征略》卷三三、《清史列传》卷七十二有传。方氏有《赠江郑堂》诗，称许江藩豪迈超逸，并望其善加珍重，著述传世，而勿仿效魏晋贤达纵情豪饮。方氏另有《江郑堂索题书窠图》诗，劝慰江氏因饥荒以书易米之痛，并赞江氏"清福异才天最靳，儒林文苑尔兼堪"[1]。嗣后的陈康祺，于江氏也有"儒林、文苑、游侠三传，令后世难于位置"之评。[2] 据江藩《扁舟载酒词·莺啼序》可知，嘉庆三年，方氏与江藩等在金陵雅集。另，王豫《种竹轩诗选》卷二《快园主人招同崔筠谷（瑶）吴孝侯（思忠）蔡芷衫李瘦人（葵）曹澹泉（言路）洪稚存（亮吉）方子云余秋农秦梅香（大光）江郑堂（藩）程燮斋（赞和）汪绣谷（文锦）焦里堂黄春谷（承吉）李渔衫僧竟成等四十人同咏》，亦与二人的交游相关。

（十一）陈昌齐

陈昌齐（1743—1820），字宾臣，一字观楼，广东海康（今雷州）人。

---

[1] 方正澍：《子云诗集》卷八《江郑堂索题书窠图》，乾隆间刻本。
[2] 陈康祺：《郎潜纪闻二笔》卷十六《江郑堂在儒林文苑游侠之间》，中华书局1997年版，第633页。

乾隆三十六年（1771）进士。官编修、御史、给事中，后出为浙江温处道。归里后，以修志、讲学为业。著有《吕氏春秋正误》一卷、《淮南子正误》十二卷、《楚辞辨韵》一卷、《赐书堂诗文抄》七卷等。《清史稿》卷三百六十二、《清史列传》卷七十五有传。嘉庆二十三年（1818），阮元聘昌齐与江藩等四人为总纂，吴兰修等十一人为分纂，编修《广东通志》，历四年而成。①

（十二）汪中

汪中（1744—1794），字容甫，号颂父，江苏江都人。少孤贫，母授以书。乾隆四十二年（1777）拔贡生，后绝意仕进。晚年曾主持文宗阁《四库全书》校勘。遍读经史百家之书，与王念孙、刘台拱、江藩、焦循等时相切磋。精于经史、诸子、金石之学，兼善辞章，为一代通儒。著有《述学》六卷、《经义知新记》一卷、《春秋列国官名异同考》一卷、《国语校文》一卷、《大戴礼记正误》一卷、《旧学蓄疑》一卷、《广陵通典》十卷、《文宗阁杂记》三卷、《策略蒐闻》三十篇、《容甫先生遗诗》五卷（《补遗》一卷、《附录》一卷）等。事见王引之《王文简公遗集》卷四《行状》，《清史列传》卷六十八、《清史稿》卷四百八十一有传。江藩《国朝汉学师承记》卷七《汪中》云："藩弱冠时即与君定交，日相过从，尝谓藩曰：'予于学无所不窥，而独不能明《九章》之术。近日患怔忡，一构思则君火动而头目晕眩矣。子年富力强，何不为此绝学？'以梅氏书见赠。藩知志位布策，皆君之教也。"② 又江藩侄孙璧《伴月楼诗抄跋》亦言及二人交游情形："公（江藩）年五十始南归，居广陵之城北草堂。维时，适吴谷人祭酒、洪桐生太史掌教在扬，而华亭汪墨庄从吴中来，主于吾家，顾千里先生亦从虎丘买舟来扬，一时士大夫并汪容甫、赵介南诸公相为过从，文酒之宴无虚日，酬唱之

---

① 阮元、李鸿宾：《纂修广东省通志折》，阮元《广东通志序》《重修广东通志职名》，见《道光广东通志》卷首，道光二年刊本。
② 徐洪兴编校：《汉学师承记》（外二种），生活·读书·新知三联书店1998年版，第135页。

作最多,甚盛事也。"①

(十三) 武亿

武亿(1745—1799),字虚谷,河南偃师人。乾隆四十五年(1780)进士。官山东博山知县,为官清廉,施有善政。读书勤勉,从朱筠游,精研经史。著有《三礼义证》十二卷、《经读考异》八卷(《补》一卷)、《句读叙述》二卷(《补》一卷)、《群经义证》八卷、《安阳金石录》十二卷、《偃师金石遗文补录》十六卷、《金石三跋》十卷《授堂金石文字续跋》十四卷、《授堂文抄》八卷(《续集》二卷)、《授堂诗抄》八卷等。事见朱珪《知足斋文集》卷五《墓志铭》,《清史列传》卷六十八、《清史稿》卷四百八十一有传。江藩《国朝汉学师承记》卷四《武亿》云:"藩与君交垂二十年,核君行事,不愧循吏。古人云:以经术饰吏事。不通经术而能为循吏者,盖有之也,我未之见也。"又载:"庚子年,阳湖洪亮吉稚存、黄景仁仲则,流寓日下,贫不能归,偕饮于天桥酒楼,遇君(武亿),招之入席,尽数盏后,忽左右顾盼,哭声大作,楼中饮酒者骇而散去。藩尝叩之曰:'为何如此?'曰:'予幸叨一第,而稚存、仲则,寥落不偶,一动念,不觉涕泣随之矣。'藩戏之曰:'君乃今日之唐衢也。'"②

(十四) 奚冈

奚冈(1746—1803),字纯章,号铁生,别号鹤渚生、蒙泉外史,浙江钱塘(今杭州)人。诗书画三绝。九岁作隶书,长而工行草篆刻,于画尤苦心孤诣,力追前人。诗清而腴,峭而不险。著有《冬花庵烬余稿》。蒋宝龄《墨林今话》卷五有传。据阮元《定香亭笔谈》卷三所载可知,乾隆六十年阮元自山左移任浙江,过扬州,江藩等在虹桥净香园为之饯行,奚冈为作《虹桥话旧图》。

---

① 江藩:《伴月楼诗抄》卷末,清抄本,藏上海图书馆。
② 徐洪兴编校:《汉学师承记》(外二种),生活·读书·新知三联书店 1998 年版,第 85 页。

（十五）洪亮吉

洪亮吉（1746—1809），字君直，一字稚存，号北江，晚号更生居士，江苏阳湖（今常州）人。乾隆五十五年（1790）一甲第二名进士。历官翰林院编修、贵州学政等。生性豪迈，喜论时事。嘉庆四年，上书极论时弊，免死戍伊犁，旋赦还。从朱筠问学，入毕沅幕府，深于经史，兼擅辞章，而尤精舆地。著有《春秋左传诂》二十卷、《汉魏音》四卷、《比雅》十二卷、《补三国疆域志》二卷、《东晋疆域志》四卷、《十六国疆域志》十六卷、《晓读书斋杂录》八卷、《卷施阁集》四十一卷、《更生斋集》二十八卷、《北江诗话》六卷等。事见赵怀玉《亦有生斋文集》卷十八《墓志铭》，《清史列传》卷六十九、《清史稿》卷三百五十六有传。江藩与洪亮吉早有交往，乾隆四十五年，二人偕黄景仁饮于扬州天桥酒楼。乾隆五十六年，二人会于京师。嘉庆间，二人遇于宣城，论学不合，竟不复相见。后江藩在《国朝汉学师承记》卷四《洪亮吉》中记之颇详，并深感歉疚："今作君传，潸然泪下，自悔卤莽，致伤友道，能不悲哉！"洪亮吉在《北江诗话》中称江藩《过毕弇山宫保墓道》诗曰"公本爱才勤说项，我因自好未依刘"，亦隐然自具身份，并云识江藩已二十年，惜其为饥寒所迫，学不能进。则洪氏于交恶一事恨恨不已，难以释怀也。今洪氏《更生斋诗续集》卷四《三月十五日凌教授廷堪约同人南楼小集酒半率赋即赠江上舍藩》《十六日集宾月阁饯江上舍藩》等诗，可见二人交恶前之和乐情形。

（十六）吴锡麒

吴锡麒（1746—1818），字圣征，号谷人，浙江钱塘（今杭州）人。乾隆四十年（1775）进士。历官翰林院编修、国子监祭酒等。以亲老乞养归里，主讲扬州安定、乐仪等书院。工骈体文，兼善诗词，名噪一时。著有《有正味斋集》七十三卷等。《清史列传》卷七十二、《清史稿》卷四百八十五有传。吴锡麒主讲扬州诸书院时，与江藩等人时有唱和，江璧《伴月楼诗抄跋》记其事云："公（江藩）年五十始南归，居广陵之城北草堂。维时，适吴谷人祭酒、洪桐生太史掌教在扬,而华亭汪墨庄从吴中来……一时士大夫并汪容甫、赵介南诸公相为过从,文酒之宴无虚日,酬唱之作最多,甚盛事也。"① 江氏《扁舟载酒词》中《琵琶仙·谷人先生招同人为消夏会》,即为酬唱之作。另,汪潮生《冬巢居士词》卷一《探春》词小序云:"冬夜积雪逾尺,寒色满城,吴山尊招同吴谷人师、程平泉、江郑堂集饮湖上九峰园……"而伊秉绶《留春草堂诗抄》卷七《扬州喜晤吴谷人王铁夫曾宾谷金手山乐莲裳江郑堂(藩)袁寿阶(廷梼)诸君》、郭麟《灵芬馆诗三集》卷二《邗上云萍集·寒雁篇同谷人先生莲堂芙初甘亭金手山(学莲)顾芝山(麟瑞)江郑堂(藩)蒋秋竹(知节)储玉琴(润书)作销寒第一集》诸诗,亦与二人的交游相关。

(十七) 赵魏

赵魏(1746—1825),字晋斋,号菉森,一号洛生,浙江仁和(今杭州)人。贡生。少嗜金石学,中年游毕沅幕,与孙星衍、钱坫、申兆定相砥砺,闻见日广。间作山水,参以隶法。著有《竹崦庵金石录》等。蒋宝龄《墨林今话》卷五、李浚之《清画家诗史》庚上有传。江藩称赵氏为"老友",其《宋拓本隶韵跋》云:"敦夫太史所藏,乃余清斋之故物,董文敬有《跋》语,惜阙《表》一首,老友赵晋斋云天一阁藏本有《表》文半篇,今为云台先生所得……嘉庆庚辰九月二十一日,江藩识。"② 嘉庆二十年(1815)六月五日,江藩又应赵魏之嘱,为其所藏宋刻本《金石录》题跋。③

(十八) 吴云

吴云(1746—1837),字润之,号玉松,江苏长洲(今苏州)人。乾隆五十年(1790)进士。历官翰林院编修、山东道监察御史、河南彰德府知府

---

① 江藩:《伴月楼诗抄》卷末,清抄本,藏上海图书馆。
② 江藩著,王欣夫辑:《炳烛室杂文补遗》,王氏学礼斋抄稿本,藏复旦大学图书馆。
③ 叶昌炽编,潘承厚增补:《滂喜斋藏书记》卷一"宋刻金石录十卷"条,民国十七年刊本。

等。著有《醉石山房诗文抄》。事见王赠芳《慎其余斋文集》卷八《行状》。江藩少长吴门,时与吴云诗酒唱和,关系甚密,江氏《伴月楼诗抄》中《和答玉松》《玉松家梅花盛开作此索饮》等诗,即为与吴氏唱和之作,而《远斋招玉淞文洲半客叔均及予泛舟山塘时叔均将闽行小集饯别次文洲韵》《和林三远峰题吴玉松太守涵碧楼原韵》《即席次元谨山字韵》诸篇,也与二人之交游相关。

(十九) 宋葆淳

宋葆淳(1748—?),字帅初,一字芝山,晚号倦陬,山西安邑(今运城)人。乾隆四十八年(1783)举人。历官隰州学正、国子监助教等。性傲岸不羁,游迹半天下。学问渊博,工诗古文词。长于金石考据,隶书、行楷、山水皆入能品。客死于浙,年七十余。蒋宝龄《墨林今话》卷七、江藩《国朝汉学师承记》卷一有传。嘉庆二十一年(1816)冬十一月,江藩与宋葆淳相遇于白公堤上,江氏言及近日重病缠身,忧虑书稿散落而欲募资刻印。适淳安方晴江在座,为绘《募梓图》,宋氏因作《募梓图跋》。① 又江氏《伴月楼诗抄》卷下《题宋丈芝山所画叶农部云谷虎丘饯别图》,《扁舟载酒词》中《望梅花·月香以胭脂水画红梅数朵嫣然可爱芝山澹生皆有题咏邀予同作》,皆为与宋氏唱和之作。

(二十) 黄景仁

黄景仁(1749—1783),字汉镛,一字仲则,号鹿菲子,江苏武进(今常州)人。四岁而孤,曾入朱筠、毕沅幕府。为"毗陵七子"之一。与洪亮吉交好,因诗名并称"洪黄"。著有《两当轩全集》二十二卷《附录》四卷《考异》二卷。《清史列传》卷七十二、《清史稿》卷八十五有传。江藩《国朝汉学师承记》卷四《武亿》载:"庚子年,阳湖洪亮吉稚存、黄景仁仲则,

---

① 叶昌炽:《缘督庐日记抄》卷六庚寅十二月初四日条引宋葆淳《募梓图跋》,《续修四库全书》本。

流寓日下，贫不能归，偕饮于天桥酒楼。"① 江璧《伴月楼诗抄跋》亦云："当时若阳湖孙渊如、洪稚存，武进黄仲则诸前辈皆与公（江藩）为文字交。"②

（二十一）洪梧

洪梧（1750—1817），字桐生，安徽歙县人。乾隆五十五年（1790）进士。官至沂州府知府。曾主讲扬州梅花书院，刘文淇等人出其门下。博古通今，兼擅词翰。著有《辛壬韩江唱酬集》四卷等。《国朝汉学师承记》卷六有传。嘉庆十四年（1809），阿克当阿主修《扬州府志》，尝礼聘洪梧与江藩等十二人共同纂辑。另，洪氏主讲扬州之际，曾与江藩等人诗酒唱和，江璧《伴月楼诗抄跋》载："公（江藩）年五十始南归，居广陵之城北草堂。维时，适吴谷人祭酒、洪桐生太史掌教在扬……一时士大夫并汪容甫、赵介南诸公相为过从，文酒之宴无虚日，酬唱之作最多，甚盛事也。"③ 今王豫《种竹轩诗选》卷四有《曾宾谷都转招同伊墨卿郡守洪桐生太守焦里堂江郑堂袁又恺（廷梼）胡眉峰（量）金手山郭兰池（锜）诸子湖上看梅》诗。

（二十二）胡量

胡量（1751—?），字符谨，号眉峰，华亭（今上海松江）人，侨居吴门（今江苏苏州）。弱冠游京师，客果郡王府，后历游齐、鲁、闽、粤，晚寓淮扬（今江苏扬州）。博览古籍，工诗善画，兼长于骑射，通晓医理。有《海红堂诗抄》一卷行于世。冯金伯《墨香居画识》卷八、蒋宝龄《墨林今话》卷七有传。胡氏与江藩颇多交往，江氏《伴月楼诗抄》卷上有《句容道中有怀胡大眉峰》《文洲招元谨远斋及予泛舟石湖以空山无人分韵得空字》《即席次元谨山字韵》《墨庄于九日前有诗约仆与眉峰登高赋诗岂知苦雨久阴登高

---

① 徐洪兴编校：《汉学师承记》（外二种），生活·读书·新知三联书店1998年版，第85页。
② 江藩：《伴月楼诗抄》卷末，清抄本，藏上海图书馆。
③ 江藩：《伴月楼诗抄》卷末，清抄本，藏上海图书馆。

之约遂不果矣得诗一首示墨庄寄眉峰》,卷中有《二月二十七日仆将渡江有人持眉峰画索题书二绝句》《寒夜危坐小楼闻胥江舟人咿哑声怆然生江湖之感有怀眉峰得五绝句》等唱和诗,而《句容道中有怀胡大眉峰》诗"粗浅疏迂从物议,玄黄朱绿要君分"句下有注云:"仆工古文,世无知者,唯眉峰亟称之,真可谓平生第一知己也",可见其交谊之厚。胡氏《海红堂诗抄》中的《元日对酒奉酬江大郑堂》,即为与江氏的酬唱之作,而《丁卯七月三日阮云台中丞招同江郑堂袁受阶严子进燕文选楼》《方菊人月查兄弟招同黄秋坪焦理堂刘松岚李艾堂江郑堂洪江门汪味芸叶霜林黄仓雅朱蔼亭游上方禅寺雨阻藉绿轩咏三绝碑东坡次苏伯固韵》等诗也涉及二人交游。

(二十三)顾之逵

顾之逵(1752—1797),字抱冲,一字安道,江苏元和(今苏州)人。顾广圻从兄。廪贡生。邃于学,多藏宋元善本,得钱大昕、段玉裁等赏誉。与黄丕烈、周锡瓒、袁廷梼并称"乾嘉四大藏书家"。著有《一瓻录》等。事见《民国吴县志》卷六十八《顾广圻传》。江藩曾获睹顾氏藏书,且与顾氏为友,其《宋刻新编古列女传跋》云:"《列女传》八卷,宋建安余氏所刻……乾隆戊申,此书为亡友顾君抱冲所有,始得见之,不觉为之色飞眉舞。"①

(二十四)胡虔

胡虔(1753—1804),字恭孟,一字雏君,号枫原,安徽桐城人。诸生。嘉庆元年(1796),举孝廉方正,赐六品顶戴,未就。少孤贫,客游为生,历主翁方纲、毕沅、谢启昆、秦瀛幕府。从姚鼐受业,刻苦力学。工古文,精考据,尤长方志之学。著有《识学录》一卷、《柿叶轩笔记》一卷、《钦定四库全书附存目录》十卷等,《小学考》《西魏书》《广西通志》等虽以他人主名或署名,实际上主要由胡虔撰著。方东树《仪卫轩文集》卷十、马其昶《桐城耆旧传》卷一百二有传。据江藩《半毡斋题跋》卷上《三辅黄

---

① 江藩著,王欣夫辑:《炳烛室杂文补遗》,王氏学礼斋抄稿本,藏复旦大学图书馆。

图》，可知乾隆五十二年（1787），江藩客游江西，在谢启昆家结交胡虔，得胡氏出示宋抚州本《三辅黄图》。

（二十五）孙星衍

孙星衍（1753—1818），字渊如，一字伯渊，江苏阳湖（今武进）人。乾隆五十二年（1787）进士。历任道台、布政使等职，为政清廉。博览群书，精于经史、文字、音训之学，旁及诸子百家。著有《孙氏周易集解》十卷、《尚书今古文注疏》三十卷、《仓颉篇》三卷《辑本》一卷、《寰宇访碑录》十二卷、《孙渊如先生全集》二十一卷等，辑刊《平津馆丛书》《岱南阁丛书》等。事见《碑传集》卷八十七阮元《山东粮道孙君星衍传》，《清史列传》卷六十九、《清史稿》卷四百八十一有传。孙氏与江藩同为朱筠弟子，时有唱和，江璧《伴月楼诗抄跋》称："当时若阳湖孙渊如、洪稚存，武进黄仲则诸前辈皆与公（江藩）为文字交。"① 今焦循《雕菰楼集》卷四有《张古愚太守（郭仁）招赵味辛司马何兰士太守孙渊如观察暨江子屏汪孝婴李滨石雨中泛湖夕饮于倚虹园》诗，焦氏《里堂文稿·与孙季述比部辨考据著作书》则提及江藩与焦氏论及孙星衍之为人。

（二十六）刘大观

刘大观（1753—1834），字正孚，号松岚，山东邱县（今属河北）人。乾隆四十二年拔贡生。官河东道。著有《玉磬山房诗集》十三卷、《文集》四卷。事见《湖海诗人小传》卷三十八、《皇清书史》卷二十。嘉庆九年（1804）至十年间，刘氏侨居扬州，与江藩多有唱和，如《玉磬山房诗集》卷四《邗上集》收有《题江子屏书窠图》，称"我友吴门江子屏，两眼不向众人青。简册围身效任昉，词华震世轻徐陵"，且诗中小注云："时子屏伤足，卧榻五十余日。"② 另，作于乾隆五十六（1791）至五十八年的《漓江归棹集》（《玉磬山房诗集》卷二）中有《赠江郑堂》一诗，亦对江藩的才

---

① 江藩：《伴月楼诗抄》卷末，清抄本，藏上海图书馆。
② 刘大观：《玉磬山房诗集》卷四《邗上集·题江子屏书窠图》，嘉庆、道光间刻本。

情多有嘉许。此外，胡量《海红堂诗抄》尚有《方菊人月查兄弟招同黄秋坪焦理堂刘松岚李艾堂江郑堂洪江门汪味芸叶霜林黄仓雅朱蔼亭游上方禅寺雨阻藉绿轩咏三绝碑东坡次苏伯固韵》等诗。

（二十七）伊秉绶

伊秉绶（1754—1815），字组似，号墨卿，晚号默庵，福建宁化人。乾隆五十四年（1789）进士。历官刑部主事、员外郎、惠州知府、扬州知府等，颇有善政。从阴承方游，颇究性命之学，兼工诗古文词。著有《留春草堂诗抄》七卷等。事见赵怀玉《亦有生斋文集》卷十六《墓表》，《清史稿》卷四百七十八、《清史列传》卷七十二有传。伊秉绶任扬州知府时，与阮元一起主持修纂《扬州图经》，邀江藩参与其事。二人时有唱和往还，今伊氏《留春草堂诗抄》收有《扬州嘉晤吴谷人王铁夫曾宾谷金手山乐莲裳江郑堂藩袁寿阶廷梼诸君》《赠江郑堂藩》等诗，江氏《隶经文》亦收有《与伊墨卿太守书》。

（二十八）张敦仁

张敦仁（1754—1834），字古愚，一作古余、古馀，山西阳城人。乾隆四十年（1775）进士，历官高安、庐陵知县，江宁、扬州知府等。为官清正，卓有政绩。家富藏书，精于考订。尝主持刊刻《韩非子》《仪礼注疏》等，多称善本。著有《抚州本礼记郑注考异》二卷、《通鉴刊本识误》三卷、《通鉴补略》一卷、《盐铁论考证》三卷、《开方补记》六卷，《求一算术》三卷、《缉古算经细草》三卷等。《清史稿》卷四百七十八、《清史列传》卷六十九有传。张氏与江藩的交游，有焦循《雕菰楼集》卷四《张古余太守（敦仁）招同赵味辛司马何兰士太守孙渊如观察暨江子屏汪孝婴李滨石雨中泛湖夕饮于倚虹园》诗。

（二十九）石韫

石韫（1755—1805），字秉纶，号远梅，江苏吴县（今苏州）人。监生。

乾隆三十七年（1772）弃儒从商，历辽沈燕蓟，四十年南还，徜徉于山水诗酒间。工诗文，有《清素堂诗集》十卷、《文集》七卷、《词抄》四卷等。石氏《清素堂文集》卷一、徐熊飞《白鹄山房文抄》卷四有传。江藩《扁舟载酒词》有《八归·汪大饮泉招同人集东柯草堂送石大远梅返吴门》一阕。

（三十）吴鼒

吴鼒（1755—1821），字及之，又字山尊，号抑庵，又号南禺山樵，晚号达园，安徽全椒人。嘉庆四年（1799）进士，官至侍讲学士。以母老告归，主讲扬州。长于骈体文，沉博绝丽，亦工诗，句奇语重，著有《吴学士文集》五卷、《诗集》四卷等。事见夏宝晋《冬生草堂文录》卷四《墓志铭》，《清史列传》卷七十二、《清史稿》卷四百四百八十五有传。嘉庆十七年（1812），江藩从吴鼒寓所借得《三辅黄图》校本，一日录毕，并题跋于后。① 嘉庆十九年，曾燠开校刻《全唐文》馆，吴鼒尝举荐江藩入馆，未果。② 吴鼒《吴学士诗集》卷四有《初三日晚晴补和郑堂元日雪中诗》，为吴氏与江藩唱和之作。该诗附小注云："往在京师，郑堂主王文端家，鼒主朱文正家，两公先后皆直南轩，新正佣笔事多，罕得相见"，"时病甚，专服君方"，"君方刻所著说经之书，余劝其兼及韵语。"于此可见二人交往情形。汪喜孙辑《江氏学行记》卷三记吴鼒有《江郑堂半毡斋诗集叙》，当是为江藩诗集作序。另，汪潮生《冬巢居士词》卷一《探春》词小序云："冬夜积雪逾尺，寒色满城，吴山尊招同吴谷人师、程平泉、江郑堂集饮湖上九峰园……"而王豫《种竹轩诗选》卷三《戊午十月石远梅招同家述庵司寇暨汪绣谷李艾塘（斗）程燮斋吴山尊程砚红（法）程平泉（赞皇）赵剑南（廷枢）江郑堂焦里堂钱玉鱼（东）许白斋（珩）李静斋（周南）汪芝泉（光燨）黄苍雅（恩长）汪春山（光烜）杨时庵（试昕）李滨石（钟泗）黄春谷秋谷（至馥）汪饮泉（潮生）诸子休园文燕》，亦与二人的交游相关。

---

① 江藩：《半毡斋题跋》卷上《三辅黄图》，《功顺堂丛书》本。
② 袁昶：《安般簃诗续抄·题江子屏小像》，《续修四库全书》本。

（三十一）凌廷堪

凌廷堪（1757—1809），字仲子，又字次仲，安徽歙县人。乾隆五十五年（1790）进士，官安徽宁国府教授。六岁而孤，曾弃书学贾，复习儒业，贯通群经，尤精《三礼》，兼通天文、律算之学，亦善诗文。受业于翁方纲，与阮元为知交。著有《礼经释例》十三卷、《燕乐考原》六卷、《校礼堂文集》三十六卷、《诗集》十四卷、《梅边吹笛谱》二卷等。阮元《揅经室二集》卷四、江藩《国朝汉学师承记》卷七、《清史列传》卷六十八、《清史稿》卷四百八十七有传。凌氏久客扬州，与江藩等过往甚密。乾隆四十九年（1784），经汪中绍介，凌氏与江藩相识，并为江氏《周易述补》作序。乾隆五十八年（1793），二人在王杰京邸讲求象纬之学，凌氏作《悬象赋》。凌氏另有《淮阴史上舍性嗜花江郑堂赋芍药吟赠之癸丑夏客溧阳出以见示并索和章因次郑堂韵》《齐天乐·同汪容甫访江豫来留饮》《与江豫来书》等唱和、论学篇章。江藩则有《校礼堂文集序》，见凌氏《校礼堂文集》卷首。

（三十二）褚华

褚华（1758—1804），字秋萼，号文洲，上海县人。诸生。以诗名世，离奇恣肆，去古未远，袁枚以雄才目之。为人疏宕，纵酒落魄而死。著有《沪城备考》六卷、《木棉谱》一卷、《水蜜桃谱》一卷、《宝书堂诗抄》八卷。事见孙原湘《天真阁文集》卷四十九《褚文洲小传》。褚氏与江藩兄妹多有唱和，如《宝书堂诗抄》卷四《题江碧岑女史龙女受经图照》《汉瓦当歌用东坡石鼓韵同汪墨庄方大章陆铁箫集郑堂别业作》等，而江藩《伴月楼诗抄》所载二人酬唱之作亦不少，如卷上《文洲招元谨远斋及予泛舟石湖以空山无人分韵得空字》，卷中《香雪海次文洲韵》《远斋招玉淞文洲半客叔均及予泛舟山塘时叔均将闽行小集饯别次文洲韵》《墨庄太虚子乘文洲同甫容门集玉兰堂以坡公桃李漫山总粗俗分韵赋海棠得桃字二首》《梅窗独坐忆文洲归舟遇雪用山谷竹轩咏雪韵寄之》《与墨庄子乘文洲远斋题范篪牧羊图以牧人驱犊返分韵得返字》等。

（三十三）姚文田

姚文田（1758—1827），字秋农，号梅漪，浙江归安（今吴兴）人。嘉庆四年（1799）高中状元，官至礼部尚书。清廉勤勉，恪尽职守。博学多识，著述丰硕，有《学易讨原》一卷、《春秋经传朔闰表》二卷、《四书琐语》一卷、《邃雅堂学古录》七卷、《说文声系》十四卷、《说文解字考异》十五卷、《偏旁举略》一卷、《说文韵谱校》五卷、《古音谐》八卷（《卷首》一卷）、《四声易知录》四卷、《广陵事略》七卷、《邃雅堂集》十卷（《续编》一卷）等。《清史列传》卷三十四有传。嘉庆十四年（1809），阿克当阿主修《扬州府志》，聘姚文田与江藩等十二人共同纂辑。

（三十四）曾燠

曾燠（1759—1831），字庶蕃，号宾谷，晚号西溪渔隐，江西南城人。乾隆四十六年（1781）进士。官两淮盐运使、广东布政使、贵州巡抚、两淮盐政等。喜好吟咏，工四六文。著有《赏雨茅屋诗集》二十二卷《外集》一卷，辑有《江西诗征》九十四卷、《国朝骈体正宗》十二卷等。事见包世臣《艺舟双楫》卷七下《曾抚部别传》，《清史列传》卷三十三有传。曾氏尝二度在扬州为官，主持风雅将近二十年，唱和者众，江藩亦为其中一员。曾氏《赏雨茅屋诗集》收有《饮酒行赠江郑堂》《郑堂自岭外归见惠端砚为作歌》等，江藩侄孙江璧《伴月楼诗抄·跋》亦云："曾宾谷先生在扬掌鹾务，深喜公（江藩）之归，而恨公归之晚也。为之改馆授餐，犹有风雅之意焉。未几，宾谷先生谢任去，公郁郁不适，绝口不谈文字，逾年遂卒。"另据阮元《高密遗书序》可知，黄奭得以师从江藩，乃是缘于曾燠之绍介。

（三十五）赵曾

赵曾（1760—1816），字北岚，山东莱阳人。乾隆五十四年（1789）举人，分发江苏以知县用。笃好经史，尤长《今文尚书》、"三礼"、《左氏春秋》之学。事见江藩《国朝汉学师承记》卷六《孔广森》。江藩又尝云：

"栖霞又有牟廷相,字默人,覃溪学士为藩言之。后晤莱阳赵君曾,始知其治《今文尚书》。"①

(三十六) 钮树玉

钮树玉(1760—1827),字蓝田,号非石,一作匪石,江苏吴县(今苏州)人。少孤家贫,笃志好学,师事钱大昕,精研文字、声韵、训诂之学。善篆隶,工五古。著有《说文解字校录》十五卷、《考异》三十卷、《段氏说文注订》八卷、《说文新附考》六卷,《续考》一卷、《匪石先生文集》二卷、《匪石山人诗》一卷、《钮匪石日记》一卷。《清史列传》卷六十八、《清史稿》卷四百八十一有传。钮氏云:"年三十,始得谒见竹汀先生于紫阳书院,又获见艮庭先生、江雨来、顾千里、费玉裁、瞿镜涛,渐磨切磋,每有所闻见,因笔录之。"②今《钮匪石日记》乾隆六十年(1795)、嘉庆四年(1799)即载有钮氏与江藩交游论学之景况。江氏《国朝汉学师承记》卷四《王兰泉先生》附有钮树玉小传,称钮氏"无书不读,亦深于小学""诗文清峭拔俗,亦当代之畸士"。③江氏《尔雅小笺》卷上"释言第二""琛"字下还引述钮氏之语曰:"疑'珍'之别体。"

(三十七) 谢兰生

谢兰生(1760—1831),字佩士,号澧浦,一作里甫,广东南海人。嘉庆七年(1802)进士,改翰林院庶吉士。以亲老告归。工诗文,兼擅书画。著有《常惺惺斋文集》四卷、《诗集》四卷、《北游记略》二卷等。《清史列传》卷七十三有传。嘉庆二十三年(1818),阮元聘兰生与江藩等四人为总

---

① 徐洪兴编校:《汉学师承记》(外二种),生活·读书·新知三联书店1998年版,第125页。
② 钮树玉:《钮匪石日记》卷首自题,辽宁教育出版社1998年版,第1页。
③ 徐洪兴编校:《汉学师承记》(外二种),生活·读书·新知三联书店1998年版,第74页。

纂，吴兰修等十一人为分纂，编修《广东通志》，历四年而成。①

（三十八）秦恩复

秦恩复（1760—1843），字近光，一字澹生，号敦夫，江苏江都人。乾隆五十二年（1787）进士。官翰林院编修。读书好古，蓄书万卷，尤精校勘。尝应阮元之聘，主持诂经精舍。著有《石研斋书目》二卷、《享帚词》三卷、《享帚精舍文集》二卷，校刻《全唐文》《乐府雅词》等多种。《清史列传》卷七十二有传。江藩《国朝汉学师承记》卷七《凌廷堪》后附有秦氏小传，称其"读书好古""以校雠为事"，"谦益不自满，亦绝口不谈学问"。秦氏所藏之书，江藩大多寓目，今《半毡斋题跋》卷上《群贤小集》《词源》《草堂诗余》诸篇，以及王欣夫辑《炳烛室杂文补遗》所收《宋拓本隶韵跋》，即为跋秦氏之书。王欣夫辑《炳烛室杂文补遗·汉帐构铜跋》所言汉帐构铜，亦藏于秦氏家中。嘉庆八年四月，江藩尝在秦氏五笥仙馆校《十二子》之《鹖子》《公孙龙子》《尹文子》。嘉庆十四年（1809），阿克当阿主修《扬州府志》，聘秦氏与江藩等十二人共同纂辑。嘉庆二十二年（1817）十月，秦氏得江藩手录述古堂精抄本《吴越备史》而校读之，并撰《吴越备史跋》。秦氏编成《石研斋书目》后，索序于江藩，今存《炳烛室杂文》中。另，《扁舟载酒词》收有《薄幸·过红如旧院有感索澹生太史同作》《望梅花·月香以胭脂水画红梅数朵嫣然可爱芝山澹生皆有题咏邀予同作》《龙山会·九月十日秦澹生太史招饮即席作》《斗百草·题澹生太史少壮三好图行看子》诸篇，为与秦氏唱和之作。

（三十九）钟褒

钟褒（1761—1805），字保岐，一字蔎厓，江苏甘泉人。优贡生。谨守礼法，笃实敦行。与阮元、焦循相善，切磋经学，务求其是。博闻强识，著述甚富，后焦循取其精华，成《蔎厓考古录》四卷，由阮元撰序并刊板行

---

① 参阮元、李鸿宾：《纂修广东省通志折》，阮元《广东通志序》《重修广东通志职名》，见《道光广东通志》卷首，道光二年刊本。

世。事见焦循《雕菰集》卷二十二《甘泉优贡生钟君墓志铭》,《清史列传》卷六十九、《清史稿》卷四百八十二有传。据阮元《定香亭笔谈》卷三所载可知,乾隆六十年阮元自山左移任浙江,过扬州,钟褱、江藩等在虹桥净香园为之饯行。另据二人的好友黄承吉《梦陔堂诗集》卷九《挽钟㽔厓》所云"旧笈空仿佛,遗稿自纷纶。惟有江焦辈(谓郑堂、里堂数君),偕予益怆神"①,可知二人的交情匪浅。此外,钟褱子葵嘉曾问学于江藩,今《乐县考》中有江氏与葵嘉问答乐律之语。

(四十)朱锡庚

朱锡庚(1761—?),字少白,号少河山农,顺天大兴(今属北京)人。朱筠次子。乾隆五十三年(1788)举人,候选直隶州。读书好古,善古文辞,精《左氏春秋》,能传其家学。江藩《国朝汉学师承记》卷四《朱笥河先生》附有小传。据闵尔昌《江子屏先生年谱》"乾隆五十二年"条所录江藩致焦循书信可知,是年江藩有信致朱氏,请焦循代寄进京。

(四十一)达三

达三(1762—?),字诚斋,吉林长白人。道光元年,官粤海关监督。阮元称其"粹然儒者……记诵史传之广博,议论古事之通明,则真有学者也"②。著有《诚斋诗抄》三卷。事见阮元《诚斋诗抄序》《道光广东通志》卷四十四。道光二年,达三撰《国朝宋学渊源记序》,称江氏"博学多识,有志斯文,经术湛深,渊源有自"。《诚斋诗抄》卷三有《和江郑堂海印阁原韵》,为与江氏唱和之作。

(四十二)顾凤毛

顾凤毛(1762—1788),字超宗,号小谢,江苏兴化人。顾九苞子。乾隆五十三年,为副榜贡生。强记博览,株守先儒之学,间有论断,精核简

---

① 黄承吉:《梦陔堂诗集》,咸丰元年刻本。
② 达三:《诚斋诗抄》卷首阮元《序》,道光甲申刊本。

要。著有《楚辞韵考》《入声韵考》《毛诗韵考》等。事见焦循《雕菰集》卷二十一《顾小谢传》。据闵尔昌《江子屏先生年谱》"乾隆五十二年"条所录江藩致焦循书信可知,顾氏尝向阮元荐举江藩参纂《经籍籑诂》,江藩请焦循代为问候顾氏。

(四十三)李钟泗

李钟泗(1763—1809),字滨石,江苏甘泉(今扬州邗江)人。嘉庆六年(1801)中举,后入京拣选知县,卒于京邸。幼聪颖,从同乡黄洙学。与江藩、焦循、黄承吉交善,嗜古同学,时有"江、焦、黄、李"之目。长于《左传》,著有《规规过》《读书管见》《鹤阴书屋集》等。事见焦循《雕菰楼集》卷二十三《事状》,《清史列传》卷六十九、《清史稿》卷四百八十二有传。江藩《国朝汉学师承记》卷七《李钟泗》载:"(李钟泗)尝从藩问《丧礼》,往复问难,发人所未发。"①

(四十四)袁廷梼

袁廷梼(1763—1809),字又恺,一字寿阶、绶阶,江苏吴县(今苏州)人。监生。家产丰厚,蓄书万卷,与周锡瓒、黄丕烈、顾之逵号"藏书四友"。从游钱大昕、王昶等,精校雠,深小学。时与汪绳、钮树玉、顾广圻等作文酒之会。著述颇丰,惜多散佚,今有《红蕙山房吟稿》一卷、《渔隐录》一卷等。事见江藩《国朝汉学师承记》卷四《王兰泉先生》后附袁氏小传。江氏称"藩与寿阶少同里闬,后携家邗上,寿阶馆于康山,踪迹最密,谈论经史,有水乳之合"。②胡量《海红堂诗抄》中《丁卯七月三日阮芸台中丞招同江郑堂袁受阶严子进燕文选楼》,即与二人的交游相关。此外,嘉庆十一年,袁氏与江藩等共同参纂《扬州图经》,汪喜孙称:"嘉庆丙寅,

---

① 徐洪兴编校:《汉学师承记》(外二种),生活·读书·新知三联书店1998年版,第142—143页。
② 徐洪兴编校:《汉学师承记》(外二种),生活·读书·新知三联书店1998年版,第72页。

阮抚部元、伊太守秉绶，礼致江先生藩、赵司马怀玉、焦君循、袁君廷寿、臧君庸及喜孙同纂是书。"① 王豫亦云："太守与阮中丞纂辑《广陵图经》，聘江郑堂、焦里堂、袁又恺、严子进、臧拜经诸子暨余共襄其事，书未卒业，而太守以忧去，可惜也。"②

（四十五）焦循

焦循（1763—1820），字里堂，一字理堂，晚号里堂老人，江苏甘泉（今扬州邗江）人。嘉庆六年（1801）举人。博学多识，经史、历算、声音、训诂无所不精，尤遂于《易》。与李锐、凌廷堪号为"谈天三友"，又与江藩有"二堂"之目。淡于仕进，闭门著书，有《易章句》十二卷、《易通释》二十卷、《易图略》八卷、《尚书补疏》二卷、《毛诗补疏》五卷、《礼记补疏》三卷、《春秋左传补疏》五卷、《论语通释》一卷、《孟子正义》三十卷、《里堂学算记》十六卷、《雕菰集》二十四卷等。事见《焦氏遗书》附焦廷琥《事略》，《清史列传》卷六十九、《清史稿》卷四百八十二有传。焦氏与江藩乃同乡好友，二人相识于乾隆丁未（1787）③，常一起诗酒唱和、读书论学。如焦氏《雕菰楼集》卷四《张古愚太守（郭仁）招赵味辛司马何兰士太守孙渊如观察暨江子屏汪孝婴李滨石雨中泛湖夕饮于倚虹园》《里堂文稿·江子屏周易述补叙》《里堂文稿·答江子屏论春秋历法书》《里堂文稿·答江郑堂书》《里堂文稿·丁巳手札·答江子屏》等，江藩则有《炳烛室杂文·释楯序》《毛诗名物释序》④、《与焦里堂书》三通⑤等。此外，嘉庆十一年，应扬州知府伊秉绶之邀，焦氏与江藩等人共同纂辑《扬州图经》，后伊氏丁忧去，由两淮盐政阿克当阿主修，终成七十二卷《嘉庆重修扬州府志》。

---

① 《扬州府图经》汪喜孙题记，抄本，二册，五卷，藏北京图书馆。
② 王豫：《群雅集》卷二十三《伊秉绶》，嘉庆十三年王氏种竹轩刻本。
③ 据《里堂文稿·江子屏周易述补叙》，稿本，藏上海图书馆。
④ 焦循：《毛诗名物释》卷首，稿本，藏上海图书馆。
⑤ 分别收录于王欣夫：《炳烛室杂文补遗》（复旦大学图书馆藏王氏学礼斋抄稿本）和漆永祥《江藩集·炳烛室杂文续补》（上海古籍出版社2006年版）。

（四十六）徐复

徐复（1764—1797），字心仲，江苏江都人。诸生。少孤苦，喜读书，焦循邀之于家，授以《毛诗》《周礼》等，遂通经史。著有《论语疏证》。焦循《里堂文稿》《清史列传》卷六十八、《清史稿》卷四百八十七有传。徐复与江藩曾比邻而居，切磋学问。江氏《国朝汉学师承记》卷七《徐复》载："时君（徐复）携妇入城，与藩所赁之屋衡宇相望，薄暮时，即执算书一册来相质问，未及一年，弧三角之正弧、垂弧、次形、矢较诸法，皆能言其所以然矣。"① 江藩《隶经文》卷四《徐心仲论语疏证序》亦云："乾隆六十年，藩驻扬州，与徐君亲善，讲习经义。每相遇，辄日昃忘食，夜分不寝。出其书，嘱藩叙之。因述《论语》源委，以释其著书之意如此。"② 此外，钮树玉《钮匪石日记》载："（乾隆六十年）六月八日，舟次扬州，候江郑堂。出示秦刻《峄山碑》、阮学使《仪礼考》。偕诣徐心仲。郑堂云：'扬州学者，焦、徐而已。'徐辑有《论语古注》。"③

（四十七）阮元

阮元（1764—1849），字伯元，号云台，一作芸台，又号揅经老人、雷塘庵主等，江苏仪征人。乾隆五十四年（1789）进士。历官山东、浙江、江西、湖广、两广、云贵等地督抚、学政，充兵部、礼部、户部侍郎，拜体仁阁大学士。持身谨严，政绩显赫。宦迹所至，振兴文教。专宗汉学，主持风会，海内奉为山斗。著有《诗书古训》六卷、《曾子注释》四卷、《揅经室集》六十二卷等。另主编有《十三经注疏》及《校勘记》二百四十五卷、《皇清经解》一千四百卷、《经籍籑诂》一百〇六卷等。刘毓崧《通义堂文集》卷六、《清史列传》卷三十六、《清史稿》卷三百六十四有传。阮元与

---

① 徐洪兴编校：《汉学师承记》（外二种），生活·读书·新知三联书店1998年版，第139页。
② 江藩：《隶经文》卷四《徐心仲论语疏证序》，《续修四库全书》本。
③ 钮树玉：《钮匪石日记》，辽宁教育出版社1998年版，第7页。

江藩自幼同里同学，切磋论学三十余年。江藩曾受阮氏之邀，主讲山阳丽正书院，复入阮氏幕纂修《广东通志》。二人之交游诗文，阮氏有《揅经室一集》卷十一《国朝汉学师承记序》《揅经室二集》卷七《通鉴训纂序》《揅经室四集》卷四《题江子屏（藩）书窠图卷》等，江氏则有《汉延熹西岳华山碑考序》①、《隶经文》卷四《书阮云台尚书性命古训后》《续隶经文》之《与阮侍郎书》等。

（四十八）汪光爔

汪光爔（1765—1807），字晋蕃，号芝泉，江苏仪征人。汪棣长子。廪膳生。博通经史，工骈体文。事见焦循《雕菰集》卷二十一《亡友汪晋蕃传》，《清史列传》卷六十八、《清史稿》卷四百八十一有传。汪光爔、光烜兄弟时与江藩唱和，王豫《种竹轩诗选》卷三有《戊午十月石远梅招同家述庵司寇暨汪绣谷李艾塘（斗）程燮斋吴山尊程砚红（法）程平泉（赞皇）赵剑南（廷枢）江郑堂焦里堂钱玉鱼（东）许白斋（珩）李静斋（周南）汪芝泉（光爔）黄苍雅（恩长）汪春山（光烜）杨时庵（试昕）李滨石（钟泗）黄春谷秋谷（至馥）汪饮泉（潮生）诸子休园文燕》诗，另据阮元《定香亭笔谈》卷三载，乾隆六十年阮元自山左移任浙江，过扬州，汪光爔兄弟、江藩等在虹桥净香园为之饯行。江藩《国朝汉学师承记》卷七《汪光爔》云："（光爔）辨惠栋《易爻辰图》之谬，予服其精深。"②

（四十九）汪光烜

汪光烜，字掌廷，一字震叔，江苏仪征人。汪棣次子。诸生。与兄光爔俱以文学见称。丁绍仪辑《清词综补》卷二十八有传。汪光烜偕兄光爔时与江藩交游酬唱，如王豫《种竹轩诗选》卷三《戊午十月石远梅招同家述庵司寇暨汪绣谷李艾塘（斗）程燮斋吴山尊程砚红（法）程平泉（赞皇）赵剑

---

① 阮元：《汉延熹西岳华山碑考》卷首，《丛书集成新编》本。
② 徐洪兴编校：《汉学师承记》（外二种），生活·读书·新知三联书店1998年版，第142页。

南（廷枢）江郑堂焦里堂钱玉鱼（东）许白斋（珩）李静斋（周南）汪芝泉（光爔）黄苍雅（恩长）汪春山（光炟）杨时庵（试昕）李滨石（钟泗）黄春谷秋谷（至馥）汪饮泉（潮生）诸子休园文燕》等。

（五十）乐钧

乐钧（1766—1814），本名宫谱，字效堂，一字符淑，号莲裳，别号梦花楼主。江西临川人。嘉庆六年（1801）举人。尝主扬州梅花书院讲席。工诗文，颇得翁方纲、曾燠赏识。著有《青芝山馆集》二十七卷、《耳食录》等。《清史稿》卷四百八十五、《清史列传》卷七十二有传。乐氏撰有《江郑堂诗序》，称："君（江藩）诗葩流雪絜，泉吐玉鸣。泛滥而循涯，驰骋而遵路。因椎轮为大辂，易绣帨以轻缣。镕裁通变，自成馨逸。"① 乐氏又尝嘱江藩校正《杨太真外传》，并刊印传世。② 而伊秉绶《留春草堂诗抄》卷七《扬州喜晤吴谷人王铁夫曾宾谷金手山乐莲裳江郑堂（藩）袁寿阶（廷梼）诸君》一诗，亦与乐氏与江藩的交游相关。

（五十一）何元锡

何元锡（1766—1829），字梦华，又字敬祉，浙江钱塘（今杭州）人。监生。候补县主事。嗜古成癖，富收藏，精簿录之学。后游粤中而卒。能诗文，著有《神秋阁诗抄》。何氏曾赠江藩《梁武祠堂画像》，江氏《半毡斋题跋》下卷收有江氏考释文字，另《扁舟载酒词》收有江氏《澡兰香·题何三梦华媚兰小影》一词。

（五十二）吴嵩梁

吴嵩梁（1766—1834），字兰雪，一字子山，号石溪老渔，江西东乡人。

---

① 乐钧：《青芝山馆文集》卷上《江郑堂诗序》，《续修四库全书》本。
② 江藩：《半毡斋题跋》（《功顺堂丛书》本）卷上《杨太真外传》云："莲裳先生，子正（乐史）之云仍也，博学好古，购得予老友吴君小匏手抄影宋本，属予校正，付之梓人。"

嘉庆五年（1800）举人。官贵州黔西知州。受王昶、袁枚等推重，颇有诗名。著《香苏山馆诗抄》三十六卷、《续修香苏山馆文集》二卷等。《清史列传》卷七十二、《清史稿》卷四百八十五有传。吴氏曾与江藩诗文唱和，如《香苏山馆诗抄·古体诗抄》卷八《江子屏藏善本书甚多岁歉持用易米念之心恻自记以文属为赋诗》、《香苏山馆诗抄·今体诗抄》卷七《桃花庵同江子屏张子贞作》等，江藩则有《伴月楼诗抄》卷下《题吴兰雪国博莲花博士图》。

（五十三）臧庸

臧庸（1767—1811），本名镛堂，字在东，号拜经，江苏武进（今常州）人。为人沉默敦厚，天性孝友。师事卢文弨。治学根据经传，剖析精微。先后入毕沅、阮元幕中，协阮氏纂修《经籍纂诂》、校勘《十三经注疏》等。著有《拜经日记》十二卷、《拜经文集》五卷、《诗考》四卷等，辑有《韩诗遗说》《毛诗马王微》《蔡氏月令章句》《郑注论语》《孝经郑氏解》《尔雅汉注》等。《清史列传》卷六十八、阮元《揅经室二集》卷六有传。嘉庆十一年，应阮元、伊秉绶之邀，臧氏与江藩等一并参纂《扬州图经》。①

（五十四）郭麟

郭麟（1767—1831），字祥伯，号频伽，江苏吴江人。乾隆四十七年（1782）补诸生，嘉庆时为贡生，嘉庆九年（1804）讲学蕺山书院。工诗词，善篆刻。著有《灵芬馆诗初集》四卷、《诗二集》十卷、《诗三集》四卷、《诗四集》十四卷、《诗续集》九卷、《灵芬馆杂著》二卷、《杂著续编》四卷、《杂著三编》八卷、《灵芬馆词》四种七卷、《灵芬馆诗话》十二卷、《续》六卷等。事见冯登府《石经阁文集》卷五《墓志铭》，《清史列传》卷七十三、《清史稿》卷四百八十五有传。郭氏与江藩时有诗词唱和，如郭氏

---

① 《扬州府图经》（抄本，2册，五卷，藏北京图书馆）汪喜孙题记："嘉庆丙寅，阮抚部元、伊太守秉绶，礼致江先生藩、赵司马怀玉、焦君循、袁君廷寿、臧君庸及喜孙同纂是书。"

《灵芬馆诗三集》卷二《邗上云萍集·寒雁篇同谷人先生莲堂芙初甘亭金手山（学莲）顾芝山（麟瑞）江郑堂（藩）蒋秋竹（知节）储玉琴（润书）作销寒第一集》、卷三《云萍续集·题子屏书窠图》，《灵芬馆词·忏余绮语》卷二《台城路·为江子屏题蝉柳画扇》，江氏《伴月楼诗抄》卷下《题郭频伽灵芬馆图》，《扁舟载酒词》之《暗香·题郭十三频伽画箑》等。另，郭氏《灵芬馆诗话》卷五、卷七载有与江藩等交游之事。

（五十五）汪莱

汪莱（1768—1813），字孝婴，号衡斋，安徽歙县人。嘉庆十二年（1807），举优贡生，选石埭县学训导。曾入史馆参与撰修《天文》《时宪》两志。通经史，精算学。著有《衡斋遗书》七种九卷、《衡斋算学》七种七卷等。事见胡培翚《研六室文抄》卷九《行略》、焦循《雕菰楼集》卷二十一《别传》，《清史列传》卷六十九、《清史稿》卷五百零七有传。江藩《国朝汉学师承记》卷六《洪榜》后附有汪莱小传，称汪氏为"藩之密友"，并云"今之学者，大江以南惟顾君千里与孝婴二人而已，乌可多得哉"。① 另，据汪莱《衡斋算学》第五册《自序》可知，嘉庆六年，汪莱与江藩尝共论算学。

（五十六）李锐

李锐（1768—1817），字尚之，一字四香，江苏元和（今苏州）人。廪生。为人朴厚，从钱大昕问学，邃于经义，尤精于天文算术，与焦循、凌廷堪号为"谈天三友"。著有《周易虞氏略例》一卷、《李氏遗书》十一种十八卷等。阮元《揅经室二集》卷四、张星鉴《仰箫楼文集》有传。江藩与李氏交谊颇深，自称"老友"，道光三年（1823）刊《李氏遗书》中《汉三统术》《汉四分术》《汉乾象术》等三种著述卷末均题署"甘泉老友江藩校"，可知江藩于刊行老友著述曾尽校勘之责。此外，阮元《李君尚之传》云：

---

① 徐洪兴编校：《汉学师承记》（外二种），生活·读书·新知三联书店1998年版，第120页。

"嘉庆二十三年夏，江君子屏来岭表，谓予曰：'尚之殁矣。'……君之子以书来求作传，书中于君之世系行事及生卒年月不具，但云终于六月而已。今与江君共论之，姑举所知者而为之传。"① 由此可知，江氏与李氏交往甚密，对其生平颇为熟悉，而江氏《国朝汉学师承记》卷六所记李氏与江氏密友汪莱谈论天文算术之事更属确证："（汪莱）与元和李尚之锐，论开方题解及秦九韶立天元一法，不合，遂如仇寇，终身不相见。噫，过矣！"②

（五十七）彭兆荪

彭兆荪（1768—1821），字湘涵，又字甘亭，江苏镇洋（今太仓）人。少有才名，久困不遇。道光元年（1821），举孝廉方正，不就。曾客江苏布政使胡克家及两淮转运使曾燠幕。偕顾广圻同校元本《通鉴》及《文选》，世称善本。著有《小谟觞馆诗文集》十三卷《续集》五卷、《潘澜笔记》二卷等。事见姚椿《晚学斋文集》卷八《墓志铭》，《清史列传》卷七十三、《清史稿》卷四百八十五有传。今彭氏《小谟觞馆诗文集·小谟觞馆诗余》收有《齐天乐·江郑堂绘五更疏欲断一树碧无情诗意属题为赋此解》一首。

（五十八）王豫

王豫（1768—1826），字应和，号柳村，江苏江都人。道光元年（1821），举孝廉方正，力辞不就。工诗，高澹醇雅，不为风气所左右。著有《种竹轩古文初集》五卷、《种竹轩诗选》四卷（《续》一卷），辑印《群雅集》四十卷（《二集》九卷）、《江苏诗征》一百八十三卷等。《清史列传》卷七十三有传。王豫与江藩乃同乡好友，曾一同参与纂辑《扬州图经》③，时相唱和。如王氏《种竹轩诗选》卷一《感怀寄江郑堂（藩）》、卷二《快

---

① 李锐：《李氏遗书》卷首附，《续修四库全书》本。
② 徐洪兴编校：《汉学师承记》（外二种），生活·读书·新知三联书店1998年版，第119—120页。
③ 王豫：《群雅集》（嘉庆十三年王氏种竹轩刻本）卷二十三《伊秉绶》云："太守与阮中丞纂辑《广陵图经》，聘江郑堂、焦里堂、袁又恺、严子进、臧拜经诸子暨余共襄其事，书未卒业，而太守以忧去，可惜也。"

园主人招同崔筼谷（瑶）吴孝侯（思忠）蔡芷衫李瘦人（炎）曹澹泉（言路）洪稚存（亮吉）方子云余秋农秦楣香（大光）江郑堂（藩）程燮斋（赞和）汪绣谷（文锦）焦里堂黄春谷（承吉）李渔衫僧竟成等四十人同咏》、卷四《曾宾谷都转招同伊墨卿郡守洪桐生太守焦里堂江郑堂袁又恺（廷梼）胡眉峰（量）金手山郭兰池（锜）诸子湖上看梅》、江氏《伴月楼诗抄》卷下《宿翠屏洲赠王柳村》等。另，王氏对江藩评价颇高，称"郑堂胸罗典籍，世推博雅，尤为王文端所器重，而好客忘贫，今之顾侠君也"①。

（五十九）张鉴

张鉴（1768—1850），字春冶，号秋水，浙江归安（今湖州）人。嘉庆九年（1804）副贡生。少时肄业诂经精舍，后入阮元幕，赞画得力。通经史、工诗文。著有《西夏纪事本末》三十六卷（《卷首》二卷）、《冬青馆甲集》六卷（《乙集》八卷）等。《清史列传》卷七十三、《清史稿》卷四百八十六有传。今《冬青馆乙集》卷二《北征集》有《过扬州见江郑堂（藩）》一首。

（六十）张镠

张镠（1769—1812），字子贞，号老姜，别号井南居士，江苏江都人。性耿介，不随俗俯仰。能诗，诗骨傲岸，一如其人。通篆隶，工铁笔，擅山水。著有《求当集》十二卷。蒋宝龄《墨林今话》卷十一有传。今《求当集》卷七有《题江藩书橐图》一首。另，吴嵩梁辑《漙鸥集》卷三《范平圃（邦政）汪宁溪（百川）江郑堂吴兰雪（嵩梁）汪玉屏张子贞汪元波（承达）江素山暨兰溪弟同集桃花庵各成一律》、卷四《同汪宁溪（百川）范平圃（邦政）吴兰雪（嵩梁）汪玉屏（坤）凌芝泉（宵）兰溪（延堈）汪瓠尊（承达）家郑堂（藩）子贞半人访善田上人留小饮》、徐鸣珂《砚北花南吟草》卷二《盂兰盆歌同皖城江素山（诩）江都江郑堂（藩）张老姜顾苓山作》等诗，皆与二人之交游有关。

---

① 王豫：《群雅集》卷二十五《江藩》，嘉庆十三年王氏种竹轩刻本。

(六十一) 白镕

白镕（1769—1842），字小山，顺天通州人。嘉庆四年（1799）进士，官至工部尚书。为官清正，忠于职守。《清史稿》卷三百七十五有传。嘉庆十四年（1809），阿克当阿主修《扬州府志》，聘白镕与江藩等十二人共同纂辑。

(六十二) 李黼平

李黼平（1770—1832），字绣子，又字贞甫，广东嘉应（今梅县）人。嘉庆十年（1805）进士。官昭文知县。以亏挪落职，系狱数年，始得归。先后主讲越华书院、学海堂、宝安书院等。著有《毛诗䌷义》二十四卷、《绣子先生集》二十卷等。事见《续碑传集》卷七十二梁廷枏《昭文县知县李君墓志铭》，《清史列传》卷六十九、《清史稿》卷四百八十二有传。道光元年三月二十一日，江藩出示丹阳丁以诚写真、西吴费丹旭补图之《郑堂先生小像》，李黼平题诗二首："八尺绳床五石尊，楞伽抛几闭松门。若教容易看真面，无数人参两足尊。""广陵黄紫斗芳菲，惆怅花时间客来归。何以扶胥作生日，木鱼歌里木绵飞。"①

(六十三) 顾广圻

顾广圻（1770—1839），字千里，号涧蘋，又号无闷子、思适居士等，江苏元和（今苏州）人。诸生。从江声游，得惠栋之学。深于经史，尤擅校勘，兼通诗赋骈文。孙星衍、黄丕烈、胡克家、秦恩复等先后延其校刻典籍。复应阮元之邀，参与校勘《十三经》与《全唐文》。著有《说文辨疑》一卷、《韩非子识误》三卷、《思适斋集》十八卷等。事见李兆洛《养一斋文集续编》卷四《墓志铭》，《清史列传》卷六十八、《清史稿》卷四百八十一有传。顾广圻与江藩师出同门，论学大多契合。顾氏为江藩作《江郑堂诗

---

① 原画及题诗，藏南京博物院。

序》①,《扁舟载酒词序》②,评价甚高。另,顾氏《思适斋集》卷四《唐多令·和江郑堂韵》,《小重山·江郑堂持画蝉柳扇索题于时秋也即景赋之(丙子在扬州作)》,为与江氏唱和之作。江藩《国朝汉学师承记》卷二《江艮庭先生》后附顾氏小传,称"(江声)弟子数十人,元和顾广圻、长洲徐颋最知名","经史、小学、天文、历算、舆地之学靡不贯通,又能为诗古文词、骈体文字,当今海内学者莫之或先也"。③ 江氏《国朝汉学师承记》卷一《阎若璩》亦载:"藩闻之顾君千里,云曾见初印亭林所刊《广韵》,前有校刊姓氏,列'受业阎若璩'名。"④

(六十四) 胡秉虔

胡秉虔(1770—1840),字伯敬,安徽绩溪人。嘉庆四年(1799)进士,官刑部主事,授甘肃灵台知县,调补丹噶尔厅同知,卒于官。自幼嗜学,博通经史,尤长于声音训诂,著有《古韵论》三卷、《说文管见》三卷,多真知灼见。他著有《周易小识》八卷、《卦本图考》一卷、《尚书小识》八卷、《尚书序录》一卷、《论语小识》八卷、《汉西京博士考》二卷、《甘州明季成仁录》四卷等。《清史稿》卷四百八十二、《清史列传》卷六十九有传。嘉庆十四年(1809),阿克当阿主修《扬州府志》,聘胡秉虔与江藩等十二人共同纂辑。

(六十五) 刘彬华

刘彬华(1771—1829),字藻林,一字朴石,广东番禺(今广州)人。嘉庆六年(1801)进士,授翰林院编修。性澹泊,不乐仕进,乞假归。先后主越华、端溪书院讲席二十余年。喜吟咏,著有《玉壶山房诗文抄》,并编

---

① 顾广圻:《思适斋集》卷十二,《续修四库全书》本。
② 江藩:《扁舟载酒词》卷首,光绪十二年江巨渠补刻《江氏丛书》本。
③ 徐洪兴编校:《汉学师承记》(外二种),生活·读书·新知三联书店1998年版,第45—46页。
④ 徐洪兴编校:《汉学师承记》(外二种),生活·读书·新知三联书店1998年版,第14页。

选粤人诗成《岭南群雅》。张维屏《国朝诗人征略》卷五十五、李福泰修,史澄等纂《番禺县志》卷四十五有传。嘉庆二十三年(1818),阮元聘彬华与江藩等四人为总纂,吴兰修等十一人为分纂,编修《广东通志》,历四年而成。①

(六十六)黄承吉

黄承吉(1771—1842),字谦牧,号春谷,江苏江都人。嘉庆十年(1805)进士。历官广西恭城、兴安、岑溪知县。与同里江藩、焦循、李钟泗切磋经义,时有"江、焦、黄、李"之目。通经史、历算,工诗古文。著有《梦陔堂诗集》五十卷、《文说》十一卷、《文集》十卷。《清史列传》卷六十九有传。黄氏与江藩过从甚密,情谊笃厚。黄氏《梦陔堂文集》卷一《江郑堂像赞(并序)》称江藩为"通儒""执(挚)友"。《梦陔堂诗集》卷二《李滨石携榼过饮有怀江郑堂(藩)焦里堂(循)》与《得江郑堂书》、卷三《寄江郑堂》与《春日忆江郑堂》、卷四《郑堂见过论及字书音义别后申前意成诗简之》与《喜江郑堂折足复愈》、卷二十二《观汉学师承记忆江郑堂粤东》、卷三十二《江郑堂没已数月秋窗坐忆恻然成诗》、卷四十二《因忆艾塘触想当时是局同聚诸君感不自胜更成绝句十二首·江郑堂(藩)》诸篇,皆是唱和感怀之作,读来情深意挚。尤堪注意者,黄氏论学多得江藩指引点拨。黄氏有诗云:"君(江藩)曰吾语汝,此岂空领悟。古来善读书,读横不读竖。要在研精微,能使经义著。记诵非可师,经师有先路。由是俗见祛,恍然若趋曙。明我以六书,析我以九数。通我以金石,扩我以传注。后来交浸多,引类从此赴。我行虽未逮,非君莫假步。"② 嘉庆元年春,江藩应黄氏之嘱,为其书斋享年室撰铭并序,其中有云:"君(黄承吉)之于学,靡不讲贯,尤精于汉儒之说。"③

---

① 参阮元、李鸿宾:《纂修广东省通志折》,阮元《广东通志序》《重修广东通志职名》,见《道光广东通志》卷首,道光二年刊本。
② 黄承吉:《梦陔堂诗集》卷三十二《江郑堂没已数月秋窗坐忆恻然成诗》,咸丰元年刻本。
③ 江藩:《炳烛室杂文·享年室铭(并序)》,光绪三年《滂喜斋丛书》本。

（六十七）凌霄

凌霄（1772—1828），一名延煜，字一飞，一字芝泉，号快园居士，江苏江宁（今南京）人。官州判。尝入毕沅幕，与孙星衍、洪亮吉交善。工书画，善篆刻。著有《芝泉集》《快园诗话》等。王豫《群雅集》卷三十三、《清画家诗史》戊上有传。吴嵩梁辑《溟鸥集》卷三有凌氏《洪稚存提学（亮吉）孙渊如观察（星衍）蒋秋竹孝廉（知节）江郑堂上舍（藩）同游莫愁湖舟中口占》《范平圃（邦政）汪宁溪（百川）江郑堂吴兰雪（嵩梁）汪玉屏张子贞汪元波（承达）江素山暨兰溪弟同集桃花庵各成一律》等诗，即为与江藩等人唱和之作。

（六十八）方东树

方东树（1772—1851），字植之，安徽桐城人。诸生。为学凡三变：始好文章，师事姚鼐；复主宋学，排斥汉学；晚耽禅悦，精研佛理。著有《汉学商兑》三卷、《考盘集文录》十二卷、《半字集》二卷、《考盘集》三卷、《王余集》一卷、《仪卫轩遗诗》二卷、《昭昧詹言》十卷（《续》八卷、《续录》二卷）等。事见方宗诚《柏堂集前编》卷七《行状》，《清史列传》卷六十七、《清史稿》卷四百八十六有传。江藩、方东树皆参与阮元主修《道光广东通志》一事，江氏任总纂，方氏任分纂。方东树与江藩有过学术交流，方氏《汉学商兑》载："江藩尝谓余曰，吾文无他过人，只是不带一毫八家气息。"① 江藩《国朝汉学师承记》在广州刊行后，方东树撰《汉学商兑》力诋之。

（六十九）刘华东

刘华东（1773—1836），字子旭，原籍福建，因父荣海入粤筦盐筴，遂占籍番禺（今广州）。嘉庆六年（1801）举人。性格豪迈，文辞纵横。李福

---

① 徐洪兴编校：《汉学师承记》（外二种），生活·读书·新知三联书店1998年版，第384页。

泰修，史澄等纂《番禺县志》卷四十六有传。嘉庆二十三年（1818），阮元聘江藩等四人为总纂，刘华东等十一人为分纂，编修《广东通志》，历四年而成。①

（七十）倪稻孙

倪稻孙（1774—1818），字谷民，号米楼，又号梦隐子、鹤林道人等，浙江仁和（今杭州）人。贡生。少工填词，从吴锡麒游，名播吴越。与归安严修能交善，尝绘《寒宵试茗图》。性嗜金石，搜采考辨，多载其《海沤日记》中。精篆刻、隶书，喜画兰，得逸趣。著有《云林堂词集》五卷、《云林堂诗集》二卷等。蒋宝龄《墨林今话》卷十二、李浚之《清画家诗史》戊下有传。江藩《扁舟载酒词》载《惜红衣·题倪大米楼莲衣梦景图》《疏影·题倪大米楼帆影图》二阕，即为与倪氏唱和之作。

（七十一）金学莲

金学莲（1774—?），字青倚，一字子青，号手山，江苏吴县（今苏州）人。诸生。师事王昶。著有《三李堂集》十卷、《竹西客隐草堂集》十卷等，与同门辑得《述庵论文别录》一卷。事见《湖海诗人小传》卷四十五。今《三李堂集》卷六《题江郑堂上舍（藩）书窠图》二首、卷十《西子妆慢·为江子屏赋画蝉和郭频伽彭甘亭》等，即为与江藩唱和之作。另，郭麐《灵芬馆诗三集》卷二《邗上云萍集·寒雁篇同谷人先生莲堂芙初甘亭金手山（学莲）顾芝山（麟瑞）江郑堂（藩）蒋秋竹（知节）储玉琴（润书）作销寒第一集》、王豫《种竹轩诗选》卷四《曾宾谷都转招同伊墨卿郡守洪桐生太守焦里堂江郑堂袁又恺（廷梼）胡眉峰（量）金手山郭兰池（锜）诸子湖上看梅》等诗亦与二人交游有关。

---

① 参阮元、李鸿宾：《纂修广东省通志折》，阮元《广东通志序》《重修广东通志职名》，见《道光广东通志》卷首，道光二年刊本。

(七十二) 汪潮生

汪潮生 (1777—1832),字汝信,号饮泉,又号冬巢,江苏仪征人。乾隆六十年 (1795) 副贡。善花卉,精填词。著有《冬巢诗集》四卷、《词集》四卷等。包世臣《艺舟双楫》卷九、《清画家诗史》戊下有传。汪氏《冬巢诗集》卷一《送江郑堂》、卷四《曩以卜生庵图册乞题于江郑堂练江题未成而两君皆殁秋窗展玩怆忆为诗》及《冬巢词集》卷一《台城路·探春》等,江藩《扁舟载酒词》之《一点春·汪大饮泉索题程四研红画梅花便面》《八归·汪大饮泉招同人集东柯草堂送石大远梅返吴门》《声声慢·题汪大饮泉秋隐荟填词图》等,皆是二人唱和之作。

(七十三) 吴慈鹤

吴慈鹤 (1778—1826),字韵皋,号巢松,江苏吴县 (今苏州) 人。嘉庆十四年 (1809) 进士,官至翰林院侍读。博览群籍,所作诗文雄深瑰玮。著有《吴侍读全集》二十三卷。曹允源、李根源纂《民国吴县志》卷六十六下有传。嘉庆十四年 (1809),阿克当阿主修《扬州府志》,聘吴慈鹤与江藩等十二人共同纂辑。

(七十四) 车持谦

车持谦 (1778—1842),字子尊,号秋舲,江苏上元 (今南京) 人。诸生。耽于吟咏,兼通史学。著有《秦淮画舫录》《捧花楼词》等。丁绍仪辑《清词综补》卷二十四有传。江藩《扁舟载酒词》有《金缕曲·题车秋舲劚刀池畔读书图》一阕。

(七十五) 陈逢衡

陈逢衡 (1778—1855),字履长,一字穆堂,江苏江都人。本礼子。诸生。道光元年 (1821) 举孝廉方正,力辞不就。家富藏书,治经史,工诗词。著有《逸周书补注》二十四卷、《竹书纪年集证》五十卷 (《集说》一卷、《叙略》一卷)、《穆天子传注补正》六卷、《读骚楼诗初集》四卷(《二集》四卷)等。《清史列传》卷六十九有传。《读骚楼诗二集》卷一有《汪冬巢寒林独步图》,诗前序云:"道光庚寅,江郑堂(藩)、许楚生(珩)、李练江、周乐夫相继殂谢,汪子哀之,为作图以寓士衡叹逝之意,不忘旧朋也。呜呼!厚矣。"① 此为有关江藩卒年的确切记载,极其重要。

(七十六) 徐松

徐松(1781—1848),字星伯,又字孟品,原籍浙江上虞,缘父辈仕宦京师,幼年落籍顺天大兴,遂为大兴(今属北京)人。嘉庆十年(1805)进士。授翰林院编修,值南书房,入全唐文馆主编《全唐文》,又充文颖馆总纂,后督学湖南,谪戍伊犁,官至礼部郎中。著有《西域水道记》五卷、《新疆识略》十二卷、《新疆赋》一卷、《新斠注地理志集释》十六卷、《汉书西域传补注》二卷、《唐两京城坊考》五卷、《登科记考》三十卷等。事见缪荃孙《艺风堂文集》卷一《事辑》,《清史列传》卷七十三、《清史稿》卷四百八十六有传。徐松与江藩在京师曾有交游。汪喜孙为江氏《尔雅小笺》所作《跋》云:"喜孙早年受知,获闻诸论记。先生(江藩)自京师归,盛称星伯先生及少鹤阁学曰:'京师学者,孰与二徐!'喜孙心识之。迨来京师,始知星伯先生今之徐健庵、毕秋帆也。会先生殁,无子,星伯先生出泉十万贯,俾喜孙录先生遗书,与吴太守、陈明经是正之。"又有《记》曰:"江郑堂楹书,喜孙跋尾,奉徐太史星伯藏之,并以请政于吴太守、陈明经,更录副寄阮督部滇南。喜孙记。"② 可知江藩对徐松极为称赏。徐氏在江藩殁后,出巨资聘请汪喜孙校录江氏遗书,《尔雅小笺》即其中之一。光绪十八年,武进费念慈(字屺怀)得以借读此抄本③,十九年,南陵徐乃昌

---

① 陈逢衡:《读骚楼诗二集》卷一《汪冬巢寒林独步图》,嘉庆、道光间《陈氏丛书》本。
② 《跋》和《记》,分别见《鄦斋丛书》本《尔雅小笺》卷首和卷尾。
③ 《续修四库全书》本《尔雅小笺》即据汪喜孙校录本之传抄本影印,其卷末有题记云:"壬辰闰六月武进费念慈叚读,时寓城西华石桥。"

遂将费念慈所借读之抄本刻入《鄦斋丛书》①，这样才有了《尔雅小笺》的初刻本。可见，徐松资助汪喜孙抄校江氏遗书，对江藩著述的刊刻流传作有重要贡献。

（七十七）阮亨

阮亨（1783—1859），字仲嘉，号梅叔，阮元从弟。嘉庆二十三年（1818）副贡，咸丰元年（1851）举孝廉方正，不就。喜吟咏，诗文精敏。尝随阮元幕于浙江，与符葆森等时相唱和。所著《瀛舟笔谈》等十一种三十六卷汇为《春草堂丛书》刊行。合纂或刊印《淮海英灵续集》十二卷、《文选楼丛书》三十二种四百余卷等。《甘泉县续志》卷二十四有传。江藩于广州刊印《国朝汉学师承记》之后，曾邮寄初印本至扬州阮亨处，阮氏"读书之暇，颇喜翻阅，为其深得史家之体例"②。江藩《伴月楼诗抄》卷下则有唱和之作《题阮梅叔明经（亨）鸳湖秋泛图》。

（七十八）吴兰修

吴兰修（1789—1839），字石华，广东嘉应（今梅县）人。嘉庆十三年（1808）举人。官信宜训导。曾讲学于广州粤秀书院，复任学海堂学长。通经史，工诗文。著有《南汉纪》五卷、《端溪砚史》三卷、《荔村吟草》三卷等。《清史列传》卷七十二有传。江藩在广州时，与吴氏同嗜端砚，著有《端砚记》一卷。江藩、吴兰修皆参与阮元主修《道光广东通志》一事，江氏任总纂，吴氏任分纂。另，吴氏尝为江藩作《隶经文跋》，江藩则为吴氏作《南汉纪跋》。

（七十九）黄式三

黄式三（1789—1862），字薇香，号儆居，浙江定海（今舟山）人。道

---

① 《鄦斋丛书》本《尔雅小笺》卷首有牌记云："光绪癸巳南陵徐氏从武进费屺怀抄本借刻。元和江标写记。"
② 江藩：《国朝汉学师承记》卷首阮亨《序》，嘉庆二十五年艺古堂刊本，上海图书馆藏。

光十二年（1832）贡生。博览群书，斟酌古今。著有《易释》四卷、《尚书启幪》五卷、《春秋释》四卷、《论语后案》二十卷、《周季编略》九卷等。《清史列传》卷六十九、《清史稿》卷四百八十二有传。今黄氏《儆居集》四《子集三》收有《读江氏隶经文》，称其"详博考据，务求精审，有不得尽以文之工拙论者"，并云："郑堂酒后耳热，自言文无八家气，作文岂必外八家，意亦谓不拘其法而已。"① 另，《儆居集》五《杂著一》尚有《汉学师承记跋》。

（八十）龚自珍

龚自珍（1792—1841），原名巩祚，字璱人，号定庵，浙江仁和（今杭州）人。丽正子。道光九年（1829）进士。官内阁中书、礼部主事等。幼从段玉裁学《说文》，复从刘逢禄治今文经学。博学多识，史地、诸子、道释、金石、术数等莫不条贯。诗文亦工，瑰丽恢诡。著述近人整理为《龚自珍全集》。《清史列传》卷七十三、《清史稿》卷四百八十六有传。龚氏为江藩之诤友，曾撰《与江子屏笺》，指摘江氏《国朝汉学师承记》书名有"十不安"，建议改作"国朝经学师承记"。又有《江子屏所著书序》，称许《国朝汉学师承记》"窥气运之大原，孤神明以深往。义显，故可以纵横而侧求；词高，故可以无文字而求"②。龚氏《古史钩沉论三》尚提到"李锐、陈奂、江藩，友朋之贤者"③，龚氏校写《易》《书》《诗》《春秋》诸经曾得到江藩等人的帮助。

（八十一）仪克中

仪克中（1796—1837），字协一，号墨农，祖籍山西太平（今汾城），父官广东盐运使司知事，遂为番禺（今广州）人。道光十二年（1832）举人。少有奇气，读书过目成诵。工诗，善画。嘉庆二十三年（1818），阮元主修

---

① 黄式三：《儆居集》，光绪十四年刻本。
② 龚自珍著，王佩诤校：《龚自珍全集》，上海古籍出版社1995年版，第194页。
③ 龚自珍著，王佩诤校：《龚自珍全集》，上海古籍出版社1995年版，第25页。

《广东通志》，聘江藩等四人为总纂，以克中为采访，搜访碑刻，多翁方纲《金石略》未著录者。江藩、陈昌齐、钱仪吉、顾广圻等，皆折行辈与克中论交。著有《剑光楼集》。李福泰修，史澄等纂《番禺县志》卷四十八有传。江藩《扁舟载酒词》有《风入松·书仪君墨农剑光楼词抄后》一阕。

（八十二）李斗

李斗（？—1817），字北有，号艾塘，又号葵园，江苏仪征人。诸生。幼失学，疏于经史而好游山水。博学工诗，兼通戏曲、音律、数学。著有《扬州画舫录》十八卷、《永报堂诗集》八卷、《艾塘乐府》一卷、《艾塘曲录》一卷、《奇酸记传奇》四卷、《岁星记传奇》二卷、《工段营造录》一卷等。《道光重修仪征县志》卷三十七、《同治续纂扬州府志》卷十三有传。李氏与江藩亦有交游，如据阮元《定香亭笔谈》卷三所载可知，乾隆六十年阮元自山左移任浙江，过扬州，李斗、江藩等在虹桥净香园为之饯行。而据胡量《海红堂诗抄》之《方菊人月查兄弟招同黄秋坪焦理堂刘松岚李艾堂江郑堂洪江门汪味芸叶霜林黄仓雅朱蒻亭游上方禅寺雨阻蒻绿轩咏三绝碑东坡次苏伯固韵》、王豫《种竹轩诗选》卷三《戊午十月石远梅招同家述庵司寇暨汪绣谷李艾塘（斗）程燮斋吴山尊程砚红（法）程平泉（赞皇）赵剑南（廷枢）江郑堂焦里堂钱玉鱼（东）许白斋（珩）李静斋（周南）汪芝泉（光爔）黄苍雅（恩长）汪春山（光烜）杨时庵（试昕）李滨石（钟泗）黄春谷秋谷（至馥）汪饮泉（潮生）诸子休园文燕》等诗，可知李斗与江藩时与雅集。另，江藩曾为李氏《扬州画舫录》题词①，李氏《扬州画舫录》中则有多处提到江藩，如卷一载录江氏《周太仆铜鬲释文》一篇；卷九《小秦淮录》记录江氏之学行著述"天瑞堂药肆在多子街，旌德江氏生业也。江藩字子屏，号郑堂，幼受业于苏州余仲林，遂为惠氏之学。又参以江慎修、戴东原二家，著有《周易述补》《考工戴氏车制图翼》《仪礼补释》《石经源流考》，又《蝇须馆杂记》五种，为《枪谱》《叶格》《茅亭茶话》《缁流

---

① 李斗著，陈文和点校：《扬州画舫录》卷首《题词》之江藩《题画舫录·梦扬州》，广陵书社 2010 年版。

记》《名优记》";卷十一《虹桥录下》言及江氏家庖之"十样猪头"风味绝胜;卷十二《桥东录》记载江增性好山水,尝制茶担以济胜,行列甚都,名曰"游山具",江藩为之作《游山具记》。

(八十三) 徐颋

徐颋(?—1823),字述卿,一字少鹤,江苏长洲(今苏州)人。嘉庆十年(1805)一甲二名进士。官内阁学士、安徽学政等。少从江声游,传《说文》之学。著有《经进文》及《诗文》。事见徐世昌《清儒学案》卷七十六。江藩与徐氏同受业于江声,且对徐氏颇为称许,其云:"弟子数十人,元和顾广圻、长洲徐颋,最知名。"① 汪喜孙《尔雅小笺跋》载:"喜孙早年受知,获闻诸论记。先生(江藩)自京师归,盛称星伯先生及少鹤阁学曰:'京师学者,孰与二徐!'喜孙心识之。"②

(八十四) 朱方增

朱方增(?—1830),字虹舫,浙江海盐人。嘉庆六年(1801)进士,官内阁学士。熟谙朝章典故,辑国史名臣事迹,为《从政观法录》三十卷,行于世。另著有《求闻过斋文集》四卷、《求闻过斋诗集》六卷。嘉庆十四年(1809),阿克当阿主修《扬州府志》,聘朱方增与江藩等十二人共同纂辑。

(八十五) 夏修恕

夏修恕(?—1840),字浑初,又字浑夫,号森圃,江西新建人。嘉庆七年(1802)进士。道光三年,署理肇罗,其间主修《肇庆府志》,礼聘江藩等人纂辑。夏氏撰《序》称:"道光癸未,予权篆肇罗,谋所以修之,乃

---

① 徐洪兴编校:《汉学师承记》(外二种),生活·读书·新知三联书店1998年版,第45页。
② 江藩:《尔雅小笺》卷首汪喜孙《跋》,《鄦斋丛书》本。

礼吴中江君藩,豫章胡君森、王君崇熙、王君佶,武林朱君人凤共事纂辑。"①

(八十六) 曾钊

曾钊(? —1854),字敏修,号冕士,广东南海(今广州)人。道光五年(1825)拔贡生。官至钦州学正。笃学好古,勤于辑校,深研经义,咸有依据。阮元曾延曾氏教子,并聘为学海堂学长。著有《周易虞氏义笺》九卷、《诗毛郑异同辨》二卷、《周礼注疏小笺》五卷、《面城楼集抄》四卷等。《清史列传》卷六十九、《清史稿》卷四百八十二有传。江藩、曾钊皆参与阮元主修《道光广东通志》一事,江氏任总纂,曾氏任分纂。道光元年,江藩撰成《隶经文》后,曾索序于曾钊,曾氏称其"真能于前人纷纠同异之说,参互考订,发所未发,谓之六艺传注可,谓之自成一子亦可",并将之编为四卷,出资刊印。②

(八十七) 朱邦衡

朱邦衡,字秋崖,又字敬舆,江苏吴县(今苏州)人。受业于同邑余萧客。常住滋兰堂,助余萧客校辑古籍。辑有惠栋《后汉书补注稿》抄本二十五卷。事见叶昌炽《藏书纪事诗》卷五"朱邦衡秋崖佽奂文游余萧客仲林"条。江藩有《惠氏手批本说文解字题记》,云"己亥,假朱大秋崖所藏惠氏手批本录"③。

(八十八) 朱奂

朱奂,字文游,号滋兰堂主人,江苏吴县(今苏州)人。邦衡佽。家富藏书,与惠栋为莫逆之交。尝延余萧客教读,余氏遂馆于滋兰堂中,得编读

---

① 屠英等修、江藩等纂:《道光肇庆府志》卷首夏修恕《重修肇庆府志序》,《续修四库全书》本。
② 江藩:《隶经文》曾钊《序》,《续修四库全书》本。
③ 王欣夫撰,鲍正鹄等整理:《蛾术轩箧存善本书录·庚辛稿》卷一《说文解字》,上海古籍出版社2002年版,第47页。

四部之书。事见叶昌炽《藏书纪事诗》卷五"朱邦衡秋崖侄奂文游余萧客仲林"条、江藩《国朝汉学师承记》卷二《余古农先生》。江藩曾获睹朱氏藏书，《半毡斋题跋》卷上《群贤小集》载："乾隆庚子春，从朱丈文游处，借得汲古阁影宋抄《九僧诗》，后有毛扆跋，谓此书乃司马温公所未见，为枕中鸿秘。"① 另，缪荃孙《艺风堂藏书记》著录"《灯下闲谈》二卷，江郑堂手抄本，余萧客校"，又载其书有江藩跋，"乾隆丙申，假滋兰堂本粗录一过。十月初三日，江水松"，以及钱听默跋，"此书乃汲古阁从叶林宗处借抄本，余归之滋兰堂朱氏。余萧客馆于江氏时，托余借出，命弟子郑堂手录者。幼时字迹如此，然校正颇精。将命善书，别录一本传之。听默又记"②。可知江水松即江藩之别名，亦可知朱氏有助于江藩之阅读、抄录典籍。

（八十九）何青

何青，字数峰，安徽歙县人。监生。官澄海知县。工诗，出唐入宋，不矜才使气，不为无病之呻吟，不作有激之叫嚣。著有《味余楼初稿》《遂初堂诗集》等。《湖海诗人小传》卷三十八有传。嘉庆二十年（1815）秋，江藩与何氏邂逅于广陵，得尽读其《遂初堂诗集》，并应何氏之嘱，校正文字、撰写跋文。③ 今《遂初堂诗集》卷首有江藩《夜读遂初堂诗》二首，当亦作于此间。

（九十）江栩

江栩，字素山。时与吴嵩梁、凌霄、江藩等交游唱和。今《溟鸥集》卷四有江氏《同汪宁溪（百川）范平圃（邦政）吴兰雪（嵩梁）汪玉屏（坤）凌芝泉（霄）兰溪（延堈）汪瓠尊（承达）家郑堂（藩）子贞半人访善田上人留小饮》诗。

---

① 江藩：《半毡斋题跋》，《功顺堂丛书》本。
② 缪荃孙：《艺风堂藏书记》，上海古籍出版社 2007 年版，第 198 页。
③ 何青：《遂初堂诗集》卷首江藩跋，嘉庆间刻本。

(九十一）程在仁

程在仁，江苏常熟人。困童子试，每试必更名，遂以字行。深于史学，为江声所称许。入汪缙之门，汪氏授以朱子《近思录》及陆、王之书。后又遍读《大藏经》及李贽、紫柏书。尝下榻江藩家，喜与藩父谈论，自悲身世，多愤激之言。藩父责其学儒、学佛十余年，胸中尚不能消"秀才"二字，遂醒悟。后归海虞，贫病卒。事见江藩《国朝宋学渊源记·附记·程在仁》。江藩《隶经文》卷四有《答程在仁书》，论居丧称"棘人"之不当；《国朝宋学渊源记·附记·罗有高》亦载程氏与江藩有关罗有高之谈论。另，江藩《伴月楼诗抄》卷下有《赠程半人》，或即谓在仁。

(九十二）丁以诚

丁以诚，字义门，江苏丹阳人。其父皋，居甘泉，精于传真，形神酷肖。撰有《传真心领》二卷。以诚世其业，兼工山水，下笔丘壑，时有深致。寓邗上最久，年八十余卒。著《续心领》四卷。蒋宝龄《墨林今话》卷一有传。今南京博物馆藏有江藩画像，即为丁以诚写真。

(九十三）徐鸣珂

徐鸣珂，字竹芗，江苏兴化人。步云子。辞赋诗文楷法，精工巧妙，皆有父风。填词音律谨严，格仿玉田。久困场屋，以太学生终。著有《砚北花南吟草》四卷、《砚北花南词抄》一卷、《砚北花南合璧词》一卷等。梁园棣修，郑之侨、赵彦俞纂《咸丰重修兴化县志》卷八《人物志·文苑》有传。今《砚北花南吟草》卷二有《盂兰盆歌同皖城江素山（诩）江都江郑堂（藩）张老姜顾苓山作》诗。

(九十四）赵廷枢

赵廷枢，字介南，江苏江都人。善诗文。事见李斗《扬州画舫录》卷十《虹桥录上》。赵氏与江藩时有唱和，江璧《伴月楼诗抄跋》云："公（江藩）年五十始南归，居广陵之城北草堂。维时，适吴谷人祭酒、洪桐生太史掌教在扬，而华亭汪墨庄从吴中来……一时士大夫并汪容甫、赵介南诸公相为过从，文酒之宴无虚日，酬唱之作最多，甚盛事也。"① 另，王豫《种竹轩诗选》卷三有《戊午十月石远梅招同家述庵司寇暨汪绣谷李艾塘（斗）程燮斋吴山尊程砚红（法）程平泉（赞皇）赵剑南（廷枢）江郑堂焦里堂钱玉鱼（东）许白斋（珩）李静斋（周南）汪芝泉（光燨）黄苍雅（恩长）汪春山（光烜）杨时庵（试昕）李滨石（钟泗）黄春谷秋谷（至馥）汪饮泉（潮生）诸子休园文燕》诗。

（九十五）周瓒

周瓒，字翠岩，一字采岩，江苏吴县（今苏州）人。少学花卉，复学界画白描人物，兼擅工笔山水。阮元任浙江巡抚时，周氏常在其幕府。事见李斗《扬州画舫录》卷二《草河录下》。据阮元《定香亭笔谈》卷三所载可知，乾隆六十年阮元自山左移任浙江，过扬州，周瓒、江藩等在虹桥净香园为之饯行。

（九十六）郑兆珩

郑兆珩，字云洲，诸生。据阮元《定香亭笔谈》卷三所载可知，乾隆六十年阮元自山左移任浙江，过扬州，郑兆珩、江藩等在虹桥净香园为之饯行。另，阮元主修《道光广东通志》，江藩、郑兆珩皆参与其事，江氏任总纂，郑氏任分校。道光元年三月二十一日，郑氏应江藩之嘱，题诗贺江氏诞辰。诗云："便便腹笥重经师，芸籍丹黄手自披。但见科头尘世外，瑶琴相对静中思。""玉枕绳床碎锦堆，手持一卷出心裁。翼朝醉饮葡萄酒，红到仙翁面上来。"②

---

① 江藩：《伴月楼诗抄》卷末，清抄本，藏上海图书馆。
② 题诗见南京博物院藏丹阳丁以诚写真、西吴费丹旭补图之《郑堂先生小像》。

(九十七）周世锦

周世锦，湖南桂阳人。廪生。官山东盐运判，善书。李放《皇清书史》卷有传。道光三年十月，江藩应肇庆知府夏修恕之聘，拟往端州纂修《肇庆府志》，周氏题诗送行，诗云："文人何者为真福，不构楼台拥花竹。山邱万卷相横陈，便是吾生富完局。江郎才笔荣如花，丹文绿字能搜爬。甲乙签多忙李泌，琅环册古窥张华。卌年饱读胸成海，眼中讵有烟云在。注残今古隘鸿蒙，耕出膏畲济饥馁。世间仓库徒纷纷，汗牛充栋那足云。六经柱自误糟粕，四部凭谁增见闻。何如此老低眉坐，百面书城早攻破。闭开入定若相佯，养志耐心无不可。我亦田间识字人，牢愁空畔草元身。一瓻架上倘容借，愿得珠船疗腹贫。"①

(九十八）张筱原

张筱原，六安人。嘉庆二年（1797）春，江藩与张筱原同客王杰府第，谈释地沿革之难，江藩作《六安州沿革说》，详考六安州的沿革，质之张筱原，并称张氏为六安州之望族，能文，治古学。江藩《炳烛室杂文》又有《与张筱原书》一篇，针对张氏的提问作答，旨在纠正《通典》和《文献通考》中一条史料——"宋文帝元嘉中，始兴太守孙豁上表曰'武吏年满十六，便课米十斛，十五以下至十三，皆课三十斛'云云"的讹误。

(九十九）汪绳

汪绳，字羲仲，一字墨庄，号鹤崖，江苏华亭（今上海松江）人。诸生。家贫，喜壮游，所遇辄不偶。工诗，得放翁之妙。以咏老马诗闻名，时人目为"汪老马"。晚年，落魄扬州，江藩馆之于家，时人称江氏好客忘贫，今之顾侠君也。事见洪亮吉《北江诗话》卷三、郭麟《灵芬馆诗话》卷四、王豫《群雅集》卷二十五、张丙炎《扁舟载酒词跋》、钱仲联主编《清诗纪事》（乾隆朝卷）等。江藩年少时即与汪氏交游唱和，由江氏《伴月楼诗

---

① 题诗见南京博物院藏丹阳丁以诚写真、西吴费丹旭补图之《郑堂先生小像》。

抄》和《乙丙集》① 均收录之如下诗作可见一斑：《和汪大墨庄焚香二首》《和汪大墨庄初秋有感》《仆札墨庄述天平之游墨庄有诗忆山中禅客见示仆次韵答之》《秋日遣价邀墨庄清话墨庄作诗报仆和韵答之》《墨庄于九日前有诗约仆与眉峰登高赋诗岂知苦雨久阴登高之约遂不果矣得诗一首示墨庄寄眉峰》《墨庄远斋宿予家作一宵清话远斋有诗记之次韵一韵》《墨庄太虚子乘文洲同甫容门集玉兰堂以坡公桃李漫山总粗俗分韵赋海棠得桃字二首》《持螯次墨翁韵》《读墨庄诗书其后用东坡翁书林逋卷尾韵》《春风有感寄墨庄远斋》《与墨庄子乘文洲远斋题范箴牧羊图以牧人驱犊返分韵得返字》《去岁友人持扇头索书仆以墨庄所作七律书以畀之今年春细读此诗于友人扇头诗中有芳草不生穷巷地好花多散夕阳天之句有感于仆之近况作此寄之》。值得注意的是，据《和汪大墨庄焚香二首》其一"木叶烧残火色昏，诸华香散到儒门。通灵鼻观无生灭，更向曹溪问水源"可知，汪氏一如江藩，在思想方面儒佛兼修。

（一〇〇）张居寿

张居寿，字旧山，江苏江都人。少习举业，应童子试无果，遂弃去。嗜酒落拓，与乡里无赖子游。友人黄文旸劝之学，始折节读书，并从朱筠学诗。然诗愈工而境愈穷。袁枚盛赞其诗，始为人所知，引为童子师。生性刚烈，行止狂傲，曾撰《舐痔得车论》以讥当世。所遇不偶，终以穷困死。子嗣不孝，诗稿散佚无存。江藩辑录其与己唱和投赠之作为一册，并为之序。事见江藩《炳烛室杂文》中《张旧山诗集序》。

（一〇一）任兆麟

任兆麟，原名廷麟，字文田，号心斋，江苏震泽（今吴江）人。诸生。嘉庆元年（1796）举孝廉方正，以侍养辞。精于经史，兼通诗文，为王鸣盛、钱大昕、段玉裁等所重，与族兄大椿、振基有"三任"之目。著有《毛

---

① 据江藩《乙丙集自序》，可知《乙丙集》所收诗歌皆作于江氏十五岁至二十五岁之间。

诗通说》二十卷、《春秋本义》十二卷、《夏小正注》四卷、《孟子时事略》一卷、《有竹居集》十六卷等。《清史列传》卷六十八有传。江藩《国朝汉学师承记》卷六《任大椿》后亦附有任氏小传。江藩与任氏关系甚密，为任氏作有《夏小正注叙》《孟子时事略跋》《书任心斋诗后》等。另，江藩妹江珠《读松陵任夫人春日闲居诗即次原韵奉寄》诗注称"心斋先生与家兄订道义交，著述行世者十余种，时有'吴中二彦'之目"①。

（一〇二）许珩

许珩，字楚生，江苏仪征人。诸生。能诗。潜心治学，博综群籍，精研《周礼》，时有所得，能疑所当疑，不疑所不当疑，著成《周礼注疏献疑》七卷及《周礼经注节抄》七卷。《清史列传》卷六十八有传。江藩《国朝汉学师承记》卷七《凌廷堪》后亦附有许氏小传。许氏《周礼注疏献疑》初有二百数十条，后删与江永等人之说雷同者数十条，增采数十条，时复删订。嘉庆十六年（1811）秋，在扬州乞江藩修订。江氏纠其错谬者数十条，两可者数十条，复假戴震《考工记图》、金榜《礼笺》、程瑶田《通艺录》诸书，使更订之。既成，江藩为之序，谓许氏"为郑、贾之诤友，尽扫前人聚讼陋习"，自署"甘泉友人江藩"。② 事见许珩《周礼注疏献疑》卷首江藩《序》及卷末许珩《跋》。另，江藩、许珩皆参与阮元主修《道光广东通志》一事，江氏任总纂，许氏任分校。

（一〇三）林道源

林道源，字仲深，号庚泉，安徽天长人。尝为盐务水巡，后经裁去。生性豪迈，轻财重义，足迹遍天下。善骑射，工诗，即景成咏，不假雕饰，然不存稿。有《一无所知斋剩稿》。事见李斗《扬州画舫录》卷十二《桥东录》、阮元《定香亭笔谈》卷四。江藩《扁舟载酒词》载《莺啼序》一首，中有"更伤心人癖烟霞，病魔沉痼"句，其下有注云"谓林二庚泉"，再结

---

① 张滋兰选录，任兆麟阅定：《吴中女士诗抄·清溪诗稿》卷首，乾隆乙酉刊本。
② 许珩：《周礼注疏献疑》卷首江藩《序》，嘉庆十六年刻本。

合整篇词作,可知此句乃江氏赞誉林氏之节操,兼及怀念之意。另,江藩妹江珠《小维摩诗稿》有《癸丑正月林庚泉过吴至舍询郑堂近况感而赋赠》诗。

(一〇四) 蒋宝龄

蒋宝龄,字子延,一字有筠,号霞竹,又号琴东逸史,江苏昭文(今常熟)人。布衣。工诗,擅画山水,高逸古隽,著声大江南北数十年。性喜延誉才艺之士,一时名流多与定交。著有《墨林今话》十八卷、《琴东野屋诗集》二十卷。事见蒋宝龄《墨林今话》卷首戴熙《叙》,李玉芬《瓯钵罗室书画过目考》卷四、李浚之《清画家诗史》庚下等。《墨林今话》卷七《宋葆淳》载:"余(蒋宝龄)昔偕江郑堂、林双树饮白堤之酒楼,一通款曲。"①

(一〇五) 王埍时

王埍时,陕西韩城人,王杰第三子,曾任建宁府知府。江藩馆于王杰府邸十余年,为王氏编辑有《祖帐集》二卷、《赐杖集》二卷等,与埍时亦曾交游论学。张其锦《凌次仲先生年谱》"(乾隆)五十八年癸丑,先生三十三岁"条云:"是年,在都与江郑堂(藩)及王文端公季子更叔(埍)② 讲求象纬之学。"③ 江藩《祖帐集跋》云:"文端公(王杰)予告归里,同官公饯于翰林院,公赋诗二章留别,一时和者几及百人,亦一代词林之掌故也。道光四年夏四月,更叔观察(文端叔子,名埍时)摄两广盐铁都转事,出稿命藩编次。今以和韵诗为上卷,送行诗为下卷,公之原唱见遗集中,兹不复

---

① 蒋宝龄:《墨林今话》,周骏富辑《清代传记丛刊》本,台北明文书局1985年版。
② 据王杰弟子阮元所撰:《王文端公年谱》,王杰(字文端)共有四子,长子名嵘时,次子名埒时,第三子名埍时,第四子名壄时。故此处当作"王文端公叔子更叔(埍时)"。
③ 张其锦:《凌次仲先生年谱》,郑晓霞、吴平标点《扬州学派年谱合刊》本,广陵书社2008年版,第283页。

录。门下士甘泉江藩纪。"①

(一〇六) 韩卫勋

韩卫勋，尝与江藩一并参与阮元主修《道光广东通志》一事，江氏任总纂，韩氏任分校。道光元年三月二十一日，韩氏应江藩之嘱，题诗贺江氏诞辰。诗云："不居朝市住山林，六十平头鹤发侵。结习难忘无别好，士安老去只书淫。""生涯日饮计无何，贫困休教废啸歌。画里朱颜能驻景，莫愁面皱去观河。"署名"秋圃弟韩卫勋"。②

(一〇七) 萧光襄

萧光襄，河北清河人。道光三年（1823）冬，萧氏将由广州归邗上，江藩亦将前往端州纂修《肇庆府志》，萧氏有《题奉节甫先生玉照》三首赠别。诗云："竹汀红豆久薪传，绝学绍承二汉年。自赏大床堪独卧，世人休笑腹便便。""令仆人材任好为，虎飞食肉不须奇。纷纷白项乌群过，晚识此翁知复谁。""著墨临岐卷卷还，祝君难老驻春颜。他时邗上题襟日，好与尊前话白蛮。"③

(一〇八) 田靫

田靫，字春甫，梅溪人。道光三年（1823）重九后五日，江藩赴端州，田氏亦将还淮，遂应江氏之嘱，题诗于《郑堂先生小像》，兼以留别。诗云："通经裕致用，椠铅日不置。江夏负盛名，风雅乃余事。如何落拓嗟，及老蛮荒渍。腹中万卷数，莫救一贫字。我来粤峤游，胥疏等海戏。羞涩掷空囊，一笑同脱屣。持编就有道，余论不暇弃。相偕杯炙场，脱帽露顶议。知古复知今，一一如珠记。十年愿见心，于兹亦略遂。（十年前客淮待仆，未得见）。昨者出此图，咏歌征同志。敢持布皷鸣，辄向雷门试。翳彼卓荦姿，

---

① 王杰等撰，江藩编：《祖帐集》卷末江藩《跋》，道光时粤东刊本。
② 题诗见南京博物院藏丹阳丁以诚写真、西吴费丹旭补图之《郑堂先生小像》。
③ 题诗见南京博物院藏丹阳丁以诚写真、西吴费丹旭补图之《郑堂先生小像》。

未减食牛气。便便俗子容，百辈何足厕。公今去端州，我发故园思。解维不逮别，欲言其胸次。名山待可传，千载终不坠。得失塞上翁，万事本如寄。斯言倘适获，浮杯应一醉。两颊丹砂红，眘勿伤憔悴。后日岭梅开，诗章正县迟。"①

（一〇九）黄恩长

黄恩长，字宗易，号苍雅，长洲（今江苏苏州）人。工花卉，精篆刻。著有《敦好斋印谱》《千顷堂画谱》。李斗《扬州画舫录》卷二《草河录下》有传。黄氏与江藩的交游，有王豫《种竹轩诗选》卷三《戊午十月石远梅招同家述庵司寇暨汪绣谷李艾塘（斗）程燮斋吴山尊程砚红（法）程平泉（赞皇）赵剑南（廷枢）江郑堂焦里堂钱玉鱼（东）许白斋（珩）李静斋（周南）汪芝泉（光燨）黄苍雅（恩长）汪春山（光烜）杨时庵（试昕）李滨石（钟泗）黄春谷秋谷（至馥）汪饮泉（潮生）诸子休园文燕》诗。

（一一〇）濮士铨

濮士铨，字朝衡，号小山，江苏江都人。善画梅，工隶书。据阮元《定香亭笔谈》卷三所载可知，乾隆六十年阮元自山左移任浙江，过扬州，江藩与濮士铨、士鉁、士钤兄弟等在虹桥净香园为之饯行。

（一一一）濮士鉁

濮士鉁，字翼符。士铨二弟。据阮元《定香亭笔谈》卷三所载可知，乾隆六十年阮元自山左移任浙江，过扬州，江藩与濮士鉁兄弟等在虹桥净香园为之饯行。

（一一二）濮士钤

濮士钤，字子耕。士铨三弟。工隶书。据阮元《定香亭笔谈》卷三所载可知，乾隆六十年阮元自山左移任浙江，过扬州，江藩与濮士钤兄弟等在虹

---

① 题诗见南京博物院藏丹阳丁以诚写真、西吴费丹旭补图之《郑堂先生小像》。

桥净香园为之饯行。

（一一三）汪澍

汪澍，字味芸，浙江嘉兴人。著有《古梅溪馆二集诗》八卷。据阮元《定香亭笔谈》卷三所载可知，乾隆六十年阮元自山左移任浙江，过扬州，汪澍、江藩等在虹桥净香园为之饯行。另，胡量《海红堂诗抄》收有《方菊人月查兄弟招同黄秋坪焦理堂刘松岚李艾堂江郑堂洪江门汪味芸叶霜林黄仓雅朱蘺亭游上方禅寺雨阻藕绿轩咏三绝碑东坡次苏伯固韵》诗。

（一一四）方仕燮

方仕燮，一作士燮，字菊人，江苏仪征人。父本，字立堂，工文，善楷书，乾隆五十四年（1789）中举。仕燮与弟仕杰并深于诗。李斗《扬州画舫录》卷十《虹桥录上》有传。据阮元《定香亭笔谈》卷三所载可知，乾隆六十年阮元自山左移任浙江，过扬州，方仕燮、仕杰兄弟与江藩等在虹桥净香园为之饯行。另，胡量《海红堂诗抄》收有《方菊人月查兄弟招同黄秋坪焦理堂刘松岚李艾堂江郑堂洪江门汪味芸叶霜林黄仓雅朱蘺亭游上方禅寺雨阻藕绿轩咏三绝碑东坡次苏伯固韵》诗。

（一一五）方仕杰

方仕杰，一作士杰，字月查，或作月槎。与兄仕燮俱工于诗。李斗《扬州画舫录》卷十《虹桥录上》有传。据阮元《定香亭笔谈》卷三所载可知，乾隆六十年阮元自山左移任浙江，过扬州，方仕燮、仕杰兄弟与江藩等在虹桥净香园为之饯行。另，胡量《海红堂诗抄》收有《方菊人月查兄弟招同黄秋坪焦理堂刘松岚李艾堂江郑堂洪江门汪味芸叶霜林黄仓雅朱蘺亭游上方禅寺雨阻藕绿轩咏三绝碑东坡次苏伯固韵》诗。

（一一六）秦大光

秦大光，号榴香。秦氏与江藩的交游，有王豫《种竹轩诗选》卷二《快园主人招同崔筠谷（瑶）吴孝侯（思忠）蔡芷衫李瘦人（葰）曹澹泉（言路）洪稚存（亮吉）方子云余秋农秦楣香（大光）江郑堂（藩）程燮斋（赞和）汪绣谷（文锦）焦里堂黄春谷（承吉）李渔衫僧竟成等四十人同咏》诗。

（一一七）汪文锦

汪文锦，字绣谷，善诗词，工篆籀，精于铁笔。李斗《扬州画舫录》卷十五《冈西录》有传。王豫《种竹轩诗选》卷二《快园主人招同崔筠谷（瑶）吴孝侯（思忠）蔡芷衫李瘦人（葰）曹澹泉（言路）洪稚存（亮吉）方子云余秋农秦楣香（大光）江郑堂（藩）程燮斋（赞和）汪绣谷（文锦）焦里堂黄春谷（承吉）李渔衫僧竟成等四十人同咏》、卷三《戊午十月石远梅招同家述庵司寇暨汪绣谷李艾塘（斗）程燮斋吴山尊程砚红（法）程平泉（赞皇）赵剑南（廷枢）江郑堂焦里堂钱玉鱼（东）许白斋（珩）李静斋（周南）汪芝泉（光燨）黄苍雅（恩长）汪春山（光烜）杨时庵（试昕）李滨石（钟泗）黄春谷秋谷（至馥）汪饮泉（潮生）诸子休园文燕》诸诗，即与汪氏与江藩之交游相关。

（一一八）程赞和

程赞和，字中之，号燮斋，江苏仪征人。乾隆四十二年（1777）拔贡生，授教谕。无书不读，工诗。卒年九十。著有《燮斋诗》八卷、《词》一卷，散失不存，今存《文稿》二卷。王检心修，刘文淇、张安保纂《道光重修仪征县志》卷三十七《人物志》有传。程氏与江藩亦有交游，今存王豫《种竹轩诗选》卷二《快园主人招同崔筠谷（瑶）吴孝侯（思忠）蔡芷衫李瘦人（葰）曹澹泉（言路）洪稚存（亮吉）方子云余秋农秦楣香（大光）江郑堂（藩）程燮斋（赞和）汪绣谷（文锦）焦里堂黄春谷（承吉）李渔衫僧竟成等四十人同咏》、卷三《戊午十月石远梅招同家述庵司寇暨汪绣谷李艾塘（斗）程燮斋吴山尊程砚红（法）程平泉（赞皇）赵剑南（廷枢）江郑堂焦里堂钱玉鱼（东）许白斋（珩）李静斋（周南）汪芝泉（光燨）

黄苍雅（恩长）汪春山（光烜）杨时庵（试昕）李滨石（钟泗）黄春谷秋谷（至馥）汪饮泉（潮生）诸子休园文燕》等诗。

（一一九）程赞皇

程赞皇，号平泉，江苏仪征人。尝与先生诗酒唱和，汪潮生《冬巢居士词》卷一《探春》词小序云："冬夜积雪逾尺，寒色满城，吴山尊招同吴谷人师、程平泉、江郑堂集饮湖上九峰园……"另，王豫《种竹轩诗选》卷三收有《戊午十月石远梅招同家述庵司寇暨汪绣谷李艾塘（斗）程燮斋吴山尊程砚红（法）程平泉（赞皇）赵剑南（廷枢）江郑堂焦里堂钱玉鱼（东）许白斋（珩）李静斋（周南）汪芝泉（光爔）黄苍雅（恩长）汪春山（光烜）杨时庵（试昕）李滨石（钟泗）黄春谷秋谷（至馥）汪饮泉（潮生）诸子休园文燕》诗。

（一二〇）吴思忠

吴思忠，字孝侯，一字靖陈，江苏江宁（今南京）人。贡生。工山水，尤擅画猿，与崔筠谷齐名。耽吟咏，颇受袁枚称赏，有《青溪草堂诗集》。蒋宝龄《墨林今话》卷三有传。吴氏与江藩的交游，有王豫《种竹轩诗选》卷二《快园主人招同崔筠谷（瑶）吴孝侯（思忠）蔡芷衫李瘦人（葵）曹澹泉（言路）洪稚存（亮吉）方子云余秋农秦榅香（大光）江郑堂（藩）程燮斋（赞和）汪绣谷（文锦）焦里堂黄春谷（承吉）李渔衫僧竟成等四十人同咏》诗。

（一二一）蔡元春

蔡元春，字育奇，号芷衫，江苏江宁（今南京）人。工诗，袁枚亟称之。著有《在山堂诗集》。王豫《种竹轩诗选》卷二《快园主人招同崔筠谷（瑶）吴孝侯（思忠）蔡芷衫李瘦人（葵）曹澹泉（言路）洪稚存（亮吉）方子云余秋农秦榅香（大光）江郑堂（藩）程燮斋（赞和）汪绣谷（文锦）焦里堂黄春谷（承吉）李渔衫僧竟成等四十人同咏》，即与二人之交游相关。

（一二二）李焭

李焭，字瘦人，江苏上元（今南京）人。廪生。著有《瘦人诗词集》。丁绍仪《清词综补》卷二十辑录其《凄凉犯·芦花》《探春令》二首。李氏与江藩的交游，有王豫《种竹轩诗选》卷二《快园主人招同崔筠谷（瑶）吴孝侯（思忠）蔡芷衫李瘦人（焭）曹澹泉（言路）洪稚存（亮吉）方子云余秋农秦楣香（大光）江郑堂（藩）程燮斋（赞和）汪绣谷（文锦）焦里堂黄春谷（承吉）李渔衫僧竟成等四十人同咏》诗。

（一二三）曹言路

曹言路，字澹泉，一字嗣康，江苏上元（今南京）人。廪贡生。工诗，清婉有致。尝与崔瑶、孙星衍等结诗社于莫愁湖。曹氏与江藩的交游，有王豫《种竹轩诗选》卷二《快园主人招同崔筠谷（瑶）吴孝侯（思忠）蔡芷衫李瘦人（焭）曹澹泉（言路）洪稚存（亮吉）方子云余秋农秦楣香（大光）江郑堂（藩）程燮斋（赞和）汪绣谷（文锦）焦里堂黄春谷（承吉）李渔衫僧竟成等四十人同咏》诗。

（一二四）余曼

余曼，字秋农，江苏江宁（今南京）人。余氏与江藩的交游，有王豫《种竹轩诗选》卷二《快园主人招同崔筠谷（瑶）吴孝侯（思忠）蔡芷衫李瘦人（焭）曹澹泉（言路）洪稚存（亮吉）方子云余秋农秦楣香（大光）江郑堂（藩）程燮斋（赞和）汪绣谷（文锦）焦里堂黄春谷（承吉）李渔衫僧竟成等四十人同咏》诗。

（一二五）李懿曾

李懿曾，字渔衫，江苏通州（今南通）人。博学能文，著有《扶海楼诗集》《藕叶词》等。事见周曾锦《卧庐词话》。李氏与江藩的交游，有王豫《种竹轩诗选》卷二《快园主人招同崔筠谷（瑶）吴孝侯（思忠）蔡芷衫李瘦人（焭）曹澹泉（言路）洪稚存（亮吉）方子云余秋农秦楣香（大光）江郑堂（藩）程燮斋（赞和）汪绣谷（文锦）焦里堂黄春谷（承吉）李渔衫僧竟成等四十人同咏》诗。

（一二六）程法

程法，字宗李，号砚红，江苏仪征人。兆熊子。书法得其家传，画画眉尤精。李斗《扬州画舫录》卷十二《桥东录》有传。王豫《种竹轩诗选》卷三《戊午十月石远梅招同家述庵司寇暨汪绣谷李艾塘（斗）程燮斋吴山尊程砚红（法）程平泉（赞皇）赵剑南（廷枢）江郑堂焦里堂钱玉鱼（东）许白斋（珩）李静斋（周南）汪芝泉（光爔）黄苍雅（恩长）汪春山（光烜）杨时庵（试昕）李滨石（钟泗）黄春谷秋谷（至馥）汪饮泉（潮生）诸子休园文燕》一诗，即与程氏与江藩之交游相关。

（一二七）钱东

钱东，字玉鱼，浙江嘉兴人。善花卉，工诗词。李斗《扬州画舫录》卷二《草河录下》有传。钱氏与江藩的交游，有王豫《种竹轩诗选》卷三《戊午十月石远梅招同家述庵司寇暨汪绣谷李艾塘（斗）程燮斋吴山尊程砚红（法）程平泉（赞皇）赵剑南（廷枢）江郑堂焦里堂钱玉鱼（东）许白斋（珩）李静斋（周南）汪芝泉（光爔）黄苍雅（恩长）汪春山（光烜）杨时庵（试昕）李滨石（钟泗）黄春谷秋谷（至馥）汪饮泉（潮生）诸子休园文燕》诗。

（一二八）李周南

李周南，字冠三，号静斋，江苏甘泉（今扬州邗江）人。嘉庆十九年（1814）进士，授刑部主事。后居家授徒，一时推为文章宗匠。卒年七十一。与阮元同学交好。著有《洗桐轩文集》《诗集》。英杰修，晏端书等纂《同治续纂扬州府志》卷十三《人物·文苑》有传。李氏与江藩的交游，有王豫《种竹轩诗选》卷三《戊午十月石远梅招同家述庵司寇暨汪绣谷李艾塘

（斗）程燮斋吴山尊程砚红（法）程平泉（赞皇）赵剑南（廷枢）江郑堂焦里堂钱玉鱼（东）许白斋（珩）李静斋（周南）汪芝泉（光爔）黄苍雅（恩长）汪春山（光烜）杨时庵（试昕）李滨石（钟泗）黄春谷秋谷（至馥）汪饮泉（潮生）诸子休园文燕》诗。

（一二九）杨试昕

杨试昕，字允成，江苏丹徒人。诸生。著有《海岳山房诗抄》二卷。徐世昌编选《晚晴簃诗汇》卷一百十一有传。杨氏与江藩的交游，有王豫《种竹轩诗选》卷三《戊午十月石远梅招同家述庵司寇暨汪绣谷李艾塘（斗）程燮斋吴山尊程砚红（法）程平泉（赞皇）赵剑南（廷枢）江郑堂焦里堂钱玉鱼（东）许白斋（珩）李静斋（周南）汪芝泉（光爔）黄苍雅（恩长）汪春山（光烜）杨时庵（试昕）李滨石（钟泗）黄春谷秋谷（至馥）汪饮泉（潮生）诸子休园文燕》诗。

（一三○）黄至馥

黄至馥，号秋谷，浙江仁和人。侄黄奭受业于江藩。至馥与江藩的交游，有王豫《种竹轩诗选》卷三《戊午十月石远梅招同家述庵司寇暨汪绣谷李艾塘（斗）程燮斋吴山尊程砚红（法）程平泉（赞皇）赵剑南（廷枢）江郑堂焦里堂钱玉鱼（东）许白斋（珩）李静斋（周南）汪芝泉（光爔）黄苍雅（恩长）汪春山（光烜）杨时庵（试昕）李滨石（钟泗）黄春谷秋谷（至馥）汪饮泉（潮生）诸子休园文燕》诗。

（一三一）郭锜

郭锜，号兰池。时与曾燠主持的文酒之会。王豫《种竹轩诗选》卷三《戊午十月石远梅招同家述庵司寇暨汪绣谷李艾塘（斗）程燮斋吴山尊程砚红（法）程平泉（赞皇）赵剑南（廷枢）江郑堂焦里堂钱玉鱼（东）许白斋（珩）李静斋（周南）汪芝泉（光爔）黄苍雅（恩长）汪春山（光烜）杨时庵（试昕）李滨石（钟泗）黄春谷秋谷（至馥）汪饮泉（潮生）诸子休园文燕》一诗,即与郭氏与江藩之交游相关。

(一三二) 曹秉钧

曹秉钧,字仲谋,号仲梅,又号水云,浙江嘉兴人。明经。掌山阴县文教。工画梅,书仿苏轼,得跌宕之致。著有《水云老人诗抄》。曹氏与江藩尝在王昶处诗酒唱和,今存王昶《春融堂集》卷十九《腊月二十一日招翁学使(振三)及曹仲梅(秉钧)家若农金宝函(鸿书)施锡蕃(晋)江子屏(藩)汪上章(庚)吴照南(照)何梦华(元锡)诸君小集》、卷二十《初八日复邀振三及仲梅诸君官斋小集》等诗。

(一三三) 王尚珏

王尚珏,号若农,浙江嘉兴人。王昶《春融堂集》卷十九《腊月二十一日招翁学使振三及曹仲梅(秉钧)家若农金宝函(鸿书)施锡蕃(晋)江子屏(藩)汪上章(庚)吴照南(照)何梦华(元锡)诸君小集》,即与王氏与江藩之交游相关。

(一三四) 金鸿书

金鸿书,字宝函。诸生。金氏与江藩的交游,今王昶《春融堂集》卷十九有《腊月二十一日招翁学使振三及曹仲梅(秉钧)家若农金宝函(鸿书)施锡蕃(晋)江子屏(藩)汪上章(庚)吴照南(照)何梦华(元锡)诸君小集》一诗。

(一三五) 施晋

施晋,字锡蕃。施氏与江藩的交游,今王昶《春融堂集》卷十九有《腊月二十一日招翁学使振三及曹仲梅(秉钧)家若农金宝函(鸿书)施锡蕃(晋)江子屏(藩)汪上章(庚)吴照南(照)何梦华(元锡)诸君小集》一诗。

(一三六）汪庚

汪庚，字上章，浙江钱塘（今杭州）人。诸生。家富藏书，撰有《开万楼藏书目》。汪氏与江藩的交游，今王昶《春融堂集》卷十九有《腊月二十一日招翁学使振三及曹仲梅（秉钧）家若农金宝函（鸿书）施锡蕃（晋）江子屏（藩）汪上章（庚）吴照南（照）何梦华（元锡）诸君小集》一诗。

(一三七）吴照

吴照，字照南，号白庵道人，江西南城人。乾隆五十四年（1789）拔贡，官大庾教谕。善画嗜饮，兼通六书。著有《说文字原考略》《听雨楼集》。卒年五十七。吴氏与江藩的交游，今王昶《春融堂集》卷十九有《腊月二十一日招翁学使振三及曹仲梅（秉钧）家若农金宝函（鸿书）施锡蕃（晋）江子屏（藩）汪上章（庚）吴照南（照）何梦华（元锡）诸君小集》一诗。

(一三八）范邦政

范邦政，字平圃。范氏与江藩的交游，有吴嵩梁辑《溟鸥集》卷三《范平圃（邦政）汪宁溪（百川）江郑堂吴兰雪（嵩梁）汪玉屏张子贞汪元波（承达）江素山暨兰溪弟同集桃花庵各成一律》、卷四《同汪宁溪（百川）范平圃（邦政）吴兰雪（嵩梁）汪玉屏（坤）凌芝泉（宵）兰溪（延堈）汪瓠尊（承达）家郑堂（藩）子贞半人访善田上人留小饮》等诗。

(一三九）汪百川

汪百川，字宁溪。嘉庆七年（1802）壬戌科三甲进士。吴嵩梁辑《溟鸥集》卷三《范平圃（邦政）汪宁溪（百川）江郑堂吴兰雪（嵩梁）汪玉屏张子贞汪元波（承达）江素山暨兰溪弟同集桃花庵各成一律》、卷四《同汪宁溪（百川）范平圃（邦政）吴兰雪（嵩梁）汪玉屏（坤）凌芝泉（宵）兰溪（延堈）汪瓠尊（承达）家郑堂（藩）子贞半人访善田上人留小饮》，即与汪氏与江藩之交游相关。

(一四〇) 汪坤

汪坤,字符至,号玉屏,安徽旌德人。工诗,广交游,尝于扬州集李天澄、汪俊、张镠等为诗会,刻有《吟香馆合稿》。李鬯生教授为之序。李斗《扬州画舫录》卷十《虹桥录上》有传。汪氏与江藩的交游,今有吴嵩梁辑《溟鸥集》卷三《范平圃(邦政)汪宁溪(百川)江郑堂吴兰雪(嵩梁)汪玉屏张子贞汪元波(承达)江素山暨兰溪弟同集桃花庵各成一律》、卷四《同汪宁溪(百川)范平圃(邦政)吴兰雪(嵩梁)汪玉屏(坤)凌芝泉(宵)兰溪(延堈)汪瓠尊(承达)家郑堂(藩)子贞半人访善田上人留小饮》诸诗。

(一四一) 汪承达

汪承达,字瓠尊,号元波。丁绍仪《清词综补》卷二十辑其《点绛唇·题潘湘云梦影罗浮遗影》一阕。汪氏与江藩的交游,今有吴嵩梁辑《溟鸥集》卷三《范平圃(邦政)汪宁溪(百川)江郑堂吴兰雪(嵩梁)汪玉屏张子贞汪元波(承达)江素山暨兰溪弟同集桃花庵各成一律》、卷四《同汪宁溪(百川)范平圃(邦政)吴兰雪(嵩梁)汪玉屏(坤)凌芝泉(宵)兰溪(延堈)汪瓠尊(承达)家郑堂(藩)子贞半人访善田上人留小饮》诸诗。

(一四二) 江诩

江诩,字素山,安徽潜山人。工诗。吴嵩梁辑《溟鸥集》卷四即为江诩诗作。江氏与江藩的交游,今有徐鸣珂《砚北花南吟草》卷二《盂兰盆歌同皖城江素山(诩)江都江郑堂(藩)张老姜顾苓山作》、吴嵩梁辑《溟鸥集》卷三《范平圃(邦政)汪宁溪(百川)江郑堂吴兰雪(嵩梁)汪玉屏张子贞汪元波(承达)江素山暨兰溪弟同集桃花庵各成一律》诸诗。

(一四三) 凌延堈

凌延堈，号兰溪，江苏江宁（今南京）人。延堈偕兄凌霄一并与江藩等交游，今存吴嵩梁辑《溟鸥集》卷三《范平圃（邦政）汪宁溪（百川）江郑堂吴兰雪（嵩梁）汪玉屏张子贞汪元波（承达）江素山暨兰溪弟同集桃花庵各成一律》、卷四《同汪宁溪（百川）范平圃（邦政）吴兰雪（嵩梁）汪玉屏（坤）凌芝泉（宵）兰溪（延堈）汪瓠尊（承达）家郑堂（藩）子贞半人访善田上人留小饮》等诗。

(一四四) 严观

严观，字子进，江苏江宁（今南京）人。父长明，工诗，精金石学，官至侍读。观承家学，从袁枚游。著有《江宁金石记》十二卷、《湖北金石诗》一卷、《元和郡县补志》六卷等。事见李斗《扬州画舫录》卷十《虹桥录上》。嘉庆十二年，严观预修《扬州图经》，其《广陵览古序》云："（嘉庆十二年）仲夏，应伊墨卿太守之招，协修《扬州图经》，侨寓淮海楼。"① 王豫亦云："太守与阮中丞纂辑《广陵图经》，聘江郑堂、焦里堂、袁又恺、严子进、臧拜经诸子暨余共襄其事，书未卒业，而太守以忧去，可惜也。"② 另，胡量《海红堂诗抄》中《丁卯七月三日阮芸台中丞招同江郑堂袁受阶严子进燕文选楼》，亦与严氏与江藩的交游有关。

(一四五) 王芑孙

王芑孙，字念丰，号惕甫，一作铁夫，自号楞伽山人，江苏长洲（今苏州）人。乾隆戊申（1788）举人，著有《渊雅堂集》。舒位《乾嘉诗坛点将录》有传。王氏与江藩的交游，今有伊秉绶《留春草堂诗抄》卷七《扬州喜晤吴谷人王铁夫曾宾谷金手山乐莲裳江郑堂（藩）袁寿阶（廷梼）诸君》诗。

---

① 顾銮：《广陵览古》卷首严观《序》，广陵书社 2005 年版。
② 王豫：《群雅集》卷二十三《伊秉绶》，嘉庆十三年王氏种竹轩刻本。

（一四六）方燮

方燮，字子和，一字大章，号台山，江西南安人，侨居吴中（今江苏苏州）。诸生。从袁枚游。工诗古文，擅八法。行楷法二王，姿致魄力俱胜。间以篆隶法写墨竹，清挺洒落，得石室老人（文同）意。蒋墨龄《墨林今话》卷七有传。方氏与江藩的交游，有褚华《宝晋堂诗抄》卷四《汉瓦当歌用东坡石鼓韵同汪墨庄方大章陆铁箫集郑堂别业作》诗。

（一四七）赵怀玉

赵怀玉，字亿孙，又字味辛，江苏武进（今常州）人。乾隆庚子（1780）钦赐举人，授中书。出为青州府海防同知，署登州、兖州知府。工古文词，持论侃侃。诗与孙星衍、洪亮吉、黄景仁齐名，时称"孙洪黄赵"。著有《有生斋诗集》三十二卷、《文集》二十卷、《续集》六卷，《亦有生斋词》五卷。《清史稿》卷四百八十五、《清史列传》卷七十二有传。焦循《雕菰楼集》卷四《张古余太守（敦仁）招同赵味辛司马何兰士太守孙渊如观察暨江子屏汪孝婴李滨石雨中泛湖夕饮于倚虹园》，即与张氏与江藩之交游相关。此外，嘉庆十一年，应阮元、伊秉绶之邀，赵氏与江藩等一并参纂《扬州图经》，汪喜孙尝云："嘉庆丙寅，阮抚部元、伊太守秉绶，礼致江先生藩、赵司马怀玉、焦君循、袁君廷寿、臧君庸及喜孙同纂是书。"①

（一四八）何道生

何道生，字兰士，山西灵石人。乾隆丁未（1787）进士。尝为山东巡漕御史，

后出知九江，迁知宁夏，卒于官。著有《方雪斋诗集》十二卷。钱泳《履园丛话》卷六《耆旧》有传。焦循《雕菰楼集》卷四《张古余太守（敦仁）招同赵味辛司马何兰士太守孙渊如观察暨江子屏汪孝婴李滨石雨中泛湖夕饮于倚虹园》，即与何氏与江藩之交游相关。

---

① 《扬州府图经》汪喜孙题记，抄本，2册，五卷，藏北京图书馆。

（一四九）顾麟瑞

顾麟瑞，字仲嘉，一字芝衫，江苏兴化人。进士九苞次子。嘉庆六年拔贡。幼孤，孝于母，事寡嫂有礼。性豪迈，喜吟咏，诗词、小赋俱精。著有《筼当馆诗集》。梁园棣修，郑之侨、赵彦俞纂《咸丰重修兴化县志》卷八《人物志·文苑》有传。顾氏与江藩的交游，有郭麟《灵芬馆诗三集》卷二《邗上云萍集·寒雁篇同谷人先生莲堂芙初甘亭金手山（学莲）顾芝山（麟瑞）江郑堂（藩）蒋秋竹（知节）储玉琴（润书）作销寒第一集》诗。

（一五〇）蒋知节

蒋知节，字秋竹，铅山人。乾隆四十四年（1779）举人。官教谕。工诗词。丁绍仪辑《清词综补》卷十七有传。郭麟《灵芬馆诗三集》卷二《邗上云萍集·寒雁篇同谷人先生莲堂芙初甘亭金手山（学莲）顾芝山（麟瑞）江郑堂（藩）蒋秋竹（知节）储玉琴（润书）作销寒第一集》、吴嵩梁辑《溟鸥集》卷三凌霄《洪稚存提学（亮吉）孙渊如观察（星衍）蒋秋竹孝廉（知节）江郑堂上舍（藩）同游莫愁湖舟中口占》，均与蒋氏与江藩之交游相关。

（一五一）储润书

储润书，字玉琴，江苏宜兴人。乾隆五十四年（1789）优贡生，候选教谕。工于诗。李斗《扬州画舫录》卷十《虹桥录上》有传。顾氏与江藩的交游，有郭麟《灵芬馆诗三集》卷二《邗上云萍集·寒雁篇同谷人先生莲堂芙初甘亭金手山（学莲）顾芝山（麟瑞）江郑堂（藩）蒋秋竹（知节）储玉琴（润书）作销寒第一集》诗。

（一五二）江安

江安，字定甫，工诗。父立，字玉屏，号云溪，旧居杭州，移籍仪征。玉屏工词，为厉鹗高足，有宋板《金石录》，因题其斋曰"金石录十卷人家"。事见李斗《扬州画舫录》卷十二《桥东录》、徐珂编《清稗类抄》之《鉴赏类》。江藩《金石录跋》云:"《金石录》宋时刻于龙舒。开禧时浚仪赵不谫又刻之。此本疑是浚仪重刊本也。藩与玉屏先生之长君定甫交,三十年前获观此书及《谢皋羽像》。嘉庆二十年六月五日,晋斋先生出此命题,爰书数语,以志眼福云。书于邗上宵市桥西一草堂,江藩跋。"① 据此可知,江藩与江安交游甚早,尝于乾隆五十年在其家观览玉屏所藏宋刻本《金石录》及《谢皋羽像》。

(一五三) 江增

江增,字兆年,号朧生。性好山水,于黄山下构卧云庵自居。制茶担以济胜,行列甚都,名曰"游山具"。江藩为之作《游山具记》。事见李斗《扬州画舫录》卷十二《桥东录》。

(一五四) 郑宗汝

郑宗汝,祖籍安徽歙县,曾祖始迁江宁,祖父自江宁迁江都。候补道中宪公

澄江次子。家世科第,望冠士族。少习举业,不得志,遂以赀为员外郎,授刑部山东司。好善学文,谨谨致孝。事见江藩《炳烛室杂文·清故刑部山东司员外郎郑君墓志》。

(一五五) 朱应潮

朱应潮,字广文,江苏吴县(今苏州)人。工诗。江藩《伴月楼诗抄》卷中《广文朱先生送胙羊一支仆转馈胡丈澹园丈作诗道谢语似久不味荤酒者怪其寒俭和韵嘲之》,即与二人之交游相关。

---

① 叶昌炽编,潘承厚增补:《滂喜斋藏书记》卷一"宋刻金石录十卷"条,民国十七年刊本。

（一五六）汪元亮

汪元亮，字竺香，江苏吴县（今苏州）人。博闻强记，中乾隆壬午（1762）经魁，深受朱珪器重。事见徐珂编《清稗类抄》之《考试类》。江藩《伴月楼诗抄》卷中《春日杂兴》一诗与汪氏相关，其最后两句云："伊人欲走三千里，瘴雨蛮烟古福州。"附注曰："竺香先生近有福州之行。"①

（一五七）赵鸿远

赵鸿远，字仰葵，江苏苏州人。善医，能治奇疾。李斗《扬州画舫录》卷十二《桥东录》有传。江藩《伴月楼诗抄》卷下有《赵大仰葵索赠至江口却寄》诗。

（一五八）方晴江

方晴江，浙江淳安人。嘉庆二十一年（1816）冬十一月，江藩与宋葆淳相遇于白公堤上，江氏言及近日重病缠身，忧虑书稿散落而欲募资刻印。适方晴江在座，为绘《募梓图》，宋氏因作《募梓图跋》。②

（一五九）张杓

张杓，字磬泉，浙江山阴（今绍兴）人。父游幕广州，杓入番禺县学为生员，遂为番禺人。嘉庆十三年（1808）举人。主讲香山榄山书院、南雄道南书院。阮元尝延之教子，复命为学海堂学长。著有《磨瓶斋文存》一卷。事见闵尔昌《碑传集补》卷十八陈澧《张磬泉先生传》。道光三年，江藩与张杓等共同出资刻成汪缙《汪子文录》十卷。

（一六〇）汪廷桂

汪廷桂，字瑶甫，号古香。歙廪生。工书，精篆刻。李放《皇清书史》

---

① 江藩：《伴月楼诗抄》卷中《春日杂兴》，清抄本，藏上海图书馆。
② 叶昌炽：《缘督庐日记抄》卷六"庚寅十二月初四日"条引宋葆淳《募梓图跋》，《续修四库全书》本。

卷十八有传。乾隆六十年,江藩至金陵应布政司试,与汪氏等同人集小西湖。汪氏约填《莺啼序》一阕,汪词先成,江藩匆匆渡江,未暇倚声。嘉庆三年,江藩重至金陵,熊夕生栏复举此会,遂填是调,以践前约。江氏《莺啼序》"望云海、松鸣旧侣,离情脉脉停云句"① 云云,即谓廷桂。

(一六一)张荐粱

张荐粱,字子稷,一字子絜,山西阳城人。敦仁子。嘉庆二十一年(1816)举人,官费县知县。嗜金石,兼工篆隶飞白。李放《皇清书史》卷十五有传。嘉庆二十三年春,江藩客游南昌,张氏出示惠栋《易大义》,为江声手写本,云系徐述卿学士所赠。藩遂手录一帙,知其非《易大义》,实为《中庸注》。②

(一六二)黄瑞

黄瑞,字留村,江苏常熟人。嘉庆六年(1801)举人。善草书。与江藩、李钟泗友善。事见杨钟羲《雪桥诗话余集》卷六。

(一六三)谢身灌

谢身灌,字晓山,江苏宜兴人,祖籍河南郑州。父野臣,字庭逸,为匡山隐者、天算名家毛乾乾之婿,精天文历算之学。身灌久居扬州,卒于文选楼。山水多着色,为世所称。李斗《扬州画舫录》卷二《草河录下》有传。据江藩《炳烛斋杂文·毛乾乾传》可知,江藩与身灌相交,因得读毛乾乾之遗书,得闻毛乾乾之始末,始知梅文鼎、谢野臣两家之学,有由来矣。

(一六四)江镠

江镠,字贡廷,号补僧。声子。诸生。精小学、书法,颇肖其文。李放《皇清书史》卷二有传。江藩父起栋与江声交,且藩拜江声为师,故两家堪

---

① 江藩:《扁舟载酒词·莺啼序》,《江氏丛书》本。
② 江藩:《周易述补》附《易大义》卷首江藩《跋》,《节甫老人杂著》本。

为世交。

（一六五）黄笑曰

黄笑曰，号山谷。进士。嘉庆三年，熊夕生栏招同人小集，黄氏与江藩皆与会，江藩填《莺啼序》一阕。

（一六六）朱蔼亭

朱蔼亭，江苏吴江人。娶徐釚六世女孙徐应嬿为妻，二人俱工诗翰。家在分湖之滨，曰月当楼，乃伉俪联吟处。蔼亭尝绘图征诗，吴越名流，题者殆满。应嬿著有《须曼华馆小稿》《月当楼唱和集》。事见王蕴章《然脂余韵》卷五。朱氏与江藩的交游，有胡量《海红堂诗抄》之《方菊人月查兄弟招同黄秋坪焦理堂刘松岚李艾堂江郑堂洪江门汪味芸叶霜林黄仓雅朱蔼亭游上方禅寺雨阻蕅绿轩咏三绝碑东坡次苏伯固韵》诗。

（一六七）陆铁箫

陆铁箫，有《西湖柳枝词》。褚华《宝晋堂诗抄》卷四《汉瓦当歌用东坡石鼓韵同汪墨庄方大章陆铁箫集郑堂别业作》，即与陆氏与江藩之交游相关。

（一六八）林远斋

林远斋，号火莲居士，福建龙岩人。江藩《伴月楼诗抄》卷上有《王郎歌（并序）》①、《墨庄远斋宿予家作一宵清话远斋有诗记之次韵一首》，卷中有《正月十日大雪不止越日远斋过我出用放翁韵长歌一首见示遂次其韵》《远斋雪中过我薄暮即去用东坡大雪独留尉氏韵》《春风有感寄墨庄远斋》，即为与林氏唱和之作。《伴月楼诗抄》卷上《文洲招元谨远斋及予泛舟石湖以空山无人分韵得空字》、卷中《与墨庄子乘文洲远斋题范箴牧羊图以牧人

---

① 诗前有序云："龙岩林远斋为作歌，广陵江藩步韵焉。"（上海图书馆藏清抄本《伴月楼诗抄》）

驱犊返分韵得返字》，亦与二人之交游相关。

（一六九）张南溪

张南溪，崇明人。与王芑孙、沈清瑞为莫逆交。嘉庆元年（1796），举孝廉方正。事见钱泳《履园丛话》卷二十一《笑柄》。江藩《伴月楼诗抄》卷中有《同张南溪饮清筑轩》诗，《半毡斋题跋》卷下《颜临十七帖》有"南溪深于金石之学，其为我考之"① 云云。

（一七〇）林远峰

林远峰，浙江仁和（今杭州）人。工诗。性豪放不羁。时与江苏巡抚奇丰额舫咏平山堂之会。事见李斗《扬州画舫录》卷十《虹桥录上》。江藩《伴月楼诗抄》卷下有《和林三远峰题吴玉松太守涵碧楼原韵》《题林三远峰双树图行看子》等诗。

（一七一）汪肯堂

汪肯堂，浙江桐乡人。尝校刻徐釚编《本事诗》十二卷。江藩《扁舟载酒词》有《隔浦莲近拍·题汪大肯堂冷香水榭填词图》一阕。

（一七二）汪锡维

汪锡维，安徽歙县人，侨居扬州。以文学知名于时。事见《碑传集补》卷五十九刘毓崧《程母汪太宜人家传》。据锡维女嫈所撰《雅安书屋诗集》卷一《江郑堂父执属题秋江听潮图集唐人句》，可知锡维与江藩当交谊匪浅。

（一七三）阿克当阿

阿克当阿，字厚庵，满洲正白旗人。任内务府护军统领、两淮盐政、工部侍郎等。居官扬州期间，对当地的文化事业颇多贡献。其要有二：一是主持刊印《全唐文》，二是主修《扬州府志》。嘉庆十四年（1809）正月，时

---

① 江藩：《半氈斋题跋》卷下《颜临十七帖》，《功顺堂丛书》本。

任两淮盐政的阿克当阿延礼江藩、焦循等人,以之前伊秉绶主修的《扬州图经》为本,加以订补,于次年四月修成《嘉庆重修扬州府志》。①

(一七四) 龙云圻

龙云圻,四川华阳人。嘉庆十四年(1809)进士。嘉庆十四年(1809),阿克当阿主修《扬州府志》,聘龙云圻与江藩等十二人共同纂辑。

(一七五) 贵征

贵征,字一堂,江苏仪征人。进士,官吏部。善属文,尤工六朝骈体,为姚鼐所知。事见李斗《扬州画舫录》卷三《新城北录上》。嘉庆十四年(1809),阿克当阿主修《扬州府志》,聘贵征与江藩等十二人共同纂辑。

(一七六) 江涟

江涟,江苏江都人。善属文,尝进献诗册,特赐举人,授内阁中书,所撰内阁谢折多蒙上奖。著有《阁注文抄》四卷。事见李斗《扬州画舫录》卷三《新城北录上》。嘉庆十四年(1809),阿克当阿主修《扬州府志》,聘江涟与江藩等十二人共同纂辑。

(一七七) 胡傅

胡傅,安徽人。监生。嘉庆二十三年(1818),阮元聘江藩等四人为总纂,胡傅等十一人为分纂,编修《广东通志》,历四年而成。②

(一七八) 郑灏若

郑灏若,福建长乐人。嘉庆十八年(1813)拔贡。客广东,诗尝采入

---

① 参阿克当阿修、姚文田、江藩等纂:《嘉庆重修扬州府志》卷首阿克当阿《序》,嘉庆十五年刻本。
② 参阮元、李鸿宾:《纂修广东省通志折》和阮元:《广东通志序》《重修广东通志职名》,见《道光广东通志》卷首,道光二年刊本。

《岭南群雅》。著有《榕屋诗抄》。李永选撰辑《长乐六里志》卷十《艺文四集部》有传。嘉庆二十三年（1818），阮元聘江藩等四人为总纂，郑灏若等十一人为分纂，编修《广东通志》，历四年而成。①

（一七九）余倬

余倬，江西人。举人。嘉庆二十三年（1818），阮元聘江藩等四人为总纂，余倬等十一人为分纂，编修《广东通志》，历四年而成。②

（一八〇）崔弼

崔弼，字积匡，广东番禺（今广州）人。嘉庆六年（1801）举人。工诗，勤于著述，有《珍帚编诗集》《游宁草》《两粤水经注》《波罗外纪》等。《番禺县志》卷四十六有传。嘉庆二十三年（1818），阮元聘江藩等四人为总纂，崔弼等十一人为分纂，编修《广东通志》，历四年而成。③

（一八一）吴应逵

吴应逵，字鸿来，别字雁山，广东鹤山人。乾隆六十年（1795）举人。博学能文。纂有《鹤山县志》等。事见陈在谦辑评《国朝岭南文抄》卷六《吴雁山》。嘉庆二十三年（1818），阮元聘江藩等四人为总纂，吴应逵等十一人为分纂，编修《广东通志》，历四年而成。④

（一八二）李光昭

李光昭，广东嘉应人。著有《铁树堂诗抄》三卷、《附抄》二卷。孙殿

---

① 参阮元、李鸿宾：《纂修广东省通志折》和阮元：《广东通志序》《重修广东通志职名》，见《道光广东通志》卷首，道光二年刊本。
② 参阮元、李鸿宾：《纂修广东省通志折》和阮元：《广东通志序》《重修广东通志职名》，见《道光广东通志》卷首，道光二年刊本。
③ 参阮元、李鸿宾：《纂修广东省通志折》和阮元：《广东通志序》《重修广东通志职名》，见《道光广东通志》卷首，道光二年刊本。
④ 参阮元、李鸿宾：《纂修广东省通志折》和阮元：《广东通志序》《重修广东通志职名》，见《道光广东通志》卷首，道光二年刊本。

起《贩书偶记》卷十七著录。嘉庆二十三年（1818），阮元聘江藩等四人为总纂，李光昭等十一人为分纂，编修《广东通志》，历四年而成。①

（一八三）马良宇

马良宇，字德隅，广东番禺（今广州）人。诸生。善山水。嘉庆二十三年（1818），阮元聘江藩等四人为总纂，马良宇等十一人为分纂，编修《广东通志》，历四年而成。②

（一八四）胡森

胡森，江西豫章人。乾隆五十四年（1789）进士。官福建罗源县知县。道光三年，夏修恕主修《肇庆府志》，延江藩、胡森等五人共同纂辑。③ 另，张之洞《书目答问》卷二《史部·政书》载录有江藩校、胡森刊刻的宋徐天麟《西汉会要》七十卷。

（一八五）王崇熙

王崇熙，江西豫章人。副贡。尝主纂《嘉庆新安县志》二十四卷。道光三年，夏修恕主修《肇庆府志》，延江藩、王崇熙等五人共同纂辑。④

（一八六）王佶

王佶，江西豫章人。道光三年，夏修恕主修《肇庆府志》，延江藩、王

---

① 参阮元、李鸿宾：《纂修广东省通志折》和阮元：《广东通志序》《重修广东通志职名》，见《道光广东通志》卷首，道光二年刊本。
② 参阮元、李鸿宾：《纂修广东省通志折》和阮元：《广东通志序》《重修广东通志职名》，见《道光广东通志》卷首，道光二年刊本。
③ 夏修恕：《重修肇庆府志序》，屠英等修，江藩等纂：《道光肇庆府志》卷首，道光十三年刻本。
④ 夏修恕：《重修肇庆府志序》，屠英等修，江藩等纂《道光肇庆府志》卷首，道光十三年刻本。

佶等五人共同纂辑。①

（一八七）朱人凤

朱人凤，原名壬，字谓卿，号闲泉，浙江钱塘（今杭州）人。廪贡。主吴中平江讲席。工诗，善画山水、花卉、翎毛。有《祖砚堂集》。李浚之《清画家诗史》己上有传。道光三年，夏修恕主修《肇庆府志》，延江藩、朱人凤等五人共同纂辑。②

（一八八）熊夕生栏

熊夕生栏，号涤斋，官太史。尝绍介袁枚与蒋士铨交游，颇得袁枚推许，其《随园诗话》卷四云："余生平所见翰林前辈，如徐蝶园相国、陈文简公、黄昆圃中丞、熊涤斋太史，皆鲁灵光也。"嘉庆三年，熊氏招同人小集，江藩与会，作《莺啼序》一阕。

（一八九）李小云

李小云，官刺史。江藩《伴月楼诗抄》卷下有《题李小云刺史吉祥止止图》。

（一九〇）洪江门

洪江门，生平不详。胡量《海红堂诗抄》之《方菊人月查兄弟招同黄秋坪焦理堂刘松岚李艾堂江郑堂洪江门汪味芸叶霜林黄仓雅朱蔼亭游上方禅寺雨阻藉绿轩咏三绝碑东坡次苏伯固韵》诗，即与洪氏与江藩之交游相关。

（一九一）史上舍

史上舍，性嗜花，尝与江藩比邻而居，藩有诗赠之。事见凌廷堪《校礼

---

① 夏修恕：《重修肇庆府志序》，屠英等修，江藩等纂《道光肇庆府志》卷首，道光十三年刻本。
② 夏修恕：《重修肇庆府志序》，屠英等修，江藩等纂《道光肇庆府志》卷首，道光十三年刻本。

堂诗集》卷八《淮阴史上舍性嗜花江郑堂赋芍药吟赠之癸丑夏客滦阳出以见示并索和章因次郑堂韵》附江藩诗《芍药吟赠淮阴史上舍》。

（一九二）顾苓山

顾苓山，生平不详。徐鸣珂《砚北花南吟草》卷二《盂兰盆歌同皖城江素山（诩）江都江郑堂（藩）张老姜顾苓山作》，即与顾氏与江藩之交游相关。

（一九三）莲堂芙

莲堂芙，生平不详。郭麟《灵芬馆诗三集》卷二《邗上云萍集·寒雁篇同谷人先生莲堂芙初甘亭金手山（学莲）顾芝山（麟瑞）江郑堂（藩）蒋秋竹（知节）储玉琴（润书）作销寒第一集》诗，即与莲氏与江藩之交游相关。

（一九四）初甘亭

初甘亭，生平不详。郭麟《灵芬馆诗三集》卷二《邗上云萍集·寒雁篇同谷人先生莲堂芙初甘亭金手山（学莲）顾芝山（麟瑞）江郑堂（藩）蒋秋竹（知节）储玉琴（润书）作销寒第一集》诗，即与初氏与江藩之交游相关。

（一九五）滕廋仙

滕廋仙，生平不详。江藩《伴月楼诗抄》卷上有《吾大半客滕大廋仙皆和仆作迭前韵二首》。

（一九六）韩春山

韩春山，生平不详。江藩《伴月楼诗抄》卷上有《七月十一日夜宿龙潭驿韩大春山索赠口占一律》。

（一九七）季雪坨

季雪坨，生平不详。江藩《伴月楼诗抄》卷上有《题季二雪坨小影》、卷中有《十一月大雪不止季二雪坨同其弟蓉湖过舍茶话季氏仲季雅善调律玉笛牙板互相角胜颇慰岑寂用六一先生聚星堂雪诗禁体韵》诸诗。

（一九八）季蓉湖

季蓉湖，雪坨弟，生平不详。江藩《伴月楼诗抄》卷中有《十一月大雪不止季二雪坨同其弟蓉湖过舍茶话季氏仲季雅善调律玉笛牙板互相角胜颇慰岑寂用六一先生聚星堂雪诗禁体韵》诗。

（一九九）黄石航

黄石航，生平不详。江藩《伴月楼诗抄》卷上有《观黄大石航剑器歌（并序）》。

（二〇〇）胡澹园

胡澹园，生平不详。江藩《伴月楼诗抄》卷中有《广文朱先生送胙羊一支仆转馈胡丈澹园丈作诗道谢语似久不味荤酒者怪其寒俭和韵嘲之》。

（二〇一）洪樾林

洪樾林，生平不详。江藩《伴月楼诗抄》卷下有《和洪樾林客中感旧二首》。

（二〇二）张鄂楼

张鄂楼，生平不详。江藩《扁舟载酒词》有《浪淘沙慢·题张大鄂楼十二梧桐小影》一阕。

（二〇三）陈月墀

陈月墀，生平不详。江藩《扁舟载酒词》有《题织云画兰扇赠陈月墀》

《水调歌头·题陈大月墀红笑集》二阕。

（二〇四）钱敬开

钱敬开，生平不详。钮树玉《钮匪石日记》载："（乾隆五十九年）八月廿十七日。钱敬开来，云宋本《经典释文》经马氏进呈矣。尚有宋本《纪事本末》，宋《韩》《柳》集，有《年谱》。又云江郑堂言，曾在江西见王安石《新经》。"①

（二〇五）王浩亭

王浩亭，能歌诗，解音律，尤善琵琶。常往来勾栏中，创制艳词，拍板教粉头歌之。事见江藩《伴月楼诗抄》卷上《王郎歌（并序）》。

（二〇六）琴婉

琴婉，北里之歌妓，歌舞曼妙，与王浩亭相好。事见江藩《伴月楼诗抄》卷上《王郎歌（并序）》。

（二〇七）钟观察

钟观察，生平不详。斋名橘庭。钟氏尝开家酿桂花三白，为江藩洗尘。事见江藩《伴月楼诗抄》卷中《舟至王江泾却寄钟观察》。

（二〇八）张丈

张丈，生平不详。江藩《伴月楼诗抄》卷上有《宿雨亭张丈止园》。

（二〇九）葛闰秀

葛闰秀，生平不详。江藩《伴月楼诗抄》卷中有《题葛闰秀春柳扇头》。

---

① 钮树玉：《钮匪石日记》，辽宁教育出版社1998年版，第4页。

（二一〇）平伯

平伯，生平不详。乾隆六十年，江藩至金陵应布政司试，与平伯等同人集小西湖。嘉庆三年，江藩重至金陵应试，熊夕生栏招同人小集。江藩与会，并填《莺啼序》一阕。时平伯已物故，江氏《莺啼序》"想陈迹、春梦无痕，感叹人似朝露"① 云云，即谓此。

（二一一）庄生

庄生，生平不详。江藩《扁舟载酒词》有《梦芙蓉》一阕，序云："此吴梦窗自度曲也，词家绝无继声者。夏日，泛舟湖上，独酌荷花中，不觉大醉。醒时已四鼓矣，遂填是调。明日入城，乞庄生吹笛，按谱有不叶者，改易数字，音节和谐，幸不失邯郸故步。相对痛饮，极欢而散。"②

（二一二）孚尹

孚尹，生平不详。江藩《伴月楼诗抄》卷上有《六合白云山庄四首呈孚尹兄》。

（二一三）叔均

叔均，生平不详。江藩《伴月楼诗抄》卷中有《远斋招玉淞文洲半客叔均及予泛舟山塘时叔均将闽行小集饯别次文洲韵》，诗尾有注云："叔均生长江南，故云'初南食'。"③

（二一四）竹香

竹香，生平不详。江藩《伴月楼诗抄》卷中有《夜坐和竹香韵》。

---

① 江藩：《扁舟载酒词·莺啼序》，《江氏丛书》本。
② 江藩：《扁舟载酒词》，《江氏丛书》本。
③ 江藩：《伴月楼诗抄》卷中《远斋招玉淞文洲半客叔均及予泛舟山塘时叔均将闽行小集饯别次文洲韵》，上海图书馆藏清抄本。

（二一五）太虚

太虚，生平不详。江藩《伴月楼诗抄》卷中有《墨庄太虚子乘文洲同甫容门集玉兰堂以坡公桃李漫山总粗俗分韵赋海棠得桃字二首》。

（二一六）子乘

子乘，生平不详。江藩《伴月楼诗抄》卷中有《和答子乘》《上元夕同子乘药师王庙观灯用坡公雪后到乾名寺遂宿韵》。另，《伴月楼诗抄》卷中《墨庄太虚子乘文洲同甫容门集玉兰堂以坡公桃李漫山总粗俗分韵赋海棠得桃字二首》《与墨庄子乘文洲远斋题范箴牧羊图以牧人驱犊返分韵得返字》等，亦与二人之交游相关。

（二一七）湘云

湘云，生平不详。江藩《扁舟载酒词》有《彩云归·记湘云事》一阕。

（二一八）珠娘

珠娘，在珠江游船上卖唱之女子。江藩《扁舟载酒词》有《采绿吟》一阕，序云："初秋，同友人泛舟珠江，听珠娘度曲，琵琶拉杂，都操土音，不知其词，但觉其声之怨抑也。"①

（二一九）僧竟成

僧竟成，生平不详。王豫《种竹轩诗选》卷二有《快园主人招同崔筠谷（瑶）吴孝侯（思忠）蔡芷衫李瘦人（葂）曹澹泉（言路）洪稚存（亮吉）方子云余秋农秦楣香（大光）江郑堂（藩）程燮斋（赞和）汪绣谷（文锦）焦里堂黄春谷（承吉）李渔衫僧竟成等四十人同咏》诗。

---

① 江藩：《扁舟载酒词》，《江氏丛书》本。

（二二〇）淡上人

淡上人，生平不详。江藩《伴月楼诗抄》卷上有《游天平山次蕴子美韵赠淡上人》。

（二二一）玉上人

玉上人，生平不详。江藩《伴月楼诗抄》卷下有《玉上人云寺内鸣钟声闻在此闻声在彼是现在声是虚空声请下一转语为述二十八字》。

（二二二）善田上人

善田上人，生平不详。其与江藩的交游，有吴嵩梁辑《溟鸥集》卷四《同汪宁溪（百川）范平圃（邦政）吴兰雪（嵩梁）汪玉屏（坤）凌芝泉（宵）兰溪（延堈）汪瓠尊（承达）家郑堂（藩）子贞半人访善田上人留小饮》诗。

（二二三）粟荈上人

粟荈上人，生平不详。嘉庆十二年（1807）六月十一日，粟荈上人告知江藩江藩旧城二巷井栏有宋嘉定三年蒋世显刻字，字五行，计六十八字。事见江藩《半毡斋题跋》卷下《宋嘉定井栏题字》。

（二二四）思无邪堂主人

思无邪堂主人，生平不详。嘉庆四年夏仲，思无邪堂主人出《多宝塔帖》见示，江藩定为明初拓本，并题跋于后。①

（二二五）快园主人

快园主人，生平不详。快园旧址在今南京小西湖附近，为明代徐霖所建。王豫《种竹轩诗选》卷二有《快园主人招同崔筠谷（瑶）吴孝侯（思

---

① 《国粹学报》第一年第四号《撰录门》之《多宝塔帖跋》。

忠）蔡芷衫李瘦人（焚）曹澹泉（言路）洪稚存（亮吉）方子云余秋农秦楙香（大光）江郑堂（藩）程燮斋（赞和）汪绣谷（文锦）焦里堂黄春谷（承吉）李渔衫僧竟成等四十人同咏》诗。江藩《扁舟载酒词·莺啼序》前有小序云："乾隆乙卯，至金陵应布政使司试，同人集小西湖。"① 或即谓此快园主人招同。

（二二六）江仙舟

江仙舟，江藩族兄。嘉庆十二年（1807）六月十一日，江藩尝偕江仙舟、方象明往扬州旧城二巷井栏拓印宋嘉定三年蒋世显刻字。事见江藩《半毡斋题跋》卷下《宋嘉定井栏题字》。

（二二七）方象明

方象明，江藩表弟。嘉庆十二年（1807）六月十一日，江藩尝偕方象明、江仙舟往扬州旧城二巷井栏拓印宋嘉定三年蒋世显刻字。事见江藩《半毡斋题跋》卷下《宋嘉定井栏题字》。

（二二八）江珠

江珠（1764—1804），字碧岑，号小维摩，江苏甘泉（今扬州邗江）人。江藩三妹，藩友吾学海之妻。监生。天资聪颖，工诗赋，通经史。体弱多病，参禅礼佛。从汪缙、余萧客游。时与兄藩、藩友任兆麟夫妇等唱和。江藩称其"不栉之通儒，扫眉之畸士"。著有《小维摩诗稿》一卷、《青藜阁诗稿》一卷。事见江珠《小维摩诗稿》卷首江藩《序》。江藩另撰有《题碧岑诗集》，见张滋兰选录、任兆麟阅定《吴中女士诗抄·青藜阁诗稿》卷首。江珠则有《小维摩诗稿·述病况简呈郑堂并索近作》《小维摩诗稿·三叠前韵送旧山郑堂归邗上》《青藜阁诗稿·题郑堂家兄青莲巷看梅花诗后》等唱和之作。

---

① 江藩：《扁舟载酒词·莺啼序》，《江氏丛书》本。

（二二九）吾学海

吾学海，号半客，江苏吴县（今苏州）人。诸生。与江藩同学交好。后娶藩妹江珠为妻，结为姻亲。事见江藩《炳烛室杂文·吾母王孺人传》。学海与江藩兄妹时有唱和，今江藩《乙丙集》卷上有《书半客月榭吟后》《吾大半客滕大廋仙皆和仆作迭前韵二首》《即事呈半客》《早发银山却寄半客》，卷下有《远斋招玉淞文洲半客叔均及予泛舟山塘时叔均将闽行小集饯别次文洲韵》，江珠则有《小维摩诗稿·与郑堂半客同咏腊梅次郑堂韵》等。江珠卒后，学海辑校其遗诗，汇为一编付梓，并作《小维摩诗稿后序》。

三、后学辈

（一）江沅

江沅（1767—1838），字子兰，号铁君、韬庵，江苏元和（今苏州）人。江声孙。世传家学，遂于《说文》。段玉裁侨居苏州，沅出入其门达数十年。著《说文释例》二卷、《说文解字音韵表》十五卷，对段氏之失多有驳正。另撰有《染香盦文集》二卷、《文外集》一卷、《诗录》二卷、《算沙室词抄》二卷等。事见朱绶《江沅传》，《清史列传》卷七十、《清史稿》卷四百八十一有传。江藩从江声问学，故于江沅为长辈。道光三年（1823），二人遇于南海，协同刻印汪缙《汪子文录》，藩又请沅为其父作墓志铭，即今《染香盦文外集》所收之《处士江公墓志铭》。

（二）汪嫈

汪嫈（1781—1842），字雅安，安徽歙县人，侨居扬州。锡维长女，黄承吉表侄女，同邑程鼎调继妻。幼从黄文旸游，通儒家言，诗文雅正。病卒，其子葆编其遗稿为《雅安书屋诗集》四卷《文集》二卷《杂录》一卷。

《清史稿》卷五百零八有传。今《雅安书屋诗集》卷一有《江郑堂父执属题秋江听潮图集唐人句》二首。

（三）汪喜孙

汪喜孙（1786—1848），一名喜荀，字孟慈，号且住庵，江苏江都人。嘉庆十二年（1807）举人。由户部员外郎出为怀庆知府。为官勤勉，受人称道。溺志于学，长于考据。著有《国朝名臣言行录》《经师言行录》《尚友记》《从政录》《孤儿编》《且住庵诗文稿》等，今人辑刻有《汪喜孙著作集》。事见刘文淇《青溪旧屋文集》卷九《墓表》，《清史列传》卷六十八有传。喜孙乃江藩密友汪中之子，故江氏爱赏有加，喜孙亦服膺江氏，并从江氏问学。喜孙十六岁时，结识江氏，并以《许浦都统司砖考》见赏于江氏，得其延誉。喜孙三十一岁时，与江藩等一同参纂《扬州图经》。① 喜孙四十三岁时，刊成先父《述学》，较旧刻本增加《补遗》《别录》，江氏《与汪孟慈书》称"尊公《述学》，雕本甚精，与宋椠无异。即此一事，足征足下之孝思无穷矣"。另，喜孙为江氏《尔雅小笺》所作《跋》云："喜孙早年受知，获闻诸论记"，并称许江氏"博览九流，尤精史学"。② 为江氏《国朝汉学师承记》所作《跋》云，"喜孙奉手受教，服膺有年"，称该书"异时采之柱下，传之其人，先生名山之业，固当附此不朽"。③ 喜孙《从政录》卷一《与江郑堂先生书》《汪孟慈集》卷五《与郑堂先生书》《抱璞斋诗集》卷五《五哀诗·江郑堂先生》等，乃与江氏论学及伤悼之作。江氏《炳烛室杂文》中有《汪先生墓表》，为江氏应喜孙之请，为其高祖父镐京所撰之墓表。又江氏有《陈逆簠释文》，记喜孙母太夫人就养入都途中，所携《陈逆簠》《东目目牺尊》等先人所宝吉金彝器尽毁于火，喜孙哀先泽之湮，遂终

---

① 《扬州府图经》（抄本，2册，五卷，藏北京图书馆）汪喜孙题记云："嘉庆丙寅，阮抚部元、伊太守秉绶，礼致江先生藩、赵司马怀玉、焦君循、袁君廷寿、臧君庸及喜孙同纂是书。"

② 汪喜孙：《尔雅小笺跋》，《鄩斋丛书》本《尔雅小笺》卷首。

③ 徐洪兴编校：《汉学师承记》（外二种），生活·读书·新知三联书店1998年版，第161页。

身不治金石学。江氏殁后,徐松出资请喜孙抄录江氏遗书,《尔雅小笺》即其中之一,于传布江氏著述为有功焉。

(四) 丁晏

丁晏(1794—1875),字柘堂,江苏山阳(今淮安)人。道光元年(1821)举人。精通经史,以为汉学、宋学二者不可偏废,且有经世之才。所著书四十七种,凡一百三十六卷,其已刊者为《颐志斋丛书》。《清史列传》卷六十九、《清史稿》卷四百八十二有传。江藩主讲山阳丽正书院时,丁氏从之问学。后江藩卒,丁氏有《颐志斋感旧诗·江郑堂师》。

(五) 蒋湘南

蒋湘南(1795—1878),字子潇,回族,河南固始人。道光十五年(1835)举人。与阮元、龚自珍等结交。曾主讲于关中书院、同州书院。著有《春晖阁诗抄选》六卷、《七经楼文抄》六卷、《春晖阁杂著》等。《清史列传》卷七十三有传。蒋氏为江藩受业弟子,阎彤恩《七经楼文抄序》称蒋氏尝"从江郑堂、阮芸台两先生问奇字、研经术"①。

(六) 费丹旭

费丹旭(1801—1850),字子苕,号晓楼,别号环溪生、偶翁等,浙江乌程(今湖州市吴兴区)人。其父费宗骞擅画山水。丹旭少时便得家传,与画家汤贻汾、张熊等时有往来。肖像画独具一格,如镜取影,曲肖逼真。兼工山水、花卉,清灵雅澹。偶作诗词,亦如其画。著有《依旧草堂遗稿》一卷。事见《碑传集补》卷五十六汪曾唯《费丹旭传》。今南京博物院藏有江藩画像一幅,即为丁以诚写真、费丹旭补图。

(七) 阮福

阮福(1801—1878),字赐卿,一字小芸,号喜斋。阮元季子。官湖北

---

① 蒋湘南:《七经楼文抄》卷首阎彤恩《序》,《续修四库全书》本。

宜昌知府。嘉庆二十三年，阮元延江藩入其幕，令阮福师事之。藩作《尔雅小笺序目》，言及于嘉庆二十五年，为阮福说《毛诗》。藩六十一岁生日的前一天，出示丹阳丁以诚写真、西吴费丹旭补图之《郑堂先生小像》，阮福题诗为贺。诗云："千卷雌黄一亩官，有人团扇画诗翁。来朝应献延年酒，（明日，夫子寿辰。）不借丹砂两颊红。""自愧传经磷火光，海南何幸列门墙。他年郑志成书日，更乞僧繇写赵商。"①

（八）黄奭

黄奭（1809—1853），字右原，江苏甘泉（今扬州邗江）人。监生。援例官刑部员外郎。道光十二年（1832），钦赐举人。幼年读书于扬州安定书院，两淮盐运使曾燠赏其才华，向其举荐宿儒江藩，遂从藩问学，直至四年后江藩去世。黄奭家富藏书，勤于辑校。著有《尔雅古义》十二卷、《近思录集说》十四卷、《胪云集》二卷等，辑刻的丛书有《汉学堂丛书》《黄氏逸书考》《高密遗书》等。《清史列传》卷六十九有传。

（九）吴梦熊

吴梦熊，字曰达，江苏江都人。江藩师长兆松子，与藩有尹、班之雅。事见江藩《炳烛室杂文·廪膳生吴君墓表》。李斗《扬州画舫录》卷四《新城北录中》载："扬州相术，胡文炳为最，田子丰次之。数学则有希贤子、滴露斋、攖宁居士三家。乔樗友、吴曰达、李如松次之。"②

（十）张其锦

张其锦，安徽宣城人。为凌廷堪受业弟子。凌氏去世后，其锦辑录其遗稿，得《燕乐考原》六卷、《校礼堂文集》三十六卷、《诗集》十四卷等。著有《凌次仲先生年谱》四卷等。事见张其锦《校礼堂文集题识》。嘉庆十八年（1813），其锦拜谒江藩于江宁，并为江氏《乐县考》作序，引为知音。

---

① 题诗见南京博物院藏丹阳丁以诚写真、西吴费丹旭补图之《郑堂先生小像》。
② 李斗撰，汪北平、涂雨公点校：《扬州画舫录》，中华书局1980年版，第100页。

（十一）王翼凤

王翼凤，字句生，江苏仪征人。廪贡生。早岁即善文，治经通《左氏春秋》。客浙江学政幕十余年。咸丰十年（1860），太平军陷杭州，赋绝命诗，自缢而亡。著有《舍是集》八卷、《声远堂文集》四卷等。事见《碑传集》卷五十《杨季子传》附。《舍是集》卷四收录《挽江郑堂（藩）先生》一诗，言及江藩学行诸事，颇多称颂，且该诗夹注提及"嘉庆间，曾与先生同住北城外"①。

（十二）钟葵嘉

钟葵嘉，江藩友钟褒子。葵嘉尝问学于江藩，今《乐县考》卷末《答问》收有江氏与葵嘉问答乐律之语。

（十三）江懋庄

江懋庄（1779—1842），字以临，江苏甘泉（今扬州邗江）人。为江藩族侄。诸生。江璧《伴月楼诗抄跋》云："夫今公（江藩）之亡已廿有余年矣，公旧刻有《周易述补》《尔雅小笺》《汉学师承记》《宋学渊源记》《隶经文》《扁舟载酒词》诸书，今其板皆在予先伯以临公家。先伯以临为邗山诗人，亦攻考据，善守先业，宝公之诸书而珍之，惟《扁舟载酒词》一卷，板已散失。"② 可知懋庄有功于江藩著述之传布。

（十四）江懋钧

江懋钧（1788—1851），字季调，江苏甘泉（今扬州邗江）人。为江藩伯父起椿子逢俊之子。诸生。年十六，父殁，母哀痛失明，懋钧涕泣之余，强颜慰母。叔父藩，以朴学名东南，所交多海内通儒，每宴集，懋钧皆侍，由是为学日进。尝有出为江藩子嗣之议，未果。性狷介，不喜与贵游通书。

---

① 王翼凤：《舍是集》，道光二十一年刻本。
② 江藩：《伴月楼诗抄》卷末，上海图书馆藏清抄本。

里居授徒，成就者众。著有《诗经释义》二十卷、《尔雅旁证》八卷、《鸥寄斋古今体诗》八卷。英杰修，晏端书等纂《同治续修扬州府志》卷十三《人物·文苑》有传。江藩《乐县考》有与懋钧问答之辞，且附录懋钧所作《宫县建鼓设于四隅辩》一篇。懋钧又尝缮录江藩《经师经义目录》，并撰有跋文。

（十五）江镕

江镕，字铸伯，江苏甘泉（今扬州邗江）人。江藩伯父起模子逢信之子。诸生。尝与侄顺铭等修补江藩著述，汇刻为《节甫老人杂著》。事见江顺铭《节甫老人杂著识语》。

（十六）江璧

江璧（1815—1886），字南春，号子笙，江苏甘泉（今扬州邗江）人。懋钧子。同治三年（1864）解元，联捷进士，官江西进贤知县。事见英杰修，晏端书等纂《同治续纂扬州府志》卷十三《人物·文苑》。据江璧《伴月楼诗抄跋》所载可知，江璧尝与族兄顺鋐于江藩故人处搜罗江氏诗作，经校订后，合《扁舟载酒词》一卷、诗三卷，同付梓人。然今仅见《诗抄》抄本，盖终未能刻。

（十七）江顺鋐

江顺鋐，字宗海，一名庆安，字筱素，江苏甘泉（今扬州邗江）人。懋庄长子。诸生。尝与族弟江璧搜罗、校订江藩诗作，又与弟顺铭等修补江藩著述，汇刻为《节甫老人杂著》。事见江璧《伴月楼诗抄跋》、江顺铭《节甫老人杂著识语》。

（十八）江顺铭

江顺铭（1806—1839），字式新，江苏甘泉（今扬州邗江）人。懋庄次子。诸生。道光九年（1829），顺铭请命于江藩，与伯镕、叔懋坚、兄庆安修补校刻江藩著述，题作《节甫老人杂著》，收录《周易述补》四卷附清惠栋撰《易大义》一卷、《国朝汉学师承记》八卷、《国朝经师经义目录》一卷、《国朝宋学渊源记》二卷（《附记》一卷）、《隶经文》四卷（《续》一卷）。事见江顺铭《节甫老人杂著识语》。清季兵灾之后，江藩著述板多残缺，顺铭子巨渠又将之补刊，并命二子朝栋、朝桢校雠，即光绪十二年《江氏丛书》本，较《节甫老人杂著》五种二十二卷增补《乐县考》二卷、《扁舟载酒词》一卷。

江藩挚友阮元曾评论江藩曰："淹贯经史，博通群籍，旁及九流二氏之书，无不综览。所为诗古文辞，豪迈雄俊，卓然可观……所著《周易述补》《尔雅正字》诸书，皆有发明。为人权奇倜傥，能走马夺槊。豪饮好客，至贫其家。遍游齐、晋、燕、赵、闽、粤、江、浙。"① 可以说，江藩其人其学，与其广泛的交游是密不可分的。

在江藩交游的师长辈中，余萧客、江声乃惠栋弟子，江藩因之得传惠氏之学；汪缙、薛起凤二人，皆为儒佛兼修的居士，江藩因之兼通佛理；至如袁枚、王鸣盛、王昶、王杰、钱大昕、朱筠等，或为文坛领袖，或为经史名家，或为朝廷重臣，江藩因之博览多识，学问精进。

在江藩交游的友朋辈中，既有过从甚密、论学契合的挚友，如汪中、袁廷梼、焦循、阮元、汪莱、李锐、黄承吉等；亦有意见相左，堪称诤友之学侣，如洪亮吉、方东树、龚自珍等；更有于文人雅集、修书纂史、游山玩水、舟车馆舍中偶遇之芸芸众生：既不乏声名赫赫的达官显贵，如翁方纲、伊秉绶、曾燠、阮元等，延聘江藩修书、讲学，江藩因得著述与衣食之便；亦有沉沦不彰的贫寒士子，如汪绳、黄景仁等，江藩惺惺相惜，屡有接济；更有混迹楚馆之歌手舞伎、隐逸山林之高士能人，如王浩亭、琴婉、江增等，足成江藩之多才多艺②。

---

① 阮元：《定香亭笔谈》卷四，《丛书集成初编》本。
② 杨钟羲：《雪桥诗话余集》卷六引吴甹荐江子屏入校刻全唐文馆书云："无论郑堂经史之学，足备顾问，即下至吹竹、弹棋、评骨董、品瓷器、煎胡桃油、作鲜卑语无不色色精妙，足以娱贵人之耳目"。

在江藩交游的后学辈中，或为友朋之子嗣，或为友朋之弟子，或为慕名求教之门生。诸人或传江藩之学，如黄奭长于辑校，钟嘉葵略通乐律；或承江藩之书，如汪喜孙，抄校江藩《尔雅小笺》，于是书之传承功莫大焉。

江藩生性豪迈，待人热诚，能周人之急，故交游之中不乏祖孙三代、父子、叔侄、师徒二代或夫妇伉俪、兄弟昆仲者。如江声、江镠、江沅祖孙三代，吴兆松、梦熊父子，王杰、埍时父子，朱筠、锡庚父子，汪中、喜孙父子，阮元、阮福父子，钟裹、葵嘉父子，汪锡维、娄父女，朱邦衡、奂叔侄，阮元、张鉴师徒，凌廷堪、张其锦师徒，吴云夫妇，任兆麟夫妇，吾学海夫妇，以及阮元、亨，汪光爔、光烜，濮士铨、士鉁、士钤，方仕燮、仕杰，程赞和、赞皇诸兄弟。

自江藩父起栋始，轻商业儒，家境渐衰。江藩为求取功名，多次赴考，皆失意而返，遂走南闯北，四处漂泊。先后入王昶、王杰、阮元幕府，应伊秉绶、曾燠、阿克当阿、阮元、夏修恕、黄奭等人之聘修史及讲学，加之焦循等人馈赠，生活得到接济和改善。然江藩随手挥霍，周人之难，以至穷困终老。

江藩经学深湛，史学融贯，文辞亦自成一家，时人以"老师宿儒"目之。江藩受经于吴郡余萧客、江声，明象数制度之原，声音训诂之学；复从余萧客、薛起凤研习诗文，知风雅之旨；又得史学大师王鸣盛、钱大昕赏誉、教导，谙熟史地之学。其他交游诸人，有的提供书籍之便。如朱奂、秦恩复等家富藏书，且多珍本，江藩尝从之读书、校书；再如江藩获汪中馈赠数学家梅文鼎之著作，从谢身灌处获读天算名家毛乾乾遗书，从江安处获睹宋刻本《金石录》和《谢皋羽像》，从吴翼凤处抄校《吴越备史》，等等。有的主持诗酒文会，如袁枚、王昶、伊秉绶、曾燠、阮元等，江藩得以以文会友，切磋诗艺。有的疑义相析、论学问难，如与凌廷堪、焦循、徐复、阮元、汪莱、李锐、黄承吉等论经义，与洪亮吉、张筱原等论史地，与袁枚、王昶、胡量、顾广圻等论诗文，与钟葵嘉、江懋钧等论乐律，与龚自珍、方东树等论汉宋学，与罗聘、程在仁等论佛理。凡此种种，皆有益造就江藩学术既广博又深湛之境界。

纵观江藩的交游，突出表现出如下的特点：

其一，转益多师与兼容并包。

在江藩的交游中，既有精研汉学的吴派传人余萧客、江声，又有力主宋学的任兆麟、方东树，更有儒佛兼修的汪缙、薛起凤，以及诗坛领袖袁枚、王昶，史学大师王鸣盛、钱大昕等。这种转益多师和兼容并包，促成了江藩博闻多识，学兼四部。张舜徽曾精辟地指出："余尝考论清代学术，以为吴学最专，徽学最精，扬州之学最通。"① 江藩堪为"扬州之学"的代表。而其成因则很大程度上取决于此种交游。

其二，地域特性与师承特征。

江藩的交游，具有鲜明的地域性。江藩隶籍甘泉，少长吴门，待父母亡故后，方徙家归扬。故而，在江藩交游中，以苏州、扬州两地学者为最。如籍贯苏州或寓居此地的有江声、汪缙、余萧客、薛起凤、福公、段玉裁、吴翌凤、吴云、胡量、顾之逵、石钧、钮树玉、袁廷梼、郭麟、李锐、顾广圻、金学莲、吴慈鹤、徐颋、朱邦衡、朱奂、周瓒、任兆麟、黄恩长、王芑孙、方夒、朱应潮、汪元亮、赵鸿远、江镠、朱蔼亭、吾学海、江沅等人。籍贯扬州或寓居此地的有吴兆松、朱笴、叶英、罗聘、李惇、黄文旸、汪中、李斗、刘大观、凌廷堪、秦恩复、钟褱、李钟泗、焦循、徐复、阮元、汪光爔、汪光烜、李锐、王豫、张镠、黄承吉、汪潮生、陈逢衡、阮亨、赵廷枢、张居寿、许珩、濮士铨、濮士鋡、濮士钤、方仕夒、方仕杰、程赞和、程赞皇、程法、李周南、江安、郑宗汝、汪锡维、贵征、江涟、汪婪、汪喜孙、阮福、黄奭、吴梦熊、王翼凤、钟葵嘉等。其他籍贯不属于扬州或苏州的师友，如袁枚（钱塘）、王鸣盛（嘉定）、王昶（青浦）、钱大昕（嘉定）、朱筠（大兴）、武亿（偃师）、洪亮吉（阳湖）、孙星衍（阳湖）、吴鼒（全椒）、吴嵩梁（东乡）、倪稻孙（仁和）、吴兰修（嘉应）、龚自珍（仁和）、程在仁（东乡）、严观（江宁）、方夒（南安）、丁晏（山阳）、蒋湘南（固始）、张其锦（宣城）等人，或同出袁枚门下，或共属朱筠门生，或皆为汪缙之徒，或为江藩本人的弟子，师承特征比较明显。

---

① 张舜徽：《清代扬州学记》，广陵书社2004年版，第2页。

第三章

江藩著述叙录①

江藩一生，著述宏富，经史四部，皆有撰述。兹分独著、参编、辑校三类，加以叙录。着重介绍内容、剖析特色、论述价值并列举版本。至于篇幅长短、文字详略，则视著述而定，不强求划一。

一、独著

（一）传世类

1.《周易述补》四卷

惠栋研治群经，尤深《易》学，《周易述》为其代表之作，四库馆臣称其"主发挥汉儒之学，以荀爽、虞翻为主，而参以郑玄、宋咸、干宝诸家之说。融会其义，自为注而自疏之。"惜此书未有完稿，从《鼎》至《未济》十五卦和《序卦》《杂卦》二传付诸阙如。惠栋弟子江声传惠氏之学于江藩，藩所作《周易述补》一书即为续补《周易述》而作。书成后，嘱序于凌廷

---

① 漆永祥：《江藩与〈汉学师承记〉研究》（上海古籍出版社2006年版）第四章《江藩著述考》有详细考述，对于了解江藩著述及成就颇为便利。本章以之为基础，纠其谬误，如江藩所编《赐枚集》当作《赐杖集》，"《周易述补》四卷"条下"上海李松林"当作"李林松"，漆氏所言《扬州画舫录》卷九、《续纂扬州府志》卷二十二著录江藩《礼堂通义》《经传地理通释》等亦皆不确，等等；并补其不备，增录江藩辑校之《王氏经说》《隶韵·碑目》《群贤小集·目录》《余古农文集》数种，另增补江藩各种著述的主要版本。

堪，凌氏大为赞赏，称其"引证精博，羽翼惠氏"，"方之惠书，殆有过之，无不及也"云云。然柯劭忞《续修四库全书总目提要·周易述补》指出："惠氏于荀、虞诸家之说，融会贯通，为一时之绝学；藩渊源有自，赘续其书，不失家法，然谓过于原书，谈何容易？廷堪为失言矣。藩于训诂之学，研究持细"，所释字义多"援证古义，发前人所未发"。又有上海李林松，同为惠氏门人，亦作《周易述补》五卷续补惠氏书，有《皇清经解续编》本。李氏书除前四卷补惠书之缺外，尚附《读易述札记》一卷，多有发明。柯劭忞《续修四库全书总目提要·周易述补》以为"林松援据赡赡，欲驾藩而上之，然究不及藩能谨守惠氏之家法"，"其第五卷为《读易述札记》，订讹正伪，具有心得，则非标榜汉学者所及也"，则江、李二书宜并参焉。《周易述补》第一卷或分作二卷，故有作五卷者。主要版本有：嘉庆间刻本（《续修四库全书》据之影印）；道光九年江顺铭重修《节甫老人杂著》本；道光九年阮元辑《皇清经解》本；咸丰七年潘道根抄本，上海图书馆藏；光绪十二年江巨渠补刊《江氏丛书》本；民国二十五年上海中华书局仿宋活字排印《四部备要》聚珍本；一九八三年台北新文丰出版公司《大易类聚初集》本。

2. 《乐县考》二卷

《乐县考》分上、下两卷，上卷含《钟磬二八十六枚一虡说》《钟磬十六枚一虡之序》《七均八十四调表》《方响说》《匀锣说》《摩说》六篇，在《方响说》后附有《半律倍律各止于六之图》《清声浊声各止于四之图》两图；下卷为《乐县说》《歌钟二肆辩》《释镈》《答问》，《乐县说》后附录了《宫县图》《轩县图》《大射乐县图》《判县图》《特县图》六图，《答问》所载为江藩与其弟子钟葵嘉与侄江懋钧有关乐县的问答之语，其后还附有懋钧《宫县建鼓设于四隅辩》一篇。乐县者，指周代有关钟磬乐器的设置方位及数量的规定。历代对其编列的数量，每虡多寡，说法纷纭。江藩是书对此作了考证，不仅考乐器，于乐律、乐制等亦有所论述，并提出"今乐可通于古乐"等重要观点。江氏信守汉学，所论钟磬二八十六枚一虡，十六者乃指十二辰之外加黄钟、大吕、太蔟、夹钟四清声，即本之郑康成。然引证博洽，辅以图表，足成一家之言。伍崇曜《乐县考跋》云："得是书与《燕乐考原》相辅而行,读者神而明之,即谓《乐》经不亡于秦也可,沈约之说殆无庸辨已。"① 良有以也。是书主要版本有:嘉庆时吴省兰辑《艺海珠尘》本;咸丰四年刻《粤雅堂丛书》本;光绪十二年江巨渠补刊《江氏丛书》本;民国二十四至二十六年《丛书集成初编》本。

3. 《尔雅小笺》三卷

《尔雅小笺》本名《尔雅正字》,初稿成于江藩十八岁时。江藩受业于精研小学的江声,《国朝汉学师承记》称其"精于小学,以许叔重《说文解字》为宗,《说文》所无之字,必求假借之字以代之"。是书可谓一脉相承,江氏在自序中指明"承艮廷先师之学",以《说文》为指归,对于《说文》所没有的字,则"或考定正文,或旁通叚借,不敢妄改字画"。时邵晋涵《尔雅正义》已刊行,江氏以为其书承袭唐人义疏之弊,曲护注文,至于形声,则略而不言,亦未为尽善也,故而董理旧稿,重加删定,于邵疏"误者正之,未及者补之"。江藩学有渊源,故是书颇能补正旧疏,且其作于清代两大《尔雅》研究的巨著——邵晋涵的《尔雅正义》和郝懿行的《尔雅义疏》之间,则其在《尔雅》学史上的地位亦值得重视。是书主要版本有:清抄本(藏上海图书馆,《续修四库全书》据之影印);光绪十九年刻本;光绪二十六年徐乃昌刻《鄦斋丛书》本;一九八八年台北新文丰出版公司《丛书集成续编》本。

4. 《隶经文》四卷,《续》一卷

《隶经文》为江藩考订经义、综论群经之作,尤以考释古代礼制、名物为主。《隶经文》卷一为议,卷二为辩、论、解,卷三为说,卷四为释、杂文,共计四十二篇。《续隶经文》一卷则收有《顾命康王之诰辨》《尚书今古文辨》《书书叙后》《原命解》《用然后郊解》等篇。体式多、内容杂、范围广,这是其特点之一。参究各家之说加以考订,论证精博,多有发明,这是其特点之二。曾钊《隶经文序》称该书"于前人纷纠同异之说,参互考订,发所未发,谓之六艺传注可,谓之自成一子亦可",如《明堂议》《居丧不文说》诸篇,皆首列旧说,次考源流,旁征博引,倡立己说。此外,《隶

---

① 江藩:《乐县考》卷末伍崇曜《跋》,《粤雅堂丛书》本。

经文》还体现出江藩既推崇汉学,敬重师说,主推求名物制度,又不凡汉皆好,唯师是从,且能留意经世致用的治学思想。一方面,如《明堂议》《六龙解》等篇信守东汉大儒郑玄之说,《股骸说》《释车制尺寸》等篇专考名物;而《明堂议》不采惠栋之说,《原命解》驳正江声"原之言再"说,并关注性命之学、留意社会现实,则是其另外一面。特别值得注意的是,《隶经文》还具有较高的文献价值,保存了一些珍贵的文献资料。如《徐心仲论语疏证序》,有助于考察今已佚失的徐复《论语疏证》一书的撰作背景、主要特色以及江藩对历代《论语》学的认识等,史料价值弥足珍贵。是书主要版本有:道光元年刻本(《续修四库全书》据之影印);道光九年江顺铭重修《节甫老人杂著》本;光绪十二年江巨渠补刊《江氏丛书》本;二〇〇六年上海古籍出版社漆永祥整理《江藩集》本;而咸丰四年刻《粤雅堂丛书》、光绪十四年王先谦辑《皇清经解续编》、民国二十四至二十六年《丛书集成初编》中仅收《隶经文》四卷。

5.《国朝汉学师承记》八卷、《国朝经师经义目录》一卷、《国朝宋学渊源记》二卷《附记》一卷

《国朝汉学师承记》全书八卷,大致按照时间先后和师承授受将人物归类加以传记,卷一和卷八所记为清代汉学的创始期人物,卷二和卷三传记的是吴派人物,卷四所传人物在吴派、皖派之间,卷五、六所记的是皖派人物,卷七则为扬州一派,其中列入正传的有四十人,入附传者十七人,附传中还有若干人不见于目录。是书卷首有作者题识,首先叙述中国经学的源流,继而对自己的师承渊源、经学史观、撰述主旨等作了说明。江藩把清代汉学分为吴、皖两派,这在《国朝汉学师承记》一书篇章结构的安排上得到体现。特别值得注意的是,江藩在记录皖派之后,将扬州一地的学人单列一卷予以传记,这既揭明了扬州一派与皖派的渊源关系,又突显了汪中所注重的"江以北"这一学术群体,从事实上对"扬州学派"这一经学流派作了认定。《国朝汉学师承记》除了体现出作者不凡的史识外,也颇见史才、史笔。所写传记多据实以书,具有实录精神,且文笔生动,叙述简明,评论得当。故而该书影响深远,汪喜孙《国朝汉学师承记跋》云:"先生名山之业,固

当附此不朽。"在撰成《国朝汉学师承记》之后，江藩又认为传中所载各家撰述"有不尽关经传者，有虽关经术而不醇者"，遂仿陆德明《经典释文》的先例，"取其专论经术而一本汉学者"，编成附记一卷，题作《国朝经师经义目录》，附于《国朝汉学师承记》之后刊行，起到了进一步表彰汉学的作用。江藩既宗汉学，又不完全排斥宋学，对宋学的躬行实践也极为推崇，遂又续编《国朝宋学渊源记》。是书的编法不同于《国朝汉学师承记》，不再以学派来安排章节，而是采取了按地域分卷的方式，卷上为北人之学，收录孙奇逢等十人，卷下为南人之学，收录了刘汋等 21 人，《附记》一卷则所收多为儒、佛互证之学者，计有八人，多半为江浙一带人士。与《国朝汉学师承记》相比，《国朝宋学渊源记》显得粗疏简略，略如梁启超《中国近三百年学术史》所评："二书中汉学编较佳，宋学编则漏略殊甚，盖非其所喜也。"①

是书主要版本有：嘉庆二十三年初刻初印本（无阮元序）；嘉庆二十三年刻本（补入阮元序，其后诸本皆有阮序）；嘉庆二十五年扬州艺古堂藏板本；嘉庆间刻本（藏天津图书馆，《续修四库全书》据之影印）；道光三年刻本；道光七年曲阜东野隆吉刻本；道光九年江顺铭重修《节甫老人杂著》本；咸丰四年刻《粤雅堂丛书》本；光绪二年聚珍版活字本；光绪九年山西书局本；光绪十一年扫叶山房刊本；光绪十一年校经山房校刊本；光绪十二年江巨渠补刊《江氏丛书》本；光绪十二年万卷书室刊本；光绪十三年万卷书室刊本；光绪十三年刻本；光绪十五年文选楼刊《玲珑山馆丛书》本；光绪十二年上海文海书局石印巾箱本；光绪二十二年长沙周大文堂重刊本；光绪二十二年宝庆劝学书社藏板本；光绪二十二年成都志古堂重校刻本；民国十年千顷堂书局石印本；民国时上海文瑞楼排印本；民国二十年上海大东书局排印《国学门径丛书》本；民国二十三年上海商务印书馆《国学基本丛书》本；民国二十四至二十六年《丛书集成初编》本；民国二十五年上海中华书局仿宋活字排印《四部备要》聚珍本；民国二十五年上海世界书局排印《四朝学案》本；一九八三年中华书局钟哲整理本；一九八五年台湾明文书

---

① 梁启超：《中国近三百年学术史》，东方出版社 1996 年版，第 323 页。

局《清代传记丛刊》本；一九八八年北京生活·读书·新知三联书店《中华近代学术名著》本。① 其中，嘉庆二十三年初刻初印本、嘉庆二十三年刻本、嘉庆二十五年扬州艺古堂藏板本、嘉庆间刻本、光绪二年聚珍版活字本、民国时上海文瑞楼排印本、民国二十三年上海商务印书馆《国学基本丛书》本、民国二十四至二十六年《丛书集成初编》本、一九八五年台湾明文书局《清代传记丛刊》本等仅收《国朝汉学师承记》八卷、《国朝经师经义目录》一卷；光绪十三年刻本和民国二十年上海大东书局排印《国学门径丛书》本仅收《国朝汉学师承记》八卷。

6.《炳烛斋杂著》八卷

《炳烛斋杂著》包含《舟车闻见录》二卷、《杂录续集》一卷、《续录三集》一卷；《端研记》一卷；《续南方草木状》一卷；《广南禽虫述》一卷（附《鳞介述》《兽述》）。其内容博杂，涉及典籍文献、砖瓦石刻、朝章国故、石砚、草木虫鱼等，且提出"石有水坑、旱坑之分，水坑西而润，旱坑粗而燥"等诸多颇有价值的论断。龚自珍《江子屏所著书序》称江藩"以布衣为掌故宗且二十年"，洵非虚语。是书主要版本有：清阮元文选楼抄本（藏上海图书馆）；清抄本（藏广东中山图书馆）；民国三十七年《合众图书馆丛书》本。

7.《半毡斋题跋》二卷

《半毡斋题跋》分上下两卷，上卷有《谷梁注疏》《孟子注疏》《事文类聚翰墨全书》《沈休文集》等二十篇，多是江藩为所见、所藏、所校书籍而作的题跋，所涉范围颇广，包括经注、类书、诗文集等，主要是考察其作者与内容，辨明其版本与源流，时或附以江氏的评论。如《事文类聚翰墨全书》一篇，先考其作者，次及其版本源流，最后下以评论，以为此书"体例踳驳，不足以资考证"，并指出《舆地》一门可补《元史》"地志"之缺。《半毡斋题跋》卷下则有《五凤二年十三字碑》《礼器碑》《北海淳于长夏君碑》《长乐未央瓦》等二十一篇，主要是就碑、砖、瓦上面的刻字或画像而

---

① 参考漆永祥：《江藩与〈汉学师承记〉研究》第五章"《汉学师承记》版本考"，上海古籍出版社2006年版。

作的题跋，以述其原委为主，时或兼及江藩的评语。《颜临十七帖》和《宋嘉定井栏题字》两篇，可见江藩多闻阙疑的治学精神和求知若渴的治学态度，尤为可贵。是书主要版本有：光绪间潘祖荫辑《功顺堂丛书》本；民国二十四至二十六年《丛书集成初编》本；二〇〇六年上海古籍出版社漆永祥整理《江藩集》本。

8. 《炳烛室杂文》一卷

是书或作《炳烛斋杂文》，所收多为书信、序跋、传志等，以考释经史和传志人物为主。如考释经史的《与张筱原书》，材料丰赡，辨证博洽。再如传志人物的《吾母王孺人传》，叙述简而有法，描摹形象生动。尤堪注意者，《炳烛室杂文》卷首乃一篇《河赋》，这是目前所见江藩唯一一篇完整的赋作。此赋可谓文辞富丽流美，史事融贯条畅，为文史结合之佳作，堪与木玄虚《海赋》、郭景纯《江赋》并传。江璧《伴月楼诗抄跋》指出江藩"有仿《文选》体《河赋》一篇，最为当时传诵"。钱坤还专门为之作注，后刊入《藕香零拾》中。是书主要版本有：抄本，日本京都大学文学部中哲文研究所藏；光绪三年潘祖荫辑《滂喜斋丛书》本；光绪十九年徐乃昌辑《积学斋丛书》本；一九八五年中华书局《丛书集成初编》本；二〇〇六年上海古籍出版社漆永祥整理《江藩集》本。其中，《积学斋丛书》本比《滂喜斋丛书》本多《尔雅释鱼补义》一篇，少《节甫字说》《私谥非礼辨》二篇，而此二篇已收录于道光元年刊刻的《隶经文》中。

9. 《河赋注》一卷

《河赋》为江藩仅见的一篇辞赋。钱坤为之作注。关于钱坤，难考其详。胡玉缙据《河赋注》后有王昶跋文，疑为王氏"自为注而托名坤"[①]。漆永祥以为王昶乃江藩先辈、尊师，不可能有注弟子之文而托名他人之事，故胡氏之说不确。漆氏考《河赋注》"西北时潆，东南时起"句注引江藩自著之《尔雅正字》，而此书当时并无刻本，钱氏无由得以寓目，遂断《河赋注》乃

---

① 胡玉缙：《许庼经籍题跋》卷四《江郑堂河赋注书后》，见胡玉缙撰，吴格整理《续四库提要三种》，上海书店2002年版，第726—727页。

"江藩自己所为，而托名于所谓'钱坤'者"。① 然江藩《尔雅正字》著成后，尝得到王鸣盛的品鉴推许，并非秘不示人。且《河赋注》"西北时瀁，东南时起"句注所引《尔雅正字》之文，不见于江藩六十一岁时据《尔雅正字》旧稿删定的《尔雅小笺》。故断为江藩托名钱坤作注，亦有可疑焉。据《水经注》所载，成公绥有《大河赋》，应玚有《灵河赋》，然其文不传。江藩遂慕木华之赋海、郭璞之赋江而赋灵河，本之《汉书》《水经》，"醇厚斑驳，亦似邹枚"②。就《河赋》注文而言，征引《诗经》《尚书》《说文》《尔雅》《史记》《汉书》《水经注》《文选》等四部典籍三十余种，详赡博洽，堪与《河赋》并传。主要版本有：光绪三十一年缪荃孙辑《藕香零拾》本；一九八八年台北新文丰出版公司《丛书集成续编》本；二〇〇六年上海古籍出版社漆永祥整理《江藩集》本。

10. 《炳烛室杂文补遗》一卷

王欣夫辑录，计收江藩佚文十四篇。篇目如下：《周礼注疏献疑序》《夏小正注序》《孟子时事略序》《正信录序》《校礼堂文集序》《宋刻新编古列女传跋》《杨太真外传跋》《南汉纪跋》《书任心斋书后》《词源跋》《汉帐构铜跋》《宋拓本隶韵跋》《题宋拓魏晋隋唐小楷》《与焦里堂书》。其中，《杨太真外传跋》《词源跋》两篇已见于江氏《半毡斋题跋》中。王欣夫称"如《周礼注疏献疑序》《夏小正注序》《孟子时事略序》《与焦里堂书》，皆论经义，犹《隶经文》类也。《杨太真外传跋》《南汉纪跋》，则史学也。《汉帐构铜跋》《题宋拓魏晋隋唐小楷》，则金石学也。《书任心斋书后》《词源跋》，则诗词学也。至《正信录序》则兼通释氏。不但实事求是，绝无空言，且可窥为学博涉，无所不通矣"③。惜王氏辑录时未注明出处，后漆永祥整理《江藩集》时予以收录，并着力补出文献来源。主要版本有王氏学礼斋抄稿本，藏复旦大学图书馆；二〇〇六年上海古籍出版社漆永祥整理《江藩

---

① 漆永祥：《江藩与〈汉学师承记〉研究》，上海古籍出版社2006年版，第101页。
② 江藩撰，钱坤注：《江郑堂河赋注》卷末王昶《跋》，《藕香零拾》本。
③ 王欣夫撰，鲍正鸿等整理：《蛾术轩箧存善本书录·未编年稿》卷三《炳烛室杂文补遗》，上海古籍出版社2002年版，第1620—1621页。

集》本。

11.《炳烛室杂文续补》一卷

漆永祥辑录,见二〇〇六年上海古籍出版社漆永祥整理《江藩集》。凡收江藩诗《夜读遂初堂诗（二首）》《芍药吟赠淮阴史上舍》《题碧岑诗集》《过毕弇山宫保墓道》（残句）、《送兰泉从方伯司寇入都》（残句）；江藩文《汉延熹西岳华山碑考序》《算迪序》《小维摩诗稿序》《周太傅铜鬲释文》《陈逆甫释文》《易大义跋》《惠氏手批本说文解字题记》《多宝塔帖跋》《祖帐集跋》《遂初堂诗集跋》《与焦里堂书一》《与焦里堂书二》《与汪喜孙书》。诸篇或论经籍,或评诗文,或研金石,或究训诂,足见江藩博涉四部,学问宏通。《小维摩诗稿序》一文尤堪注意,乃江藩为三妹江珠诗集而作,纵论江珠学行诗艺,兼及兄妹笃厚情谊,是考察江藩戚属与交游之重要材料。

12.《乙丙集》二卷

《乙丙集》分上、下两卷,共收诗一百二十八首。卷首有江藩乾隆五十一年自序,言及其作诗情形。江璧《伴月楼诗抄跋》称江藩"卓然为当代经师。暇而为诗,其余事也",然江藩作诗甚早,十五岁时即从余萧客游,后又结识袁枚、王昶等,诗艺渐高,创作亦丰。江藩的诗作,古、近各体兼备,内容以唱和酬赠之作居多,亦有写景题画、咏史言志之类。从艺术上来讲,江藩的诗作带有宋诗的风貌,尤其是略有苏诗之风,既有平易的一面,又有精工的一面,总体风貌则表现为清疏俊朗。如《梦觉》"片竹为床事事慵,春云如梦去无踪。道人不解玄机妙,那肯轻轻打晓钟"、《和汪大墨庄初秋有感》"夏日苍凉秋日慵,闭门著述半因穷。浓阴欲造滋枯雨,清析方舒愈病风。莲漏滴残残夜永,鹤更报晓晓光空。功名两字难回首,白发欺人本不公"等诗,或平淡自然,或精工细腻,多呈现出清疏俊朗的面貌。是书主要版本有：稿本（序末和卷首均有"臣藩"朱方印,藏北京图书馆）；二〇〇六年上海古籍出版社漆永祥整理《江藩集》本。

13.《伴月楼诗抄》三卷

《伴月楼诗抄》分上、中、下三卷,共收诗一百七十三首,其中的卷上、卷中即分别是《乙丙集》的卷上和卷下，仅极个别文字有差异。是书卷尾有江璧跋文，较为详尽地记载了江藩的生平与交游唱和，颇有参考价值。尤为值得注意的是，江璧在跋文中指出了江藩诗作散佚的严重状况："早年诗不自重，间有所作，散见于诸同人集中，无专稿焉"，"在京与士大夫相赠答，稿亦罕有存者"，"公自中年后亦稍自检校，集其所为诗，得若干首，编为四卷，名曰《伴月楼诗拾》。年六十复游粤，载其诗南下。厥后，此稿亦遗落不复存。在粤时，叹粤中无可与言诗者，偶有所作，脱稿后辄焚之，故粤中诗今无一留者"。令人甚感遗憾。是书主要版本有：清抄本（藏上海图书馆）；二〇〇六年上海古籍出版社漆永祥整理《江藩集》本。

14.《扁舟载酒词》一卷

是书收江藩五十首词作，体式多样、内容广泛，艺术成就也很突出。从体式上来说，有小令、中调以及长调。内容以题画、唱和之作居多，另有纪行咏史之作或体物遣兴之篇。从艺术上来看，不仅词句流美，且严于声律，该书卷首顾广圻《扁舟载酒词序》评曰："清真典雅、流丽谐婉，追花间之魂、吸绝妙之髓，专门名家，未能或之先也。"如《杏花天影·闺怨》《朝中措·送人还江南》等篇，流丽清朗，韵律谐婉，堪称上乘之作。江藩之词作，在清词史上占有一席之地，严迪昌《清词史》有专门评述，并称赞江词《六幺令·夜泊袁江闻笛》"瘦硬苍劲，却又有清空情味，不是沿'浙派'旧径所能达到的"。是书主要版本有：道光三年刻本（与《国朝汉学师承记》八卷、《国朝经师经义目录》一卷、《国朝宋学渊源记》二卷、《附记》一卷合刊，一函六册，藏上海图书馆）；光绪十二年江巨渠补刊《江氏丛书》本；二〇〇六年上海古籍出版社漆永祥整理《江藩集》本。

（二）存目类

1.《考工戴氏车制图翼》

是书一作《戴氏考工车制图翼》。《考工记》是春秋时期记述官营手工业各工种规范和制造工艺的文献。文字艰深、不易理解。后世如郑玄、贾公彦等，多有疏解之作。清代戴震撰《考工记图》二卷，删取郑、贾等人注疏，考订其说以为补注,并绘图于后,以资参验。江藩此书,即为补翼戴书而作。李斗《扬州画舫录》称江藩"著有《周易述补》《考工戴氏车制图翼》《仪礼补释》《石经源流考》"①。张其锦《乐县考序》云:"(江藩)所著《周易述补》、《考工戴氏车制图翼》、《仪礼补释》、《石经原流考》、《国朝汉学师承记》、《蝇须馆杂记》具有完书。"② 江藩《与焦里堂书》载:"己酉(1789)六月自豫章归,为人解说《考工》车制,取戴太史东原《考工记图》读之,其书可谓精且确矣。但说有未明,意有未近,使学者疑惑,循览之余,乃作《戴氏考工车制图翼》,正其谬,引信其说。因贫病交攻,未遑辑录。正月奴子来自广陵,得手书及大作《与阮良伯书》一篇,比例精审,议论详明,疏漏如藩者岂能赞一辞哉。然所论之任正后軓掩軹,求之予心,则有未安者,故将《车制图翼》录成就正,而复为之说。"③ 张丙炎《扁舟载酒词跋》曰:"(江藩)所作《周易述补》《国朝汉学师承记》《国朝经师经义》《国朝宋学渊源记》《隶经文》《乐县考》诸书,皆在粤刊板,余如《经传地理通释》《仪礼补释》《考工戴氏车制图翼》《尔雅小笺》《石经源流考》《礼堂通义》《乙炳集》《炳烛室杂文》《半月楼诗抄》《蝇须馆杂记》,稿皆藏于家。"④ 据此,《考工戴氏车制图翼》当有成书,惜未能刊刻。今江氏《隶经文》卷三《薮说》《轵说》《弱说》《股骹说》《较说》《軓轛軫说》《轴说》《軓后说》《相说》及卷四《释车制尺寸》诸文,悉论车制,盖即是书之数篇也。

2.《仪礼补释》

是书李斗《扬州画舫录》卷九、张其锦《乐县考序》、张丙炎《扁舟载酒词跋》《同治续纂扬州府志》卷二十二等著录,然仅有成书而未能刊刻,今亦未见传本。江藩《隶经文》卷二《畏厌溺殇服辨》及《私谥非礼辨》等篇,辨析有关礼制,或可见是书之一斑。

---

① 李斗撰,汪北平、涂雨公点校:《扬州画舫录》,中华书局1980年版,第194页。
② 江藩:《乐县考》卷首张其锦《序》,《粤雅堂丛书》本。
③ 王昶编:《湖海文传》,《续修四库全书》本,第739—740页。
④ 江藩:《扁舟载酒词》卷末张丙炎《跋》,《江氏丛书》本。

3. 《礼堂通义》

是书张其锦《乐县考序》、张丙炎《扁舟载酒词跋》、闵尔昌《江子屏先生年谱》等著录。张其锦《乐县考序》云:"《礼堂通义》且命锦分翻典籍,以速其成……嘉庆癸酉九月望日,后学宣城张其锦拜撰。"① 则至嘉庆十八年,是书仍未成书。张丙炎《扁舟载酒词跋》则提及是书书稿藏于家,未曾刻印。② 今未见传本。是书盖专论庙堂之制,与江氏《隶经文》卷一《明堂议》《庙制议》《特庙议》《昭穆议》诸篇或相去不远。

4. 《经传地理通释》

是书张其锦《乐县考序》、张丙炎《扁舟载酒词跋》、闵尔昌《江子屏先生年谱》等著录。张其锦《乐县考序》载:"《经传地理通释》等件,卷帙繁富,尚未编就。"③ 张丙炎《扁舟载酒词跋》则提及是书书稿藏于家,未能刻印。④ 今未见传本。是书盖专论经传典籍所涉之地理,或与阎若璩《四书释地》、吕吴《群经释地》诸书相仿。

5. 《石经源流考》

是书李斗《扬州画舫录》卷九《小秦淮录》、张其锦《乐县考序》、张丙炎《扁舟载酒词跋》、闵尔昌《江子屏先生年谱》等著录。有成书而未刊印,今亦未见传本。清代石经研究颇盛,顾炎武、杭世骏、王昶、钱大昕、翁方纲、孙星衍、严可均、冯登府等皆有著述。江藩是书,盖专论石经之源流。

6. 《通鉴训纂》

是书未见传本,阮元有《通鉴训纂序》。《序》云:"北宋学者,当推司马温公于经史皆最淳正。公于经未有成书,仅成《类篇小学》一书。若以公之识力,开宋之经学,则其流派必更淳正矣。公于史成《资治通鉴》。《通鉴》之后,为此学者,若王应麟之《地理》、史照之《音释》、司马康之

---

① 江藩:《乐县考》卷首张其锦《序》,《粤雅堂丛书》本。
② 江藩:《扁舟载酒词》卷末张丙炎《跋》,《江氏丛书》本。
③ 江藩:《乐县考》卷首张其锦《序》,《粤雅堂丛书》本。
④ 江藩:《扁舟载酒词》卷末张丙炎《跋》,《江氏丛书》本。

《释文》、胡三省之《注》，严衍之《补》，皆于此书为有功。至于温公当日领袖群贤，博采载籍，斟酌异同，弃取裁截，后之学者，望洋而叹，几不尽知其所由来，安能全见其命意之所在？且其中有无差异，又安能是正乎？江君郑堂，专治汉经学，而子史百家亦无不通，于《通鉴》读之尤审，就己意所下者，抄成《资治通鉴训纂》若干卷，皆取其所采之本书而互证之，引览甚博，审决甚精。"① 于此，略可见是书之旨趣、作法与成就。

7.《蝇须馆杂记》

是书李斗《扬州画舫录》卷九、张其锦《乐县考序》、张丙炎《扁舟载酒词

跋》、闵尔昌《江子屏先生年谱》等著录，《扬州画舫录》且注明《蝇须馆杂记》为五种，分别是《鎗谱》《叶格》《茅亭茶话》《缁流记》《名优记》。蝇须馆乃江藩之斋名，其《伴月楼诗抄》卷下《呈简斋先生》其四有云："昔我年二十，拜公于山塘。十年复见公，仍在云岩傍。春花正烂熳，月照琉璃舫。（公枉过，饮于蝇须馆）……"考《扬州画舫录》初刻于乾隆六十年（1795），而袁枚之《序》尚作于乾隆五十八年（1793），则江氏此书至迟在乾隆末即已成书。又张其锦《乐县考序》云《蝇须馆杂记》等"具有完书"，则嘉庆时尚有成稿存世。张丙炎《扁舟载酒词跋》则称《蝇须馆杂记》等"稿皆藏于家"，未能刊刻。今未见传本。《蝇须馆杂记》内容博杂，《鎗谱》盖记鎗的形制及技艺，《叶格》盖叙当时流行的叶子戏，亦即斗纸牌，《茅亭茶话》盖为当地风物掌故之琐记，《缁流记》乃佛教僧众之写生，《名优记》则是曲艺名家之传录。于此，可见江藩兴趣之广泛、学识之广博。

8.《竹西词抄》

是书未见传本，江藩自为之序。伍崇曜《乐县考跋》称江藩"尝著《竹西词抄》，自序称少时颇研究音律"②。

---

① 阮元：《揅经室二集》卷七《通鉴训纂序》，见《续修四库全书》本《揅经室集》。
② 江藩：《乐县考》卷末伍崇曜《跋》，《粤雅堂丛书》本。

二、参编

(一)《嘉庆扬州府图经》八卷

是书一作《广陵图经》。广陵,扬州之旧称。旧题阮元修,江藩、焦循纂。

是书从"事志一"至"事志八",辑录周秦至明代有关扬州之史料,注明出处,时加按语,按时间先后汇编而成。张连生认为此书非江、焦诸人所编:一、重要书目、传记、年谱中均未著录八卷本《扬州图经》;二、焦循等人著作中提到的《扬州图经》,非八卷本《扬州图经》,乃指当时扬州知府伊秉绶主修的《扬州图经》,亦即后来的《嘉庆重修扬州府志》七十二卷;三、八卷本《扬州图经》弊病甚多,如遗漏重要史实,收录无用资料等,不可能为焦循、江藩等人所撰;四、北京图书馆藏八卷本《扬州图经》不能说明其作者身份。张氏以为,此八卷本很可能是修成《嘉庆重修扬州府志》后,好事者(可能是保存资料者)把他们搜集的一部分有关编写"事志"的文献材料汇编成册,定为八卷,名为"扬州府图经",并请汪喜孙作题记。汪喜孙仍将之视作《扬州图经》的一部分,题写了编纂时间及其他参与者姓名。后来刊刻、藏书者以讹传讹,遂将两种《图经》混为一谈。① 所论持之有故,则八卷本《扬州图经》之编者仍待探究。是书主要版本有:清抄本,北京图书馆藏,不全,存卷一至卷五;嘉庆十一年刻本;一九八一年江苏广陵古籍刻印社据嘉庆本重刻本;一九八三年台北文海出版社《中国名山胜迹志丛刊》本;江苏古籍出版社1998年点校本。

(二)《嘉庆重修扬州府志》七十二卷《卷首》一卷

是书由阿克当阿主修,姚文田、江藩等编纂。始于嘉庆十四(1809)

---

① 张连生:《八卷本〈扬州图经〉作者质疑》,载《扬州大学学报》,2001年第2期。

年，成于次年。然早在嘉庆十一年，扬州知府伊秉绶即与阮元相约纂修《扬州图经》。次年，伊氏丁忧去，阮元亦还朝，其事遂辍。嘉庆十四年正月，两淮盐政阿克当阿延礼通人，以《图经》为本，加以订补，于次年四月修成《嘉庆重修扬州府志》。同纂者为姚文田、白镕、朱方增、洪梧、吴慈鹤、秦恩复、龙云圻、贵征、江浤、胡秉虔、焦循、江藩等十二人。以功名职位为序，然焦循、江藩出力居多。全书七十二卷，分巡幸、建置沿革、星野、疆域、山川、河渠、城池、都里、津梁、公署、学校、盐法、赋役、兵、祠祀、冢墓、寺观、古迹、秩官、选举、宦迹、人物、风俗、物产、艺文、金石、事略、杂志等二十八类。其中河渠、古迹、选举、人物等类篇幅较多，可见扬州水道繁复、人文荟萃之情状。而巡幸、盐法两类，更是彰显出扬州政治、经济上的显赫地位，体例设置独特，内容叙述详备，有别于其他方志。是书主要版本有：嘉庆十五年刻本；台北《中国方志丛书》本；《中国地方志集成》本。

（三）《道光广东通志》三百三十四卷《卷首》一卷

是书由阮元监修，陈昌齐、刘彬华、江藩、谢兰生主纂。嘉庆二十三年（1818）始修，至道光二年（1822）刊成。全书分训典、郡县沿革表、职官表、选举表、舆地略、山川略、关隘略、海防略、建置略、经政略、前事略、艺文略、金石略、古迹略、宦绩录、列传、杂录等十七类三百三十四卷，堪称卷帙浩繁，内容完备。主要版本有：道光二年刻本；同治三年重刊本（《续修四库全书》据之影印）；1934 年上海商务印书馆影印同治三年本；1990 年上海古籍出版社影印商务印书馆本。

（四）《道光肇庆府志》二十二卷《卷首》一卷

是书始编于道光三年（1823），至道光十三年刊成。由夏修恕、屠英等主修，

胡森、江藩、王崇熙、王佶、朱人凤、周中孚、陈在谦、邓元光、黄培芳等编纂。夏修恕《重修肇庆府志序》云："道光癸未，予权篆肇罗，谋所以修之，乃礼吴中江君藩，豫章胡君森、王君崇熙、王君佶，武林朱君人凤

共事纂辑。时《通志》初成，各邑乘亦多重新者，爰集群志以备采择。事未竟，予以代去。越二年乙酉，许青士观察继至，翻阅前稿，尚多未备，亟欲编次成书。又四年己丑，乃商诸太守珠君秋山，延香山黄明经培芳、新兴陈孝廉在谦、阳春邓茂才元光，设局郡城，相与重订。金谢堂太守继主之，八阅月而书成。"① 据此可知，江藩乃主纂者，修志经过了初编和重订两个过程，因主事者屡次易人，致使编修迁延不决，至道光九年（己丑）始成。尽管江藩于道光五年（乙酉）返回扬州，其时《肇庆府志》已有初稿。全书分舆地、建置、古迹、经政、职官、选举、宦绩、人物、艺文、金石、事纪、杂记十二类，共二十二卷。肇庆盛产端砚，江藩嗜爱之，尝著《端砚记》论其形制，《肇庆府志》之"金石"等类当出自江藩之手。是书主要版本有：道光十三年刻本；光绪二年刻本（《续修四库全书》据之影印）；《中国地方志集成》本。

三、辑校

（一）《王氏经说》六卷

是书唯武作成《清史稿艺文志补编·经部·经总义类》著录："《王氏经说》六卷，江藩撰。"② 今未见。似此王氏，当指王杰。所谓"撰"，亦当指编次也。江藩北上京师期间，为王杰门下士，馆其府邸十余年。藩尝协助王氏编纂《御制诗五集》，亦尝编次王氏《祖帐集》《赐杖集》等书。此《王氏经说》，当是江藩编辑王氏说经之作而成，诸如王氏谈《易》之《惺园易说》、论《尚书》之《读书札记》等。

---

① 屠英等修、江藩等纂：《道光肇庆府志》卷首夏修恕《重修肇庆府志序》，《续修四库全书》本。
② 章钰、武作成等编：《清史稿艺文志及其补编·经部·经总义类》，中华书局1982年版，第378页。

(二)《隶韵·碑目》下半册

江藩辑补,刻入秦恩复嘉庆十五年刊《隶韵》。傅增湘《藏园群书题记》卷一"宋拓本隶韵跋"条载有是书秦恩复、江藩诸人题跋,秦氏云:"复藏《隶韵》十卷,独缺《碑目》一册。刻本即从此册摹出上版,惜少《表》文半篇及《碑目》半册,未知海内藏弆家得有全帖否。嘉庆壬申正月五日,秦恩复识。"① 江氏曰:"敦夫太史所藏,乃余清斋之故物,董文敬有《跋》语,惜阙《表》一首,老友赵晋斋云天一阁藏本有《表》文半篇,今为云台先生所得,《碑目》亦残缺不全,藩曾补完之。敦夫刻本《碑目》下半册,即藩所辑也。嘉庆庚辰九月二十一日,江藩识。"② 据此可知,江藩于《隶韵》一书亦有功焉。

(三)《吴越备史》四卷

宋钱俨撰,江藩抄校,藏上海图书馆。是书有江藩跋文,其云:"予旧弄《吴越备史》四卷,乃述古堂精抄本,乾隆壬寅年,是书及道藏本李荃注《太乙紫庭经》为同门南沙程君在仁借去,未几在仁物故,此书不覆酱瓿亦为针线帖矣。嘉庆丙子冬,客游吴下,晤枚庵,吴丈出此见示,重校秘书,如获奇珍。虽非庐山真面目,然汉武得见李先人幽魂,岂非快事哉。吴丈跋云'维扬江氏',即予家也。节父江藩书于白堤旧居之伴月楼中。"另有吴翌凤跋文:"右书凡四卷,系述古堂钱氏抄本,最为精善,今藏维扬江氏。予借得录之。原本无上《跋》,从《读书敏求记》中录附卷尾,以资考核……丙申嘉平五日雪窗呵冻书。"又秦恩复跋云:"江子节父归自吴门,以《吴越备史》二册见示,云从吴丈枚庵录得述古堂精抄本,较之明嘉靖本、乾隆间增订本,相去奚啻霄壤。予受而读之……嘉庆二十二年丁丑十月小雪前三日江都秦恩复读于享帚精舍,久病新愈,随笔漫记。"据此可知,江藩本家藏述古堂精抄本《吴越备史》,尝借予吴翌凤抄录,而原藏本后来因故佚失;

---

① 傅增湘:《群园藏书题记》,上海古籍出版社1989年版,第56页。
② 傅增湘:《群园藏书题记》,上海古籍出版社1989年版,第57页。

此本乃由江藩据吴氏抄录本再行抄校而来。是书卷四第四十二页，另有江藩题记，云："嘉庆二十二年六月校毕，江藩记。书中左右之'左'皆作'上'，避忠献王姬名也，藩又记。"

（四）《杨太真外传》二卷

宋乐史撰，江藩校，乐钧刊印。乐钧《重刻杨太真外传后序》云："公（乐史）去唐未远，殚记洽闻，铅椠盈家，必有依据。顾列之说林，未登史库，纸墨将替，梨枣弗新，其云仍之咎矣。爰属友人袁君又恺觅抄善本，江君子屏择而刻之。"① 江藩有《杨太真外传跋》，其云："莲裳先生，子正（乐史）之云仍也，博学好古，购得予老友吴君小匏手抄影宋本，属予校正，付之梓人。能述祖德，前贤称美，如莲裳先生者，岂非乐氏之贤子孙哉！校雠讫事，爰书数语于后。"而江藩所言："是书采辑《津阳门诗》《长恨传》《开元天宝遗事》《幸蜀记》诸书而成。《新》《旧唐书》'杨妃传'皆取资于此，然有与正史异者。如武惠妃，《史》记其卒在开元二十四年，《外传》云'二十二年'，《史》据实录纪年，当以《史》为正。元琰妻李氏，封梁国夫人，《外传》作'凉国'。考唐时封号，多以族望，梁国，李姓十二望之一也，外传作'凉'，其误可知矣。子正素娴掌故，不应纰缪若此，疑传写之讹，非子正之失也。至于封元琰济阴太守、陈仓县令薛景仙之类，《新书》不载，若无此书，则湮没不传矣。"② 则可略窥江藩校勘是书之情形。

（五）《校补陆志》一卷

嘉庆十二年（1807），江藩遵阮元之嘱，以宋本《舆地纪胜》等书校补康熙五十七年刊陆师纂《仪真县志》，有补其不逮者，有正其讹误者，得四十三条，别为《校补陆志》一卷，于嘉庆十三年附刻于仪征令颜希源修《仪征县续志》卷末，后又收于光绪十六年刻刘文淇、张安保纂《道光重修仪征县志》卷末。

---

① 乐钧：《青芝山馆文集》卷上，《续修四库全书》本。
② 江藩：《半毡斋题跋》卷上《杨太真外传》，《功顺堂丛书》本。

（六）《西汉会要》七十卷

宋徐天麟撰，江藩校，胡森刻，时在道光二年。《书目答问补正》卷二《史部总目·政书第十一》著录："《西汉会要》七十卷。宋徐天麟。江藩校、胡森刻本，聚珍本，福本，苏州活字版本。［补］广州局重刻聚珍本，苏州局本。"① 《增订四库简明目录标注》卷八《史部十三·政书类》载："《西汉会要》七十卷，宋徐天麟撰。聚珍板本，路有宋刊本，明南雍刊本，吴门近有活字本，道光二年南城胡森刊本。［续录］宋嘉定乙亥刊本，半页十一行，行二十字。朱子清有宋刊本，甚佳。闽覆聚珍本。江苏局本。"②

（七）《十二子》

明刻本，江藩校，藏上海图书馆。是本《十二子》包括《无能子》（未题撰者）、《小荀子》（未题撰者）、《亢仓子》（未题撰者）、《鬼谷子》（未题撰者）、《玄真子》（唐张志和）、《天隐子》（未题撰者）、《鹿门子》（唐皮日休）、《鹖子》（华州郑县尉逢行珪注）、《关尹子》（未题撰者）、《公孙龙子》（赵人公孙龙）、《尹文子》（未题撰者）、《邓析子》（未题撰者）等十二种，多为周秦诸子，除个别收入道藏外，鲜有传刻。嘉庆八年四月，江藩借白下朝天宫道藏本校勘是书之《鹖子》《公孙龙子》《尹文子》，校书地点在秦恩复五笥仙馆。此三种卷后皆有江藩题记，并分别有"子屏"阴文篆体印章、"郑堂"阳文篆体印章、"郑堂"阴文篆体印章各一枚。江藩关于此三种书之校勘，主要涉及文字的勘正、篇目的厘定等，如《公孙龙子》之《通变论第四》"两不明，昏不明，非正举也"句，江藩校订作，"两明者，昏不明，非正举也"，《鹖子·汤政汤治天下理第七》之"人而不善者谓之兽"下注文"人化而为善，是为大常"，江藩校订作"人化而为善，是曰天常"；又如在《鹖子》之《曲阜鲁周公政甲第十四》篇目前，江藩题写"鹖

---

① 张之洞撰，范希曾补正：《书目答问补正》，上海古籍出版社2001年版，第118页。
② 郝懿辰撰，邵章续录：《增订四库简明目录标注》，上海古籍出版社1979年版，第335页。

子卷下",而关于《进鹖子表》,江藩有校记云:"道藏本表在序前"。另外,还有一些笔墨模糊之处,江藩一一作了校写誊录。除此三种外,《十二子》之《无能子》《小荀子》《玄真子》,江藩未作校勘;《关尹子》《邓析子》《亢仓子》仅校改一二字;《鬼谷子》似有人先点校,江藩复校,或增字校补,或在原字径改;《天隐子》之卷尾,有江藩朱笔题记:"原刻不错,所改俱非";《鹿门子》不知何人所点,江藩颇为不满,写有如下多条题记:"未知何人所点,可恨","点书之人,可杖八十","如此点法,恶极"。

(八)《汉三统术》三卷、《汉四分术》三卷、《汉乾象术》二卷

李锐述并注,江藩校。有道光三年(1823)刊《李氏遗书》本。此三种著述卷末均题署"甘泉老友江藩校"。江藩乃李锐好友,交往甚密,且江氏自称"明象数制度之原,声音训诂之学"①,故其从事校勘,可谓有功于李氏著述的传布。

(九)《群贤小集·目录》一册

江藩编。《群贤小集》所收为宋人小集,由南宋书商陈起刊刻。关于此《目录》之编辑情形,江藩《半毡斋题跋》卷上《群贤小集》言之甚详,其云:"陈起宗之居临安睦亲坊,以鬻书为业,刊本所谓'行都坊本',亦谓之'书棚本'……《群贤小集》即宗之所刻。乾隆壬寅六月,于扬州书肆中得宋椠本,乃马氏玲珑山馆所藏,后为汪君雪礓所有。是时曾录《序目》一卷。今年冬,敦夫太史得此抄本,出以示予……太史因书无《序目》,属予编次《目录》。《集》中如白石、方泉、仲高、器之四人,皆绍熙、庆元时人,其余宁宗、理宗两朝时人,惟《黄希旦集》首《九天弥罗真人传》云:'希旦生于宋仁宗景佑二年,卒于熙宁七年',希旦乃北宋人,不应入此集。志上《跋》云:'后人取北宋人集之小者,如陶弼、蒋堂等以傅俪。'则《支离集抄》,即傅俪之一种矣。《支离集》乃羼入之书,附于《芸居乙稿》

---

① 徐洪兴编校:《汉学师承记》(外二种),生活·读书·新知三联书店1998年版,第8页。

之后。白石以后诸人，略依时代编次，为《目录》一册，共七十种，并书吴焯《跋》于后。"①

（十）《余古农文集》一册

余萧客撰，江藩编。今未见传本。任兆麟《余仲林墓志铭》云："君为文典博古茂，非空谈，故不苟作也。弟子江藩编次为集，得二十余篇藏焉。"② 江藩《国朝汉学师承记》卷二《余古农先生》载："（古农）生平著述甚多，《尔雅释》《注雅别抄》，悔其少作，不以示人。《文选音义》，亦悔少作，然久已刊行，乃别撰《文选杂题》三十卷。又有《选音楼诗拾》若干卷。先生深于'选学'，因名其楼曰'选音'。疾革之时，以《杂题》《诗集》付弟子朱敬舆，敬舆宝为枕中秘，以是学者罕知之，惟《古经解钩沉》已入四库经部。"③ 于此，可知是书编辑之情形与余氏为文规拟《文选》之特质。

（十一）《祖帐集》二卷

王杰等撰，江藩编。嘉庆八年（1803），王杰予告归里，同僚钱于翰林院，杰赋二章留别，一时和者几及百人，堪称一代词林之掌故。道光四年夏四月，杰子塘时摄两广盐铁都转事，持稿嘱江藩编次。藩遂以和韵诗为上卷，首列王杰《春日归田赋别词馆前辈暨同朝诸公二首》，继以荣郡王以下八十五人诗；又以送行诗为下卷，录定亲王以下三十八人诗。道光间由粤东省城西湖街正文堂刻为二册，卷末有江藩跋文，详其原委。

（十二）《赐杖集》二卷附《葆淳阁集补遗》一卷、《读书札记》一卷

王杰等撰，江藩编。是书封面左上《赐杖集》大题下署"韩城相国著"。

---

① 江藩：《半毡斋题跋》卷上《群贤小集》，《功顺堂丛书》本。
② 任兆麟：《有竹居集》卷十，嘉庆二十四年两广节署刻本。
③ 徐洪兴编校：《汉学师承记》（外二种），生活·读书·新知三联书店1998年版，第41页。

王杰为人忠直，处事得体，官拜东阁大学士、军机大臣，深为乾隆、嘉庆帝倚重。嘉庆五年（1800），以衰病乞休，温诏慰留，许扶杖入朝。八年归里。陛辞日，赐乾隆御用玉鸠杖、《御制诗》二章，以宠其行，有云："直道一身立廊庙，清风两袖返韩城。"① 是集首列《御制诗》二首，继以王杰恭和原韵、赐对联恭纪、赐物谢恩诗以及群臣贺诗等。卷下另有《葆淳阁集补遗》，录诗五首、《峄县修城记》文一篇，为王氏《葆淳阁集》所缺者。另《读书札记》为读《尚书》札记二十余条，末页左下有"孙鹗敬辑"四字，当是王鹗辑录乃祖研读《尚书》之见解也。第六页左下有"门下士江藩恭录并填讳"，他页末有"门下士江藩敬录""门下士江藩敬编并填讳"等字，可知是书主要由江藩编次而成。是书初刻于嘉庆间，后道光间粤东正文堂刻入《葆淳阁续集》（四册）中。

（十三）《张旧山诗集》一册

张居寿撰，江藩辑。居寿殁后，子嗣不孝，以至诗稿散失无存，江藩惜之，辑录其与己唱和投赠之作为一册，并为之序，文见江藩《炳烛室杂文》。此《诗集》今未见，不知尚存世否。

（十四）《遂初堂诗集》二卷

何青撰，江藩校，嘉庆间刻本。嘉庆二十年秋，江藩与何青邂逅于广陵，得尽读其《遂初堂诗集》，并应邀校正文字、撰写跋文。② 是书卷首另有江藩《夜读遂初堂诗》二首。

---

① 王杰等撰：《赐杖集》卷上《御制诗·送原任大学士王杰归里成长律二首》，江藩编，嘉庆时刻本。
② 何青：《遂初堂诗集》卷首江藩《跋》，嘉庆间刻本。

四、其他

（一）《经解入门》辩伪

是书八卷，旧题江藩纂。初刻为光绪十四年上海鸿宝斋石印本，十九年复刻于广西书局。卷首有阮元《叙言》与是书《凡例》，前七卷五十二条，"大旨约分三端，首言群经之源流与经学之师长传，端其本也；次言读经之法与解经之体，审其业也；终言说经之弊与末学之失，防其惑也"①，卷八为附选他人经学论文。洵为读经入门之作也。然题作江藩纂，殊为可疑。如阮元《叙言》自署"道光十二年岁次壬辰九月协办大学士两广总督序"，然据《清史稿》卷一九十九《疆臣年表三》，阮元自道光六年五月即由两广总督调任云贵总督，道光十二年九月仍在云贵总督任上，并著协办大学士，故当署"协办大学士云贵总督"；再如是书中多记有江藩身后之人事，譬如提及陈澧（1810—1882）《东塾读书记》，又有"阮元谥文达"之语，等等。此外，著录江藩著述较为详细的张其锦《乐县考序》、张丙炎《扁舟载酒词》等均未提及此书。故是书当为后人托名之作。

（二）江藩著述之汇刻

1. 《节甫老人杂著》五种二十二卷

道光九年（1829），侄孙江顺铭请命于江藩，与伯镕、叔懋坚、兄庆安修补校刻江藩著述，题作《节甫老人杂著》，收录《周易述补》四卷附清惠栋撰《易大义》一卷、《国朝汉学师承记》八卷、《国朝经师经义目录》一卷、《国朝宋学渊源记》二卷（《附记》一卷）、《隶经文》四卷（《续》一卷）。是书卷首有江顺铭《识语》，略述江藩交游与行迹，并交代补刻江藩著述之背景。中国国家图书馆、上海图书馆等藏有此本，上海图书馆藏本另有

---

① 江藩纂：《经解入门》卷首阮元《叙言》，光绪十四年鸿宝斋石印本。

叶景葵跋。

2. 《江氏丛书》七种二十五卷

光绪十二年（1886），江藩侄曾孙江巨渠采刘甫兄、张午桥姊丈之议，补刻《节甫老人杂著》，增《乐县考》二卷、《扁舟载酒词》一卷，共计七种二十五卷。是书卷首有江巨渠《识语》，略述重修之背景。中国国家图书馆、上海图书馆等藏有此本。

3. 《江藩集》

是书由漆永祥整理，上海古籍出版社 2006 年出版。收录江藩《隶经文》四卷》《续隶经文》一卷、《炳烛室杂文》一卷附《江郑堂河赋注》《半毡斋题跋》二卷、《伴月楼诗抄》三卷、《扁舟载酒词》一卷，并附录王欣夫辑《炳烛室杂文补遗》一卷、漆永祥辑《炳烛室杂文续补》一卷、《江藩传记资料选编》一卷、《江藩交游资料选编》及闵尔昌编《江子屏先生年谱》等五种。资料较为完备，点校大体允当，于研读江藩文辞颇为便利。

第四章

江藩经学平议

从江藩的师承、交游与学术成就来看,他集吴、皖两派之长,又具有自己的特色。尤为值得注意的是,江藩的治学成就与扬州学人间的交往密不可分,因而在相当程度上体现出了"扬州学派"的治学规模、方法与成就。其实,扬州学人刘毓崧在谈到扬州儒学盛况及其特点、成就时,对此已有所揭示,他说:"百年以来,扬郡名儒尤盛。自阮文达公而外,若汪氏容甫、江氏秋史、张氏登封、江氏郑堂、焦氏理堂、钟氏保岐、李氏滨石、黄氏春谷、徐氏心仲、许氏楚生、戴氏静斋,并皆博赡宏通,勤于撰述……其深于经学者,由名物象数以会通典礼制作之原,而非仅专己守残、拘墟于章句之内也。其深于小学者,由训诂声音以精研大义微言之蕴,而非仅贪常嗜琐,限迹于点画之间也。其深于史籍之学者,究始终以辨治乱之端倪,核本末以察是非之情实,而非仅好言褒贬,持高论以自豪也。其深于金石之学者,考世系官阶,以补表传遗缺;验年月地理,以订纪志舛讹;而非仅夸语收藏,聚旧拓以自喜也。其深于古儒家之学者,法召公之节性,宗曾子之修身,以阐邹鲁论仁之训,而非若旁采释氏,矜觉悟以入于禅也。其深于诸子书之学者,明殊涂之同归,溯九流之缘起,以证成周教士之官,而非若偏嗜老庄,崇虚无以失于诞也。其深于骈散体文之学者,奉《易·文言》为根柢,《诗大序》为范围,《春秋》内外传为程序,以熔铸秦汉后之文,而非若诘屈以为新奇,空疏以为简洁也。其深于古近体诗之学者,循风骚之比兴,乐府之声情,选楼玉台之格调,以化裁隋唐后之诗,而非若浅率以为性灵,叫嚣以为雄肆也。"① 通过下文对江藩在经、史、子、集各方面的成就与特点的分析,我们完全有理由认为,"淹贯经史,兼擅辞章"不仅可以大致概括江藩的学术成就,其中表现出的治学规模、方法、特点等,也足以对以通儒之学著称的"扬州学派"② 形成深层、多面地折射。

江藩一生,历乾隆、嘉庆、道光三朝,这正是清王朝由盛世转中衰的一个时期。乾嘉时期,由于经济繁荣、政治较为稳定,加之统治者的右文政策、组织修撰《四库全书》等大型丛书,形成了一个以经学为中心,以考据为特色、推崇汉儒经注的学术流派,称"汉学"或"考据学"。嘉道之际,社会形势发生了急剧变化,吏治腐化、财政亏空、军备松弛,农民起义、列强环伺等内忧外患更加速了清朝的衰落。这一社会形势的变化,使得乾嘉汉学那种"家家许、郑、人人贾、马"的局面也随之改观。调和汉、宋的论调逐渐抬头,今文经学也开始复兴。随后兴起的走出故纸堆,不以考据为务,注重经世致用的思潮更使乾嘉汉学日趋没落,而江藩的《国朝汉学师承记》和《国朝经师经义目录》则适时地为之作了总结,在缅怀昔日辉煌的同时,也给乾嘉汉学算了一笔总账。当然,江藩作为惠栋的再传弟子,就经学成就而言,在"乾嘉汉学"的圈子里应是占据重要位置的。

江藩的经学著述刊刻的主要有《周易述补》四卷、《乐县考》二卷、《尔雅小笺》三卷、《隶经文》四卷、《续隶经文》一卷、《国朝汉学师承记》八卷、《国朝经师经义目录》一卷、《国朝宋学渊源记》二卷、《附记》一卷③等,另外,还有《考工戴氏车制图翼》《仪礼补释》《礼堂通义》《经传地理通释》《石经源流考》等未刊之作。其中既有专经研究如《周易述补》《尔雅小笺》,又有综论群经的《隶经文》,更有影响深远的清代经学史著作

---

① 《通义堂文集》卷九《吴礼北竹西求友图序》,文物出版社1984年版。
② 关于"扬州学派"的特点,张舜徽指出:"扬州之学最通","扬州学者治学的特点,首先在于能'创',……其次在于能'通'"。(参见张舜徽:《清代扬州学记》,上海人民出版社1962年版,第2—3页。)
③ 《国朝汉学师承记》《国朝宋学渊源记》当入史部传记类,因为二书是对清代经学的总结,故放在此处进行论述。《国朝汉学师承记》在收入《续修四库全书》时入经部"群经总义类"。

《国朝汉学师承记》《国朝宋学渊源记》。故而，江藩的经学成就是显著的，时人也有很高的评价，如达三在序《宋学渊源记》时，称江藩"经术湛深，渊源有自"。

一、《周易述补》

江藩早年受业于余萧客、江声，传承惠氏之学，《周易述补》一书即是续补惠栋所著《周易述》。据江藩在《国朝汉学师承记·江艮庭先生》《节甫字说》中的自述，他是从江声受惠氏《易》学的。惠栋博洽群经，尤邃于《易》，《周易述》即是惠栋多年精心结撰之作，其主旨和体例诚如四库馆臣所评："主发挥汉儒之学，以荀爽、虞翻为主，而参以郑元①、宋咸、干宝诸家之说。融会其义，自为注而自疏之。"惜此书未能最终完成，从《鼎》至《未济》十五卦和《序卦》《杂卦》二传付诸阙如。江藩《周易述补》一书即补足。书成后，嘱序于凌廷堪，凌氏大为赞赏，称其"引证精博，羽翼惠氏"，"方之惠书，殆有过之，无不及也"云云。即便是在后人看来，《周易述补》也和《周易述》一样，是清代《易》学研究的力作。如梁启超在《论中国学术思想变迁之大势》一书中称清代疏注之宏博精确者，"于《易》则有惠氏栋之《周易述》，江氏藩之《周易述补》，张氏惠言之《周易虞氏义》"，这一看法，章太炎在《清儒》一文中也表示赞同，并称《周易述补》"皆陈义尔雅，渊乎古训是则者也"。具体说来，《周易述补》继承了《周易述》的主旨和体例。在体例上亦是自为注而疏之，如对"艮"卦卦辞的注释："艮其背，不获其身，行其庭，不见其人，无咎。［注］：观五之三也。艮为多节，故称背。观，坤为身。观五之三，折坤之背，故艮其背。坤象不见，故不获其身。震为行人，艮为庭，坎为隐伏，故行其庭，不见其人。三得正，故不咎。［疏］此虞义也。'观，五之三'者，此虞氏之卦义……故得正。"对其爻辞的训释也与之类似。在主旨方面，也如《周易述》一般，"专

---

① 即郑玄，因避讳改。

取荀、虞，旁及郑氏、干氏、九家等义①。尤其是虞氏义，江藩似乎更加偏好，注释时多所依据。如上文所举"[疏]此虞义也。'观五之三'者，此虞氏之卦义……"不仅如此，他还根据虞氏《易》学来改易经文。如"艮"卦爻辞中，"六二，艮其腓，不拯其随，其心不快"，江藩改"拯"作"抍"，并在[疏]中指出："抍，《释文》作承，虞作抍，今从虞，俗作拯，非"；"六五，艮其辅，言有序，悔亡"，江藩改"有序"作"有孚"，并解释说："有孚，王弼本作有序，今改从虞氏。"特别是虞氏《易》学中的逸象，也为江藩所大量引用，如"'坎为棘匕，震为邕，坤为丧'，虞氏逸象义"、"'震为趾'，虞氏逸象义"等，在所解十五卦中，每卦都引述虞氏逸象，有时一卦就提到多次，如在训释"震"卦时就引述了五次。汉儒多以象数解《易》，出现了"逸象"解卦，而"仲翔（虞翻字）所补，逸象尤多"②，重视逸象且以之解《易》，是虞氏《易》学的显著特点。在这个意义上，与其说江藩《周易述补》是发挥汉儒之学，倒还不如具体说是阐扬虞氏《易学》。当然，上面提到的改经情况，早在惠栋《周易述》中就已较为多见，而江藩的改经当是受到其很大的影响，故而改动之处几乎随处可见。在《周易述补》中，江藩不仅依据虞氏《易》来改动经文，还依据了其他诸家《易》，如依据孟氏《易》改"丰"卦爻辞"阒其无人"作"窒其无人"等。另外，江藩还根据正字、古字来改经，如改"震"卦爻辞"亿丧贝"作"噫丧贝"，理由是："噫，俗本作亿，亿，非古字，《诗周颂》'噫嘻成王'。"又如"渐"卦爻辞"六二，鸿渐于盘"改作"六二，鸿渐于般"，并指出："般，王弼本作盘，盘，俗字。"这种情况表明，江藩有着恢复《易》汉学的强烈企图，以至于对王弼等人以玄理解《易》极其排斥，即便是其文本文字，在存有异文的地方，也多不大采信。在这方面，江藩似乎比惠栋走得更远，以至于得到了凌廷堪这样的评价："独惠氏之书，《象下传》'家人：女正乎内，男正乎外'注：内谓二，外谓五；《象下传》'泽无水困'注：水在泽下，故无水；'木上有水井'注：木上有水，上水之象，犹不免用王

---

① 凌廷堪：《周易述补叙》，见《续修四库全书》本《周易述补》卷首附。
② 章太炎：《易象义》，见《章太炎学术论著》，浙江人民出版社1998年版，第32页。

粥之说，江君则悉无之，方之惠书，殆有过之，无不及也。"特别需要指出的是，作为一部和惠栋的《周易述》一起在清代《易学》研究方面具有很高地位和价值的《易》学专著，《周易述补》不仅有着对《周易述》优点的继承，还有诸多创新之处。举例来说，在"丰"卦爻辞中，江藩改"窥其户，闃其无人"作"窥其户，窒其无人"，并在［疏］中指出："'窥，小视也'，《说文解字》文。《易·释文》：李登云小视也。今作窥。窥，《说文》训闪也，非小视之窥也。闃，俗字。《易·释文》：孟作窒。仲翔训为空者，犹乱之训治也。《列子·皇帝篇》：至人潜行不空，殷敬顺《释文》云：一本空作窒。据此，当从孟氏作窒矣。"此解可谓是融会其义，多有发明，如指出"窥，《说文》训闪也，非小视之窥也"等。又如"鼎"卦爻辞"九四，鼎折足，覆公餗，其形渥，凶"。江藩改"其形渥"作"其刑剭"，并依据郑氏义作［注］，且在［疏］中加以发挥："'剭读如屋，诛之屋'，又曰'屋中刑之'者，《周礼·秋官·司烜氏》'邦若屋诛，则为明竁焉'，郑氏彼注曰：'屋读如"其刑剭"之"剭"，剭诛，谓所杀不于市而以适甸师氏者也，《汉书·叙传》曰：'底剭鼎臣。'服虔云：'《周礼》有"屋剭"，诛大臣于屋下，不露也。'俗本作'形渥'，非。"按：阮元校勘《十三经注疏》本《周易正义》作"其形渥"，阮元在校勘记中指出："'其形渥'，石经、岳本、闽、监、毛本同，《释文》：渥，郑作剭。"可见，江藩揭橥"形渥"之非，颇有意义，且资料详赡，论证得力，足以当得起凌廷堪"引证精博，羽翼惠氏"之评。

二、《乐县考》

江藩在《国朝经师经义目录》"乐"类序言中指出："古者六籍五经，《礼》《乐》并重。……国朝诸儒蔚起，搜讨旧闻，虽乐制云亡，而论音律者求周尺、汉尺之遗，寻审律、审音之旨，俾二千余年之坠绪彰明宇宙，不诚继往开来之伟业哉!"① 其所著《乐县考》二卷,即是研究音律的专门之作。

江藩精通音律,除了有《乐县考》这样的专著,在其所撰"辞藻典雅、音律谨严"的《扁舟载酒词》中,也可见一斑。伍崇曜在咸丰四年为《乐县考》所作跋文中也指出江藩"尝著《竹西词抄》,自序称少时颇研究音律"②。《国朝经师经义目录》"乐"类仅著录了江永《律吕新论》二卷、《律吕阐微》十卷,钱塘《律吕考文》六卷,凌廷堪《燕乐考原》六卷,共三人四种著作,而江藩的《乐县考》,与之相比是毫不逊色的。此书得到了凌廷堪弟子张其锦的高度评价,在嘉庆十八年为《乐县考》所作序文中,张氏称此作"篇叶无多,条理在握,古乐之复,此其权舆乎!"伍崇曜在跋文中也称赞道:"得是书与《燕乐考原》相辅而行,读者神而明之,即谓《乐》经不亡于秦也可,沈约之说殆无庸辨已。"《乐县考》分上、下两卷,上卷含《钟磬二八十六枚一虡说》《钟磬十六枚一虡之序》《七均八十四调表》《方响说》《勾锣说》《摩说》六篇,在《方响说》后附有《半律倍律各止于六之图》《清声浊声各止于四之图》两图;下卷为《乐县说》《歌钟二肆辩》《释镈》《答问》,《乐县说》后附录了《宫县图》《轩县图》《大射乐县图》《判县图》《牺县图》六图,卷尾还附有懋钩《宫县建鼓设于四隅辩》一篇。关于《乐县考》的内容,伍崇曜在跋文中指出是书"专考古乐器,而言今乐可通于古乐,其说与凌次仲略同",其实,《乐县考》不仅专考古乐器,于乐律、乐制也有论述,如《七均八十四调表》专释乐律,《乐县说》则详考乐制,即便是如《方响说》《勾锣说》等篇,在专考乐器的同时,对乐律也有涉及;至于"今乐可通于古乐"之说,倒是江藩的一个重要观点,在《方响说》一篇中,作者鲜明地指出:"嗟乎!古乐虽亡,然以今乐寻绎之,尚可得千百中之一二焉,惜乎为自以为是之妄人所汩没,岂非恨事耶!"并引述宋人房庶之语:"古乐与今乐本末不远……"且加以肯定:"房庶之论可谓知音者矣。"张其锦在序文中也指出:"《方响》《勾锣》等说,直通今

---

① 徐洪兴编校:《汉学师承记》(外二种),生活·读书·新知三联书店1998年版,第177页。
② 江藩:《乐县考》卷末伍崇曜《跋》,《粤雅堂丛书》本。

乐于古乐，与吾师之说俨然合符。"由于江藩对乐律早有研究，颇为精通，使得《乐县考》一书精见迭出，诚如张其锦在所作序文中所说："他若《摩说》，则据磬氏推之而及钟；《乐县说》则据《仪礼》推之而作图；谓杜预注《左》以一堵为一肆者，显与《周官经》背，非与郑背；谓郑君训镛如钟而大者，专指大于编钟，非指镛钟，悉极精确。"特别需要提到的是《钟磬二八十六枚一虚说》一篇。江藩以为欲明宫县之制，必求钟磬之数。故而，上卷首置此篇，对钟磬之数详加考辨，可谓引证精博，分析透辟，也得到了张其锦的推许，他在《乐县考序》中有详尽分析："首《钟磬二八十六枚一虚说》，十六者，十二辰之外加黄钟、大吕、太蔟、夹钟四清声为十六也，谓古人旋宫之法即用此十六枚之钟磬，又引郑世子之论半律、倍律以发明之，盖其说本诸康成，实古编钟、编磬之遗也，宋景佑中太常乐制用之，王尧臣、冯元之徒皆以为然，惟李照议乐不复考击，陈旸《乐书》泥十二律之数，臆断为十二枚，今先生此书成，得定论矣。"江藩于此篇也颇为自负，其在篇末自豪地宣称："二八十六枚之说既明，而宫县之制可考矣。"至于卷末附录的《宫县建鼓设于四隅辩》一篇，乃江藩侄儿懋钧所撰。懋钧十六岁时即丧父，时常陪侍江藩左右，得闻绪论，此篇通过考辨，亦有所发明，作者认为，宫县建鼓设于四隅，只有大射仪是这样，并批评李照之言"不独'鼓止一声，不能合十二均之声'其说为不经之论，即四隅之制要亦妄为臆断，不足据焉"。当然，《乐县考》的多有创见，与友朋的切磋问难是分不开的，故而，此书对友朋之绪论也多有征引。如《七均八十四调表》引述了方仰松之论，《匀锣说》征引了王云之说，江藩皆如实以书而不掠人之美，甚至把来自别人的启发而获得的发现也据实以告，如《匀锣说》即在引述王云关于"九匀锣"名称的解释后写道："予闻其说而叹曰：'非熟于今乐者岂能有此神解哉！'乃悟宋之燕乐有上字无高上字，有尺字无高尺字，低于今乐二律也。以此推之，则今乐低二律合于燕乐，燕乐低二律合于雅乐。"于此可见江藩治学态度之严谨。

三、《尔雅小笺》

《尔雅小笺》三卷，是江藩训诂学方面的专著。此书早在江藩十八岁时，就已经写成初稿，名为《尔雅正字》，直到嘉庆二十五年，江藩已到花甲之年，才重加删定，据古文厘为三卷，题名为《尔雅小笺》。后来，在光绪十九年刻入了《鄦斋丛书》中。

据江藩作于道光元年的自序，此书乃秉承江声之学，以《说文》为指归，对于《说文》所没有的字，则"或考定正文，或旁通叚借，不敢妄改字画"。江声精研小学，成绩颇著，有《尚书集注音疏》入于《国朝经师经义目录》"尚书"类，《释名疏证》八卷、《释名补遗》一卷、《续释名》一卷入于《国朝经师经义目录》"尔雅"类，江藩在《国朝汉学师承记》中为江声作传时也指出江声"精于小学，以许叔重《说文解字》为宗，《说文》所无之字，必求假借之字以代之"。可见，江藩所著《尔雅小笺》一书深受江声的影响，其自序中所言"承艮廷先师之学"一点不假，故而，《尔雅小笺》一书中对江声之说多有征引，如《释诂第一》中"泯"下云："艮庭先生云：《周礼》曰'以秬鬯洀'，杜子春读洀为泯。"又如《释乐第七》中"鼓"下云："艮庭先生曰：《说文》鼓本作豈攴。"而且，也如江声一样，以《说文》为宗，《说文》所无之字则旁通假借，或者考定正文，譬如，《释诂第一》"瘥"字条云："瘥，通作瘠。《公羊·庄二十年·释文》：大瘠，病也，本或作瘥。《说文》无瘥字。"又如《释言第二》"廪"字条云："廪，廯也。《说文》无廯字。通作鲜。《春秋公羊·文公十有三年传》曰'群公廪'，何注：廪者连新于陈上。新谓新谷也，陈谓陈谷也。鲜有新义。《仪礼·士昏礼》'腊必用鲜'，疏曰：'腊用鲜者，取夫妇日新之义。'今犹以明洁为新鲜。廪训鲜者，取藏新谷之义尔。"诸如此类，不胜枚举。当然，正如江藩在自序中所说，"数年中，窃闻师友之绪论，择善而从"，诸如惠栋、钱大昕、段玉裁、钮匪石、阮元、袁廷梼等人的意见，在《尔雅小笺》

中皆有征引。关于《尔雅》注疏的情况，江藩在自序中也有评论："《尔雅》自郭注行而旧注尽废，景纯乃文章家，于小学涉猎而已，邢疏肤浅，固不足论，而邵疏又袭唐人义疏之弊，曲护注文，至于形声，则略而不言，亦未为尽善也。"正是有见于《尔雅》注疏还有着诸多缺漏之处，江藩才将早年的旧稿《尔雅正字》重新加以删订，对于邵疏"误者正之，未及者补之"。在《尔雅小笺》一书中，对郭注、邢疏、邵疏多有批评，如在《释水第十二》"江有沱，河有灉，汝有濆"条下云："郭注重见，非是。"又如在《释言第二》"畛，殄也"条下云："畛训为殄，叚借也。邢昺曰：'以畛为场'，何异于王安石之《字说》！可谓不经之谈也。"而对于邵疏，辩之尤力，如《释训第三》"惮惮、切切、傅傅、憸憸"条下云："邵疏云：'《后汉书》注引《尔雅》云"憸怛，忧也"，疑憸憸下脱怛怛二字，或即恀恀之异文。'"予谓憸憸下脱怛怛容或有之，经之异文必声音相近，怛、恀即不同部，又非合音，此说恐误。"又如《释训第三》"灌灌、恌恌，忧无告也"条下云："是不知灌灌、欢欢、祟欠祟欠皆声之转例，得通叚，岂可谓形近之讹耶！各本皆作欢欢，邵疏改作灌灌，亦非也。"可见，《尔雅小笺》对《尔雅》旧疏是有着重要补正的。从整个清代的《尔雅》研究来看，邵晋涵的《尔雅正义》和郝懿行的《尔雅义疏》无疑是这一时期《尔雅》研究的巨帙，邵氏的《尔雅正义》于声音训诂之原多有壅阏，鲜有发明，郝氏的《尔雅义疏》即为此而作，以阐发"字借声转"之义。而江藩的《尔雅小笺》成书于二者之间，江藩"邵疏又袭唐人义疏之弊，曲护注文，至于形声则略而不言，亦未为尽善"之论可谓得预《尔雅》研究之流，其所作与之有关的补正，亦可补《尔雅正义》之缺失。故而，江藩《尔雅小笺》在清代《尔雅》学史上的地位和价值实不容低估。

四、《隶经文》

《隶经文》四卷、《续隶经文》一卷是江藩考订经义、综论群经之作，尤其以考释古代礼制、名物为主，范围则几乎涉及"十三经"中每一部经典。据江藩的自述，《隶经文》四卷乃"从诸文中删存者，苟非说经皆不录"①。该书第一卷为议，分《明堂议》《庙制议》《祫庙议》《昭穆议》四篇，皆为对古代礼制的考论；第二卷为辩、论、解，包括《公羊亲迎辩》《畏厌溺殇服辩》《姜嫄帝喾妃辩》《私谥非礼辨》《姜嫄庙论》《六龙解》《重刚而不刚解》《雅颂各得其所解》《化我解》《賣石解》《释言解》《释训解》《配酉弋二字解》十三篇；第三卷为说，含有《祧庙说》《藪说》《轵说》《弱说》《股骸说》《较说》《軦车对轸说》《轴说》《軦后说》《相说》《肤寸说》《握素说》《六甲五龙说》《居丧不文说》十四篇；第四卷为释、杂文，包括《释止》《释车制尺寸》《释由》《原名》《公羊先师考》《徐心仲论语疏证序》《书夏小正后》《书阮云台尚书性命古训后》《答程在仁书》《与伊墨卿太守书》《节甫字说》十一篇。《续隶经文》一卷则收有《顾命康王之诰辨》《尚书今古文辨》《书书叙后》《原命解》《用然后郊解》等篇。

总起来看，《隶经文》（含《续隶经文》，下同）共收文近五十篇，分议、辩、论、解、说、释、杂文七体，体式既异、内容亦杂、范围也广，这是其特点之一。如《明堂议》以议的形式考论古代的明堂制度，涉及《礼记》《周礼》等；《公羊亲迎辩》则以辩的形式考辨亲迎之说，涉及《春秋公羊传》《左传》等；《姜嫄庙论》则以论的形式考述姜嫄庙的由来，涉及《周礼》；《六龙解》则以解的形式为"六龙"一词作解，涉及《周易》，《释言解》《释训解》则专解《尔雅》；《居丧不文说》则以说的形式对所谓的"居丧不文"论作出解说，涉及《仪礼》《礼记》等；《释车制尺寸》则以释的形式诠释车制的尺寸，涉及《周礼》；在杂文类，则有《徐心仲论语疏证序》《书夏小正后》等，分别涉及了《论语》《尚书》。这些篇章或为一字之解，或为一事之说，或为一制之议，确实是"非说经皆不录"。

特点之二，在于能参究各家之说加以考订，论证精博，多有发明，正如该书卷首曾钊所撰序文评论的："于前人纷纠同异之说，参互考订，发所未发，谓之六艺传注可，谓之自成一子亦可。"如《明堂议》一文，先列出异

---

① 曾钊：《隶经文叙》，见《续修四库全书》本《隶经文》卷首附，此为引述江藩语。

说：" 明堂制度，有以为九室十二堂者，《大戴记·圣德篇》、班固《白虎通》、蔡邕《明堂月令章句》也；有以为五室者，《考工记·匠人》、郑康成《周礼》二记注也，后儒或从郑注，或主蔡说，言人人殊，莫能是正。"次溯源穷流，以为汉武时罢儒生之议而用方怪之言，光武时儒生议礼又不敢不本纬书，故而江藩指出：" 窃谓当从郑君之说。郑君深于礼，善于谶，其论明堂则本诸经而不言谶，盖折衷二京诸儒之言而知谶记方书之不可信矣。"然后征引《大戴记·圣德篇》、张衡《东京赋》、宇文恺《明堂议》《周易·说卦》《五经异义》《汉书·光武纪》注、《玉藻》正义、《隋书》及《太平御览》所引《周书·明堂》等材料以及裴頠、李谧、袁翻等人的言论或观点，申论郑氏 "明堂为五室" 之说，并论及明堂的建制地和尺寸等问题，最后，江藩对这些问题提出看法，并作总结：" 谨案今礼古礼，各以其义说，无明文以知之。在郑君时，其尺寸之制，已不可考，《匠人职》依文解义，乃述古缺疑之意，而后人凿空臆断，岂能合于古制耶！盖武王初定天下，典章未备，有会同之事，如《觐礼》所云，为宫于国外，方三百步，四门，坛十有二寻，深四尺，加方明于其上而已。所以西京无明堂也。迨周公摄政之日，作洛之年，始考古制，作明堂于土中，《礼记·明堂位》'周公避成王，朝诸侯于明堂'者，东都之明堂也，即于此禘郊配天，颁朔听政焉。及成、康时，举行巡狩之仪，于是方岳有明堂矣。《孟子》《吕氏春秋》所称齐之明堂，乃泰山天资巡狩之明堂也。后人不达斯礼，纷纠竞争，强作解事。今缘述古意，通其旨趣，惜《礼经》残缺，求之靡据已。"通观《隶经文》，可以发现，《明堂议》一文是颇为典型的，既旁征博引，又有所发明，从中可见江藩的治经方法。吴兰修在道光元年为《隶经文》所作跋文中对此也有揭示：" 凡单辞奥义，皆能旁推交通，以得其说，无胶执谶纬之弊，有翼辅马、郑之功。"评论是较为恰当的。至于《隶经文》中其他诸篇，如《居丧不文说》《六龙解》等篇，也都考辨博洽，时有新见，如《居丧不文说》对 "居丧不文" 说法的解释：" 古人言丧事而不文饰其言，岂谓诗文哉！今人之诗文，含宫聚咀商，与古之乐章无异同，古人小功尚不及乐，况父母之丧邪！居丧不为诗文，非言不文，乃《曲礼》所谓居丧不言乐也。"在《六龙解》

中则提出:"《象》言六龙者,犹言六阳也,即六位也,九家逸象曰'乾为龙',此指乾之一卦,非谓六爻皆为龙也。爻辞有五龙,龙之头数也。《象传》称六龙,说乾卦全体之义也,对文则异,散文则通,六龙非实有之数,可以释《易》,不可以制礼也。"足以当得起曾钊所评:"谓之六艺传注可,谓之自成一子亦可",以至于被吴兰修在跋文中推许为"近日通儒,舍先生其谁哉!"

特点之三,是推崇汉学,敬重师说,主推求名物制度,又不凡汉皆好,唯师是从,且能留意经世致用。江藩早年在吴门受业于余萧客、江声,两人皆为惠栋的得意弟子,故而,江藩传承的是惠栋之学。而惠栋推崇汉儒、笃守古训是出了名的,以至梁启超在《清代学术概论》中评其为"凡古必真,凡汉皆好"。江藩所受的影响是明显的,他推崇汉学在其有关言论、著述中多有反映,如江藩在《国朝汉学师承记》中的"绪论"中自言从余萧客、江声受学,从而知晓汉学"一坏于东西晋之清谈,再坏于南北宋之道学",并极力赞许惠氏吴派、戴震皖派兴起而"汉学昌明,千载沉霾,一朝复旦"。江藩又因惠栋《周易述》未完稿而续补三卷,其体例和主旨皆一仍其旧;承江声之学而撰《尔雅正字》,亦以《说文》为指归,而许慎及其《说文》是专主古文经学的。这种推尊汉学的情况,在《隶经文》中得到了较多的体现,如《明堂议》即依从郑玄之说并加以阐发,《六龙解》亦据郑玄之论、《说文解字》"五龙六甲"之说而对"六龙"一词作出解释。至于江藩究心于名物制度,于《隶经文》亦是昭然若揭,其卷一即全为考释礼制,诸如《股骸说》《轵车对轸说》《释车制尺寸》等篇则专训名物。但是,江藩又不凡汉皆好,唯师是从,且能留意经世致用。如江藩与惠栋等笃守东汉古文学不同,能对公羊今文学有所关注,又对《说文》这样的古文学经典之作有所批评,在《明堂议》中对惠栋之说不予苟同,在《原命解》中则对江声"原之言再"说进行驳正,以及关注性命之学、留意社会现实,凡此种种,与其生活的时代和学术风尚有关,当然更离不开与扬州学人的交游与切磋。朱维铮对于乾嘉汉学的趋向有过如下评论:"在世纪交替的乾嘉之际,在汉学内部已出现了三重否定自身的动向。一是重提东汉公羊大师何休与郑玄争论《左传》是非的旧案，表征着已有汉学家要求回到西汉今文学去；二是《说文》《尔雅》研究成为显学，表征着许慎在不少汉学家心目中已代替郑玄，通经的旨趣已转移为古典文字语言研究的时尚；三是儒家经典的研究，不但逊色于历史考证，更被悄悄兴起的诸子研究热所冲击，表征着汉学正在变质。"①所论颇具识见。江藩重视《说文》，所撰《尔雅小笺》甚至以《说文》为指归，除了师承授受的因素外，与此学术风尚当也有关系，尤其是江藩对《春秋》公羊学的关注，更可见出其受学术风尚的影响。如江藩重视公羊学，写有《公羊亲迎辩》《公羊先师考》等，前者就《春秋》公羊"天子至庶人皆亲迎"之说作出辩解，后者则对公羊先师作一考辨，皆有发明；《肤寸说》《用然后郊解》两文则分别是对《公羊传》中"肤寸"一词和"用然后郊"一句给予解释，《化我解》一文也主要是依据《公羊传》来立论："《春秋·桓六年》：'春，正月，寔来。'《公羊传》曰：'寔来者何？犹曰是人来也。孰谓，谓州公也。'"何邵公注："行过无礼谓之化，齐人语也。"《说文解字》：化，教行也。《方言》："化，哗也。该州公不服教行，燕享之际，喧哗无礼。州公无礼与我，故曰化我，无礼于人，齐语亦谓之化我。"这种情况，与当时刘逢禄等人倡导公羊学的学术风尚，是颇有关联的，正好形成呼应。至于江藩对《说文》的驳正、《徐心仲论语疏证序》中反映出江藩对《论语》的熟悉，《书阮云台尚书性命古训后》中透露的对性命义理和经世致用的关注等，则无疑与学人之间的交游有关。《配酉弋二字解》一文即是对《说文》关于配、酉弋两字的解释作出补正，这与《尔雅小笺》中以《说文》为指归的情况有了明显不同，表现了江藩的学术眼光更为通脱，学术见解更趋独立，与"凡古必真，凡汉皆好"的惠栋形成对照，更加彰显出"扬州学派"通儒之学的特色，而这一点当得益于学术交往的扩大。为说明问题，兹将此文引述如下："《说文解字》：配，酒色也，从酉己声。酉弋，酒色，从酉弋声。藩谓己非声，乃㠯之误也；酉弋，黑色酒也。《汉书·文帝纪赞》：身衣弋绨。注：如淳曰：'弋，皂也。贾谊曰"身衣皂绨"。'师古曰：'弋，黑色也。'又考《周官》'盎齐'，郑注：盎，犹翁也，

---

① 朱维铮：《中国经学史十讲》，复旦大学出版社2002年版，第151页。

成而翁翁然葱白色，如今鄭白。郑谓之葱白色者，盖酒之色青，微有白色，若今人称碧玉为葱管白矣。是当时酒有青色者，有黑色者，合二酒之色，则谓之配，《考工记》黑与青谓之黻酒之色，与黻之义同，故从。黻，古作亚，即亚之省也。因配合青白二色有合义，所以借为妃匹字矣。配从，酉弋从弋，是谐声亦兼会意矣。"显然，江藩在此指出了"己非声，乃弖之误"，对"酉弋"的解释作了补充，并征引了《汉书·文帝纪赞》颜师古注、《周官》郑注、《考工记》等材料加以论证，认为"配从，酉弋从弋，是谐声亦兼会意"，可谓信而有征。这与江藩早年撰写《尔雅正字》时唯《说文》是从，已有了显著变化，而这一变化的产生，与友朋的交流是相关的，这在《尔雅小笺序目》一文中"数年中，窃闻师友之绪论"云云，以及《尔雅小笺》一书中对阮元等人见解的征引中也都能反映出来。《徐心仲论语疏证序》一文，是乾隆六十年江藩为友人徐心仲（名复）《论语疏证》一书撰写的序文。在文中，江藩自述了他与徐心仲切磋学问的情形以及撰序的缘由："乾隆六十年，藩驻扬州，与徐君亲善，讲习经义。每相遇，辄日旰忘食，夜分不寝。出其书，嘱藩叙之。因述《论语》源委，以释其著书之意如此。"值得注意的是，此序文对《论语》名称的由来、师承流派及注疏的情况作了细致梳理，颇为简要，从中可看出江藩对论语是较为熟悉的。其实，《隶经文》卷二《雅颂各得其所解》一文就是对《鲁论》"吾自卫反鲁，然后乐正，《雅》《颂》各得其所"一句中"所"字作的解释。在此文中，江藩认为《鲁论》"各得其所"之"所"字即《国语·周语》之"三所"，并指出："夫子正乐之音，使七律合于三所，使周之乐不袭三代五音之制，此之谓各得其所也。后人以诗篇之次第、用诗之地释之，是正诗非正乐也。"此论亦很有见地。看来，江藩对《论语》的关注、熟悉乃至研究，同时常与徐心仲群居讲习，当不无关系。这就更加证明了，江藩学术成就的取得，与友朋间的切磋是分不开的。《书阮云台尚书性命古训后》一文则反映出了江藩对性命之学的关注，也表现出江藩研究经典注意经世致用的一面。此文首先开宗明义，指出宋儒性命之学自谓直接孔孟心原，然其所谓"因其所发而遂明之，以复其初"乃本李翱《复性书》，以虚无为指归，乃是佛氏之圆觉。接着推究了古圣贤的性命之说:"盖性有五,木神仁,金神则义,火神则礼,水神则信,土神则知,阳之施也;情有六,喜在西方,怒在东方,好在北方,恶在南方,哀在下,乐在上,阴之化也。圣人恐阴之疑于阳也,制礼乐以节之,《召诰》曰'节性',《中庸》曰'喜怒哀乐之未发谓之中,发而皆中节谓之和'是已。《孝经说》曰:性者,生之质命,人所禀受也。至于三科之寿命、遭命、随命,亦禀于天者,务仁立义,毋滔天以绝命,是谓知命之君子。此皆七十子之微言大义,古圣贤性命之说不外是矣。"进而揭示出后人不求之节性复礼而求之空有是谬误的,其所言复其性、复其初即是法秀"时时勤拂拭,免使受尘埃"偈语之义。最后,对阮元述圣经古训以黜"复其性、复其初"谬论的《性命古训》大加赞扬,称颂为"功不在禹下",并对该书的意义作了具体阐释:"读是书者,勿以躁心乘之,勿以旧说汨之,尽心以求其蕴,存性以致其用,大可以探礼乐之原,致治平之要,小可以进德居业,乐行忧违矣。"从中,我们可以看出,江藩对宋儒性命之学是批判的,他本人对性命之学也颇有研究,所论颇有见地。其实,这也不难理解,江藩早年受父亲影响,儒释兼修,后又从学于儒佛互证的汪缙等人,于佛学有一定修养,加之还能略通儒家有关性命之学的重要典籍《中庸》的义旨①,故而熟悉性命之学就不足为奇。特别值得注意的是,《书阮云台尚书性命古训后》文末"尽心以求其蕴,存性以致其用"云云,显示出了江藩研经以致用的意识,他甚至认为研读阮元《性命古训》"大可以探礼乐之原,致治平之要,小可以进德居业,乐行忧违",或许这一评价有点言过其实,但从批判宋儒性理之学的空疏来看,自有其意义;从经世致用的意识来说,可避免纯粹为考证而考证的弊端,更加值得称道。其实,江藩经世致用的意识是较为明显的,传诵一时的《河赋》即是其留意于现实的反映,而收入《隶经文》卷四的《原名》一文,也很有经世的意味,正如江瀚所撰《隶经文》"提要"中所评论的:"《原名》一篇,尤得正名之旨。其云后世名法合为一科,先王制礼之原不以名教,而以名刑,为酷吏腾说,奸胥舞文,杀盗

---

① 江藩:《易大义跋》称其"于《中庸》之旨,略通其谊",见《节甫老人杂著》本《周易述补》附《易大义》卷首。

贼非杀人之奸言起,而求治安,乌可得乎？是诚仁人之言。有心经世者,尚其留意焉。"① 这种注重经世、留意现实的学术宗尚,正是清代乾嘉汉学发展到"扬州学派"时,为汪中、阮元等人广泛倡导的,在江藩身上能够得到诸多体现,除了学术风气的影响外,当然还与扬州学人间的交游密不可分。倘若我们再把视野拓展一下,江藩撰写的《国朝汉学师承记》等学术史著作,又何尝不是学术风尚和友朋交游下的产物？在《国朝汉学师承记》之前,早有汪中《六儒颂》、阮元《国史儒林传》等具有学术史性质的著述,而江藩是汪中的密友,又长期入阮元幕修书讲学。因此,江藩能关注学术史,在《国朝汉学师承记》中能独具通达之识,首次提出清代汉学吴派、皖派之分,当与阮元等人的交游有关。更何况,今人朱维铮还怀疑江藩撰写《国朝汉学师承记》强调汉宋之分、将顾炎武、黄宗羲置于卷末,很可能是针对阮元《国史儒林传》调和汉宋而故作违言。②

特点之四,具有较高的文献价值,保存了一些珍贵的文献资料,同时,又有很高的研究价值,有助于我们较为全面地揭示江藩的经学成就以及经学思想。诸如《徐心仲论语疏证序》《节甫字说》等,史料价值甚高。如《节甫字说》一文,使我们明了江藩晚年自号节甫的缘由及其意义,尤其是其中"藩生于乾隆二十六年三月二十二日",是关于江藩卒年的第一手资料,极为珍贵,为闵尔昌所撰《江子屏先生年谱》采录。至于《徐心仲论语疏证序》一文,尤为值得一提。《论语疏证》一书,是徐复重要的经学著作,可惜有关著录太少,且极为简略,如江藩《国朝汉学师承记》在为徐复作传时也只提道:"著有《论语疏证》,藩为之序。"而从此文中,我们可以获悉以下情况:一是此书于乾隆六十年已经成书;二是此书乃博综群籍,专攻全经,有助于改变入清以来多治大经而不治小经,以及在《论语》研究领域偏于专论的局面;三是江藩与徐复亲善,讲论经义甚欢,以至"日旰忘食,夜分不寝"。四是《论语疏证》颇见功力,得到江藩的极力推许。五是江藩对《论

---

① 中国科学院图书馆整理:《续修四库全书总目提要经部》,中华书局1993年版,第1372页。
② 朱维铮:《中国经学史十讲》,复旦大学出版社2002年版,第131页。

语》名称的由来、授受流派、注疏得失等情况都很了解,所论颇有见地。尤其是这第五点,既有文献价值,更具研究价值,对于研究江藩在《论语》方面的成就极为重要。如果我们拿它和江藩在《国朝经师经义目录》中为《论语》所撰写的《叙论》作一比较的话,可以发现,"叙论"只是从汉代谈到了南宋朱熹的《四书集注》,而《徐心仲论语疏证序》所论则更为详尽,范围延续到了清代,能够从整个《论语》注疏史的角度加以关照,对皇侃《义疏》、邢昺《正义》等多有评论,也涉及了清代阎若璩的《四书释地》和江永的《乡党图考》,并在此基础上指出了徐复《论语疏证》在学术史上的意义;尤为值得注意的是,在"绪论"中提到宋人对《论语》的研究时,只对朱熹的《四书集注》作了专门介绍,并称其"盛行于世",而在《徐心仲论语疏证序》一文中,既点名对邢昺《正义》多加指摘,称其"疏于六书,失于考订",又对整个宋人的《论语》研究大加贬低:"至于有宋一代,窃汉儒仁义礼智之余绪,创为道德性命之空谈,其去经旨弥远。"关于朱熹的《四书集注》,只是在叙述明代的《论语》注疏时委婉地略加提及:"明季专尚制义,囿于见闻,第乞灵于新安,几不知世有平叔。"(朱熹自称"新安朱熹"。)从这里我们也可以看出,江藩更为重视章句训诂,故而对宋儒阐发心性义理的《论语》研究一概否定,朱熹的《四书集注》当然也在其中,其"明季专尚制义,囿于见闻,第乞灵于新安,几不知世有平叔"云云,也含有对《四书集注》加以批评的味道。江藩之所以不明确点名批评,恐怕还是碍于当时《四书集注》作为科举考试标准的统治地位。而至迟完稿于嘉庆十六年的《国朝经师经义目录》在《论语》"叙论"中对于朱熹的《四书集注》只是作了这样的叙述:"至南宋,朱子始以《论语》《孟子》及《礼记》中之《中庸》《大学》二篇,合为《四书》,盛行于世",从这一叙述中已看不出江藩的态度了。他如《公羊先师考》《尚书今古文辨》两篇,前者专门辩驳了胡毋生、董仲舒为公羊高五传弟子之说,并就公羊学胡毋生、董仲舒以来的师承传授作了考辨,后者则对《尚书》今古文之别、今文、古文之异同等问题做了分析,所论颇为具体,辩证精审,均可与《国朝经师经义目录》中的《春秋》"叙论"、《尚书》"叙论"参看,可补其缺漏。而《书阮云台尚书性命古训后》一篇，则是江藩关注性命之学不可多得的重要材料，其研究价值自不容忽视。此外，江藩未刊刻的经学著述尚有《经传地理通释》《仪礼补释》《考工戴氏车制图翼》《石经源流考》《礼堂通义》，从这些篇目可知是关于经传地理、礼仪制度、考工车制、石经源流等方面的，这些未刊之作现在已难以找到了，这不能不说是个遗憾，但是《隶经文》中所收关于礼制的如《明堂议》《私谥非礼辨》等篇，关于考工车制的如《股骸说》《軝车对轸说》《释车制尺寸》等篇，则足以使我们了解江藩在这些方面的成就，其文献价值和研究价值也就显而易见了。另外，就《隶经文》所收文章涉及的儒家经典来看，几乎涉及了"十三经"中的所有经典，这样我们就能更好地理解有关江藩的传记资料所评论的"心贯群经""博综群经"了，这也可以算是《隶经文》在文献价值和研究价值方面的一个说明。

总之，《隶经文》是江藩重要的经学著作，是研究江藩的治经方法、经学成就以及经学思想等不可或缺的重要材料。关于其中所反映出的江藩的治经方法与经学成就，上文已作了较为详细的讨论。这里再就江藩的经学思想作一集中论述。无疑，江藩传承的是惠氏之学，推崇汉学，具体说应该是东汉古文经学，这从他的师承及他撰著《周易述补》《尔雅小笺》等著作的体例与主旨等均能得到鲜明的反映。但由于生活时代的差异、学术交往的扩大、学术风尚的改变等原因，江藩又能够不唯师是从、凡汉皆好，对其祖师惠栋、其师江声等人的学说多有批评，如《明堂议》中对惠栋学说不予苟同，《原命解》中驳斥了江声之说，对《说文》等古文学经典著作多有驳正。此外，更重要的是，江藩的学术视野、学术成就已不能完全为吴派所包容。如江藩对公羊今文学多有关注，写有《公羊先师考》等专门文字，对性命之学也颇留意，其《书阮云台尚书性命古训后》所论亦较为深刻，《原名》等篇则显示了较多的关注现实的意味，而不完全为名物制度所限，《国朝汉学师承记》《国朝宋学渊源记》则表现出对学术史的关注，分清代汉学为吴、皖两派更体现出江藩的通识。对于谶纬之学，江藩并不一概而论，他对于两汉的谶纬之学，多不予采信，其《明堂议》等文有所反映，即便是《书书叙后》一文采用《尚书纬》"以百二篇为《尚书》"之说，也是在论证了此说实乃先儒之说的基础上加以采信的。但对于先秦之纬,则认为不比成、哀之纬,其辞醇正,值得信从,他在《半毡斋题跋》卷上的《乾凿度》中即指出:"盖在宋时作籀文古字,今则变而为楷矣。七十子之微言大义,藉此不坠。其论三微九宫、积蔀消息,爻尘卦气,一本孔子。成、哀之纬,其辞驳;先秦之纬,其辞醇,此乃先秦之纬也。晁氏曰:'纬书伪起哀、平,桓谭、张衡之徒,皆深疾之。自苻坚之后,其学殆绝。就使其尚存,犹不足保,况此文非真也。'《庄子》曰:'曲士不可以语道。'其昭德之谓乎!"对于宋学,江藩无疑是极力批判的,这在《国朝汉学师承记》《国朝宋学渊源记》中有更明显的体现,但他对宋学的躬行实践是肯定的,他所反对的是宋学的空谈心性。另外,尽管江藩是以经学家著称,具体说是以朴学名震东南,但他对佛学也颇有研究,这从其家学、与汪缙等儒佛互证的儒士以及佛门中人的交往、《游天平山次蕺子美韵赠淡上人》等诗文著述中,都可以得到清晰的反映。简言之,江藩的经学思想是,既专研儒家经学,又熟悉佛门义理;既推崇古文经学,又不排斥今文经学;既注重名物制度,又能留意现实社会;既批判宋学的空疏,又倡导宋儒的躬行;既喜好专深,又讲求通脱;既批判谶纬之学,也驳正古文经学。由此,我们认为,江藩多方面经学成就的取得,除了得益于宽广的经学视野、考证的经学方法以外,与其经学思想的博杂、会通也是分不开的。

五、《国朝汉学师承记》与《国朝宋学渊源记》

在江藩所有著述中,影响最大、流传最广的还要数《国朝汉学师承记》和《国朝宋学渊源记》,《国朝经师经义目录》附于《国朝汉学师承记》之后。此三种书中,又以《国朝汉学师承记》影响更大,成就更高,争议也更厉害。

《国朝汉学师承记》第一次有针对性地对清代经学作了梳理,故而,自刊刻以来,影响深远,成为研治清代学术必读的参考书之一。在这里,我们着重从撰述背景、主要特色、地位和影响等三个方面作一论述。

关于《国朝汉学师承记》的撰写背景，主要有以下几个方面：

第一，政治背景。清代以来，统治者一直都积极倡导程朱理学，科举考试以八股取士，也专用宋学。到了乾嘉时期，这一情况有所转变，开始对汉学表示认可，并对汉学家予以重用，典型的表现就是大兴四库馆，延汉学家戴震等人入馆修书，并特赐戴震同进士出身，授翰林院庶吉士，以示优遇。但在科举考试中仍主宋学，所以专治汉学的儒生想通过科举步入仕途是极为困难的，事实上也是如此。这一看似矛盾的现象，正如朱维铮所言："十八世纪的学术史中的所谓汉宋之争，原是清统治者施行的分裂文化政策的产物。……一方面，继续承认所谓朱子学是帝国统治思想的理论基石，一方面又鼓励所谓汉学家'两耳不闻窗外事'的沉湎经史考证的风尚。时时讥嘲假道学，但自命朱熹信徒的又致身通显，往往表彰真汉学，但偶而赏给戴震以进士显衔，同时严惩敢于上述吁求用人泯除满汉界限的杭世骏，命其在罢官后'奉旨买卖破铜烂铁'，这就是乾隆帝自以为得计的驭汉之术。他的继承人嘉庆对此遵而勿失，可惜玩弄权术远逊于乃祖乃父。"① 但是不管怎么说，在种种政治的威逼利诱之下，汉学逐渐大成气候，如日中天，以至于后人在谈到乾嘉学术之时，直以"汉学"名之。汉学家在学术上的成就无疑是辉煌的，然而其境遇却不能与之相称，其主要的仕途之路——科举考试对多数人来说已无太大希望，难得一遇的制科特赐，本来就近乎奢望。故而，汉学家大多仕途无门，生活窘困，如汪中、焦循等人皆是如此，江藩更是亲身经历，多次科考未中，常年漂泊，六十五岁才退息里门，贫病潦倒。故而江藩是深有体会的，他曾在《国朝汉学师承记》卷七为汪中作传时自言："藩自遭家难后，十口之家，无一金之产；迹类浮屠，钵盂求食；睥睨纨绔，儒冠误身；门衰祚薄，养侄为儿；耳热酒酣，长歌当哭。嗟呼！刘子之过，酷于敬通；容甫之陋，甚于孝标。以藩较之，岂知九渊之下，尚有重泉；食荼之甘，胜于尝胆哉！"其惨况可想而知。江藩在《国朝汉学师承记》中述及汪中、徐复等人的凄惨境遇时，也多有同情之辞。有意思的是，方东树在《汉

---

① 朱维铮：《中国经学史十讲》，复旦大学出版社2002年版，第131页。

学商兑》卷下中谈到汉学"六弊"时,特别提出:"其六,则见世科举俗士,空疏者众,贪于难能可贵之名,欲以加少为多,临深为高也。"其意是讥笑汉学家如惠栋、汪中、江藩、焦循等人,皆困于科举,或终老于监生,或仅得秀才,而汉学魁首如戴震也是因特赐才有了同进士出身。虽然这是方东树的讥讽之言,但也在一定程度上把当时的事实揭示出来了。其实,在《国朝汉学师承记》卷一的"叙论"中,江藩已经把撰写的主要动机和主旨说出来了,即表彰汉学,既总结其不凡的汉学成就,"经术一坏于东西晋之清谈,再坏于南北宋之道学。元、明以来,此道亦坏。至本朝,三惠之学,盛于吴中;江永、戴震诸君,继起于歙。从此汉学昌明,千载沉霾,一朝复旦",又鸣其不平,以为其境遇与学问极不相称,"三代之时,弼谐庶绩,必举德于鸿儒;魏晋以来,左右邦家,咸取才于科目。经明行修之士,命偶时来,得策名廊庙;若数乖运舛,纵学穷书圃,思极人文,未有不委弃草泽,终老邱园者也。甚至饥寒切体,毒螫憯肤,筮仕无门,赍恨入冥。虽千载以下,哀其不遇,岂知当时绝无过而问之者哉!是记,于轩冕则略记学行,山林则兼记高风。非任情轩轾,肆志抑扬,盖悲其友麋鹿以共处,候草木以同凋也"。而这种撰述动机,无疑就是当时政治形势、文化政策的一种反映。

第二,学术背景。这种学术背景的产生,与政治环境有着密切的关系。正因为统治者采取了两面的文化分裂政策,汉学和宋学的形势和地位逐渐有了转变。随着汉学的逐渐兴盛,乃至到乾嘉时期达到鼎盛,这种情况如果任其发展下去,对宋学的统治地位来说,威胁只会越来越大。因此,汉学与宋学之争日趋激烈,到江藩《国朝汉学师承记》、方东树《汉学商兑》等书刊刻以后,就逐渐公开、表面化了。值得注意的是,在乾嘉汉学风靡一时之际,宋学已经趋于式微了,正如皮锡瑞在《经学历史》一书中所说:"乾隆以后,许、郑之学大明,治宋学者已鲜。说经者皆主实证,不空谈义理。"①此一时期攻击汉学最厉害的,主要是袁枚、蒋士铨、方苞、姚鼐等人,尤其是姚鼐,极力引宋学以诋斥汉学,"自命为捍卫程朱道统的中流砥柱,著《九经正义》,编《古文辞类纂》,攻讦汉学,以方苞、刘大櫆的继承人身份,

---

① 皮锡瑞:《经学历史》,周予同注释,中华书局1959年版,第341页。

竖起'桐城派'的旗帜,自居是清代'正学'的集大成者"①,而这些人虽然以程朱理学相标榜,其实都是文士,无一为理学家。缘何这些文士会如此痛恨汉学?其实,文士与经儒交恶由来已久,诚如章太炎所指出的:"震(戴震)始入四库馆,诸儒皆震竦之,愿敛衽为弟子。天下视文士渐轻。文士与经儒始交恶。而江淮间治文辞者,故有方苞、姚范、刘大櫆。皆产桐城,以效法曾巩、归有光相高,亦愿尸程、朱为后世,谓之桐城义法。震为《孟子字义疏证》,以明材性,学者自是疑程、朱。桐城诸家本未得程、朱要领,徒援引肤末,大言自壮……故尤被轻蔑。从子姚鼐欲从震学,震谢之,犹亟以微言匡饬。鼐不平,数持论诋朴学残碎。"② 正是由于桐城文士与经儒的矛盾由来已久,根深蒂固,以至两派争论愈演愈烈,乃至江藩嘉庆二十三年于阮元幕府刊刻《国朝汉学师承记》之后不久,姚鼐的高弟方东树即跳了出来,于道光六年撰成《汉学商兑》一书,对汉学家尤其是扬州一派大肆批判,乃至有谩骂之嫌。其实,早在江藩《国朝汉学师承记》写成之后,就有两种意见,而这两种意见还都是来自汉学阵营的。一种意见是极力称许,如汪喜孙、阮元等人在序跋中都给予了高度评价,阮元撰序指出:"读此可知汉世儒林家法之承授,国朝学者经学之渊源",汪喜孙则在跋文中推许为"先生(江藩)名山之业,固当附此不朽"。另一种意见则对书名"汉学"提出了强烈质疑,如龚自珍于嘉庆二十二年即在《与江子屏笺》中指出"汉学"之名有十不安,建议改为"经学",以免徒立门户,招致争论。这两种意见,其实也反映出了当时学术界汉宋之争趋于激烈的事实,而后来事态的发展,也确实如龚自珍所料,汉宋之争随着《国朝汉学师承记》《汉学商兑》相继刊刻而表面化了。尽管江藩撰作此书的本意只是想表彰汉学,并不想激化所谓的门户之争,如梁启超所说:"子屏将汉学、宋学门户显然区分,论者或病其隘执。然乾嘉以来学者事实上确各树一帜,贱彼而贵我,子屏不过将当时社会心理照样写出,不足为病也"③,但其实际效果,无疑是加剧了

---

① 朱维铮:《中国经学史十讲》,复旦大学出版社 2002 年版,第 138 页。
② 刘凌、孔繁荣编校:《章太炎学术论著》,浙江人民出版社 1998 年版,第 119 页。
③ 梁启超:《中国近三百年学术史》,东方出版社 1996 年版,第 323 页。

汉宋门户之争，因为，当时的汉宋之争已由暗斗逐渐转为明争，而江藩此书恰好成其导火线了。当然，《国朝汉学师承记》一书的学术背景并不如此简单，并非只是汉宋之争，汉宋调和的论调也已开始出现，如纪昀、翁方纲、阮元等人都有汉宋调和之论，尤其是阮元，其所修纂的《国史儒林传》以黄宗羲、顾炎武作为清代汉宋学的共同开山，以示调停之意，在该书序言中也明言汉学、宋学"未可偏讥互诮"，在其幕府中也可以同时招徕江藩和方东树以共处。这一调和的意味在江藩身上也有所反映，他不仅专研汉学，对性命之学也有所关注；不仅讲求名物制度，也服膺躬行实践。除此之外，当时的学术背景还有今文经学逐渐复兴，经世致用的思潮开始兴起，关注学术史渐成一时之风气，这些就不再一一细述了。

  第三，除了上面所说的政治背景和学术背景，还有必要谈一谈江藩自身的情况。上文已经提到，撰写《国朝汉学师承记》的动机和主旨在表彰汉学，而江藩在汉学研究领域成就斐然，但其生活境遇却颇为凄凉，常年奔波，贫病交加，晚年更加落魄，"竟以饿死"①，这一情况使他表彰汉学的愿望欲加强烈。后来，当《国朝汉学师承记》撰成之后，龚自珍在肯定的同时，对其"汉学"之名提出了批评，并建议改为"经学"，以免激化汉宋之争，江藩也不予采纳，仍坚持以"汉学"名之，这与其强烈的表彰欲望当不无关系。另一方面，江藩自身的条件也使他表彰汉学的愿望得以成为可能，他师承吴派余萧客、江声，得传惠氏之学；又与凌廷堪、阮元等交游，得闻皖派之说；而作为"扬州学派"的重要成员，与扬州学人如汪中、焦循等交往密切，于扬州一派的学说更是了如指掌。这样，江藩的撰述动机和条件就很成熟了，这也是《国朝汉学师承记》得以撰成的主观因素。

  从主要内容来说，《国朝汉学师承记》全书八卷，大致按照时间先后和师承授受将人物归类加以传记，卷一和卷八所记为清代汉学的创始期人物，卷二和卷三传记的是吴派人物，卷四所传人物在吴派、皖派之间，卷五、六所记的是皖派人物，卷七则为扬州一派，其中列入正传的有四十人，入附传者十七人，附传中还有若干人不见于目录。

---

  ① 汪喜孙：《尔雅小笺跋》，见《鄦斋丛书》本《尔雅小笺》卷首。

该书卷首先叙述了中国经学的源流,并对自己的师承渊源、经学史观、撰述主旨等做了说明,类似全书的总序。值得注意的有两点,一是江藩的经学史观,江藩以为,汉代是经学的兴盛时期:"专门之学兴,命氏之儒起。'六经''五典',各信师承,嗣守章句,期乎勿失。西都儒士,开横舍,延学徒,诵先王之书,被儒者之服,彬彬然有洙、泗之风焉。爰及东京,硕学大师,贾、服之外,咸推高密。郑君生炎汉之季,守孔子之学;训义优洽,博综群经;故老以为前修,后生未之敢异。"自此以后,经学日见衰落,至元、明之际,几乎绝灭,幸赖清帝贤明,尊崇汉儒,终于重现盛世,"皆知崇尚实学,不务空言,游心六艺之圃,弛骛仁义之涂"。对于这一经学史观,江藩还自称来源于余萧客、江声的教诲,并做了进一步的总结:"经术一坏于东西晋之清谈,再坏于南北宋之道学。元、明以来,此道亦晦。至本朝,三惠之学,盛于吴中;江永、戴震诸君,继起于歙。从此汉学昌明,千载沉霾一朝复旦。"由此可见,江藩欣赏的是汉学,传承的是汉学,此书要表彰的也正是汉学。另外,江藩对宋学的态度也值得注意,他在谈及宋代经学时说:"宋初,承唐之弊,而邪说诡言,乱经非圣,殆有甚焉。如欧阳修之《诗》,孙明复之《春秋》,王安石之《新义》,是已。至于濂、洛、关、闽之学,不究礼乐之源,独标性命之旨。义疏诸书,束置高阁,视如糟粕,弃等弁髦。盖率履则有余,考镜则不足也。"从这一段话可以看出,江藩对汉儒经说是信守勿失的,并点名批评欧阳修之《诗》,孙明复之《春秋》,王安石之《新义》为"邪说诡言,乱经非圣",但对宋儒之学也不一概否定,以为"率履则有余,考镜则不足"。这一态度,与惠士奇手书楹帖"六经尊服、郑,百行法程、朱"所倡导的倒是相当一致。所以,从这一点看,江藩撰作此书,其主旨也还在表彰汉学,而于标榜汉学门户、激化汉宋之争倒并不是太在意的。

上文已经提到,在卷首叙论中江藩把清代汉学分为吴、皖两派,《国朝汉学师承记》一书在篇章结构的安排上也大致体现了这一点。应该说,这一看法是江藩首次明确地提出来的,也很有价值。更为可贵的是,江藩还在皖派之后将扬州一地的学人单列一卷予以传记,这样的安排在学术史上是有意义的,既揭明了扬州一派与皖派的渊源关系,如刘师培就在《南北考证学不同论》中说过,"戴氏弟子舍金坛段氏外,以扬州为最盛";又凸显了汪中所注重的"江以北"这一学术群体,从事实上对"扬州学派"这一经学流派作了认定。其后有关清代的学术史著作,大都继承了这一观点,或者稍加发挥,尤其是"扬州学派"这个概念,正因为先有了江藩先期的认定工作,方东树才在所撰《汉学商兑》一书中带着批驳的意味顺理成章地提了出来,如卷中之上说:"汪氏既斥《大学》,欲废《四子书》之名,而作《墨子表微序》,顾极尊墨子,真颠倒邪见也!……后来扬州学派著书,皆祖此论",后来,"扬州学派"这一概念被梁启超等人接受,才得以逐渐广泛地使用。

  如果说江藩关于清代汉学的分派可以见出其史识的话,那么,在为学人作传时,更可以看出江藩的史才。传记中主要记载了学人的生平、学业、主要学说、著述以及师承等方面的内容,详略情况则据传主的实际情况如成就的大小、资料的多寡而定,一般是成就突出、资料丰富的学人,如惠栋、戴震等记载得较为详细,反之则较为简略。这些传记的特点主要有二,其一,据实以书,具有实录精神。如江藩与洪亮吉本为挚友,后因议论多有不合,以至断绝来往,江藩在为洪亮吉作传时皆能据实以书,并略有悔意:"今作君传,潸然泪下,自悔卤莽,致伤友道,能不悲哉!"而伍崇曜咸丰甲寅年所作《国朝汉学师承记跋》指出:"《北江传》,记及其出示所作古文,指摘其用事讹舛,断断强辨一事。《北江诗话》则称郑堂《过毕弇山宫保墓道》诗曰:'公本爱才勤说项,我因自好未依刘',亦隐然自具身份,惜其为饥寒所迫,学不能进也。则宛然报复之师矣。"其意对江藩所作《北江传》中详细记载洪亮吉断断强辨一事多有不满,并视江藩为报复之师。其实,此评并不妥当。江藩在此传中之所以详加记载,一则意在解释纷争缘由,二则可以起到引以为鉴的作用,事实上,江藩也在传文中表达了自己的悔意。以学问相切磋,是值得提倡的,即便是有见解的不同,也该求同存异,而不应反目成仇。正是基于这一看法,江藩才对因学术见解不同而反目的做法大加贬斥,如《国朝汉学师承记》卷六在为密友汪莱作传时,江藩指出:"(汪莱)与元和李尚之锐,论开方题解及秦九韶立天元一法,不合,遂如仇寇,终身不相见。噫，过矣！"再如在传记时大多能把握所传各人的特点并如实加以记载，即便是其师也不为之讳。如余萧客，长相奇特，时人有"鬼谷子"之称，江藩在传记中也据实以书："先生（余萧客）状貌奇伟，顶有二角肉，疏眉大眼，口侈多髯，如轨革家悬鬼谷子像，故同社中戏呼为鬼谷子。"另外，在材料缺乏的地方，江藩也坦然言之，不加掩饰，可见其实录精神。如卷六记载牟廷相时说："栖霞又有牟廷相，字默人，覃溪学士为藩言之，后晤莱阳赵君曾，始知其治《今文尚书》"，又如卷七为贾田祖作传时，主要依据的是汪中所撰的墓志，江藩自称："藩未识其人，亦未读其所著书。"其二，文笔生动，叙述简明，评论得当。《国朝汉学师承记》一书所传各人，江藩或从其受业，或从其交游，或熟悉其师承，或得闻其绪论，加之江藩又据实以书，因而所作传记具有很高的史料价值和研究价值，另外，文笔也较为简洁生动，所下评论能够抓住要点，故而又具有很强的可读性。所以，《国朝汉学师承记》所写各传，大多为以后的传记著作如《碑传集》《清史列传》等所转录，这也就不足为奇了。举例来说，如卷七为徐复作传时，称其勤奋好学，病危时，"犹手执《北齐书》与友人讲论，语未毕而逝"，仅记此一细节，就将徐复好学的秉性表现出来了；又如写到李惇的敦厚尚义的人品时，先是用"内性淳笃，恂恂退让，不与人较。然遇友朋患难，则尚义有为，至死不变"数语加以概括，继而举一典型事例："久困诸生，以高第将贡于国学，试之前夕，执友贾田祖死，君入不试，亲为棺敛，送归其家"，最后引汪中的一句评语作结："容甫称其勇于为义，有过贲育，非虚语也。"这样的行文，都可以说是简洁生动的。至于评论能够抓住要点，在《国朝汉学师承记》一书中更是随处可见。如卷七评论刘台拱的学术时说："君学问淹通，尤邃于经，解经专主训诂，一本汉学，不杂以宋儒之说。"又如卷三论戴震、钱大昕学术成就的高下时指出："东原之学，以肄经为宗，不读汉以后书。若先生（钱大昕）学究天人，博综群经，自开国以来，蔚蓝一代儒宗也。"这些评论都不是泛泛而谈，而是抓住了各自要点的。当然，由于有些资料属于道听途说而来，有些记载出于一时疏忽，《国朝汉学师承记》一书中也不可避免地存在一些记述不够准确的地方。如卷五记载程瑶田"乾隆庚辰举人，太仓州校官"，然据《清史稿》本传，程瑶田为乾隆庚寅举人，太仓州学正。又如卷八在著录黄宗羲的著述时，提到有"《龙武纪年》一卷"，其中的"龙武"二字当作"隆武"，是为南明唐王朱聿键的年号。再如卷四称刘逢禄"字申甫"，然《清史列传》《清史稿》等书均作"申受"，又称刘逢禄"嘉庆辛酉选拔贡生，丁卯举人"，然据戴望《故礼部仪制司主事刘先生行状》，刘逢禄于嘉庆庚申选拔贡生，丙寅中式顺天乡试。凡此种种，都是有待进一步完善的地方。

但是，尽管《国朝汉学师承记》还有种种不足之处，其价值是不容低估的，其地位也是值得肯定的。从学术史看来，《国朝汉学师承记》吸收了时人如汪中、阮元等的有关学术史的研究成果，承黄宗羲《明儒学案》《宋元学案》于先，又启唐鉴《国朝学案小识》和梁启超、钱穆的同名著作《中国近三百年学术史》于后，其地位可以说是承前启后的。其价值和影响更是有目共睹的，在该书撰成之后就引起了强烈反响，乃至方东树要撰写《汉学商兑》来针锋相对地加以批驳。此书后来一再重印，还不断有人要进行续写，如祁寯藻曾想续编《国朝汉学师承记》："其后寿阳祁寯藻嘱光泽何秋涛为续记，秋涛曰：'是编当依阮元《畴人传》之例，改为《学人传》，若特立一汉学之名，宋学家群起而攻之矣'"①，后未果；又如赵之谦，"学治训诂，尤好公羊师说，撰《国朝汉学师承记》如干卷，多明微言大义之学，师法谨严，论说精美，在江藩原书之右"②，其《汉学师承续记》稿本藏国家图书馆，已经漆永祥整理③，所记之学者"起嘉庆时，讫太平天国之后，今存稿中有正录20人，附录19人，又附15人，仅江书之半略强"④，足为研究清代学术史之重要参考。由此续书的盛况，当亦不难想见《国朝汉学师承记》

---

① 蔡冠洛：《清代七百名人传·江藩》，中国书店1984年版，第1646页。
② 闵尔昌编：《碑传集补》卷二十五《清故江西知县会稽赵君墓志铭》，上海书店1988年版。
③ 整理稿见：《中国典籍与文化》编辑部编《中国典籍与文化论丛》第7辑，北京大学出版社2002年版，第329—377页。
④ 漆永祥：《从赵之谦〈论学丛札〉看〈汉学师承续记〉》，载《中国典籍与文化》2004年第1期。

的影响与价值了。伍崇曜在咸丰甲寅为《国朝汉学师承记》所作跋文中评论此书"为上下二百年一大著作,谈汉学者决不可少之书",很有道理,事实上也证明了这一点。

江藩在撰成《国朝汉学师承记》之后,又认为传中所载各家撰述"有不尽关经传者,有虽关经术而不醇者",为了使治实学的人能够"得所取资,寻其宗旨",于是就仿照陆德明《经典释文》的先例,"取其专论经术而一本汉学者",编成附记一卷,题作《国朝经师经义目录》,附于《国朝汉学师承记》之后刊行。据江懋钧作于嘉庆辛未的跋文可知,江藩对选录诸书定了四条标准,即:言不关乎经义小学,意不纯乎汉儒古训者,不著录;书虽存其名而实未成者,不著录;书已行于世而未及见者,不著录;其人尚存,著述仅附见于前人传后者,不著录。其实,根本性的原则只有一条,就是"言不关乎经义小学,意不纯乎汉儒古训者,不著录",其他三条都是附加限制。这一根本原则清楚地表明,江藩旨在进一步表彰汉学,这与《国朝经师经义目录》收录的实际情况也是相吻合的,据今人统计,"入选的经师仅三十二人,'经义'诸书仅九十四种。其中入选三种以上的,有十四人,共七十二种;而入选五种以上的更少,依次为江永十二种,惠栋九种,顾炎武八种,阎若璩、戴震各六种,江声五种,共四十六种,就是说这六人的著作几占全部著作的半数。"① 另一方面,虽然江藩《国朝经师经义目录》表现出的尊崇汉学,尤其是古文经学的倾向,是不容否认的,但也必须看到,江藩对今文经学也有所关注,如在关于《论语》的概述中,对作为今文学的《鲁论语》《齐论语》都能详述其授受源流。又如关于《春秋》的概述中也叙述了作为今文学的《公羊传》的传授源流,并提道:"阮君伯元云:'孔君广森,深于《公羊》之学。'然未见其书,不敢著录,余仿此云。"而且,江藩所著《隶经文》中还收有《公羊亲迎辩》《公羊先师考》等文章,从这些都可以看出江藩对公羊今文学是较为重视的。此外,《国朝经师经义目录》的陈述方式也是值得注意的。它把经义分为《易》《书》《诗》《礼》《春秋》《论语》《尔雅》《乐》八类,在《论语》后附录《四书》类及经总义类,在

---

① 朱维铮:《中国经学史十讲》,复旦大学出版社2002年版,第135页。

《尔雅》后附《方言》《释名》等"小学"诸书以及音韵类著作。每一类都首先概述其授受源流,次列举清人的有关著述,除了《论语》《尔雅》外,在概述授受源流时还评述了清儒相关的研究状况与得失。可以看出,这一陈述方式与《四库全书总目》是较为接近的。《四库全书》是乾隆三十七年开始,用了十年左右的时间修撰而成的一部大型丛书,《四库全书总目》就是在修撰《四库全书》过程中产生的。据一九三三年出版的《故宫所藏殿版书目》,《四库全书总目》在乾隆五十四年已经写定,并于这年由武英殿刻版。① 《四库全书总目》的分类为《易》《书》《诗》《礼》《春秋》《孝经》《五经总义》《四书》《乐》"小学类"等十类,在每一类著录书目并撰述提要时,也都先概述其原委。可见,江藩《国朝经师经义目录》是基本上继承了《四库全书总目》的分类和著录方式的。《四库全书总目》的分类和主要内容,在《四库全书》中也已经基本反映出来了,而扬州的文汇阁即藏有一部缮录的《四库全书》②。江藩所撰《舟车闻见录》③ 中有《四库全书》一篇,对《四库全书》的修撰及馆藏情况作了记载。在《国朝汉学师承记》中,江藩也一再提到《四库全书》及《四库总目提要》,如卷六为纪昀作传时称:"《四库全书提要》(即《四库全书总目》)、《简明目录》,皆出公手。……公一生精力,粹于《提要》一书……今录公所作《戴氏考工记图序》一篇,以见其梗概……"于此可见,江藩《国朝经师经义目录》的陈述方式与《四库全书总目》所表现出的一致性,当不只是巧合这么简单了。总的来看,《国朝经师经义目录》所选录的著作还存在着可商之处,遗漏也在所难免,但终究还是把乾嘉汉学的总成绩反映出来了。

从上文关于江藩经学思想的讨论可以知道,江藩既宗汉学,又不完全排斥宋学,对宋学的躬行实践也极为推崇。故而,在撰述《国朝汉学师承记》《国朝经师经义目录》之后,江藩又撰著了《国朝宋学渊源记》二卷、《附

---

① 据《四库全书总目》"出版说明",中华书局1965年版。
② 《四库全书》修成后共抄写了七部,分藏于蚊津阁、文渊格等七处,扬州的文汇阁即为其中之一。
③ 收入《炳烛斋杂著》中,民国三十七年《合众图书馆丛书二集》本。

记》一卷。有论者指出,江藩在《国朝汉学师承记》之后又作《国朝宋学渊源记》,其意在"以示调停","自《汉学师承记》行世后,受到宋学家的强烈反对,故不得不略示退让。"① 我们不排除有这方面的原因,但更应该看到江藩对宋学的态度。从江藩的师承渊源来说,江藩既受业于余萧客、江声,传惠氏之学,又从儒、佛互证的薛起凤、汪缙游,且早在十二岁时即从薛起凤受句读,习涵养工夫。关于江藩从学薛氏、汪氏的情况,在《国朝宋学渊源记》中都有记述,江藩另有《过爱庐师》等诗篇纪之。由此可见,宋儒之学对江藩的影响不容低估。加之在江藩的经学思想中,也确实有重视宋儒躬行实践的一面,故而江藩撰著《国朝宋学渊源记》的主要动机是值得深思的。从这个意义上来说,江藩在《国朝宋学渊源记》一书卷首的"绪论"中所言"然本朝为汉学者,始于元和惠氏,红豆山房半农人手书楹帖云:'六经尊服、郑,百行法程、朱',不以为非,且以为法,为汉学者背其师承,何哉?藩为是记,实本师说",是可以信从的,而长白达三在道光二年为《国朝宋学渊源记》撰作的序文中所评"详阅其书,无分门别户之见,无好名争胜之心",也还有一定道理。值得注意的是,江藩在"绪论"中还提到,"藩所著录,或处下位,或伏田间,恐历年久远,姓氏就湮,故特表而出之",可知其主要还是表彰那些躬行有为而名位不显的宋学家,这与《国朝汉学师承记》着重褒扬那些经明行修而遭遇坎坷的汉学家几乎如出一辙,而这些无疑又都是江藩自身遭际所打上的烙印。

《国朝宋学渊源记》的编法不同于《国朝汉学师承记》,不再以学派来安排章节,而是采取了按地域分卷的方式,卷上为北人之学,收录孙奇逢等十人,卷下为南人之学,收录了刘汋等21人,《附记》一卷则所收多为儒、佛互证之学者,计有八人,多半为江浙一带人士。关于南北之学,江藩有这样一段评语:"北人质直好义,身体力行;南人习尚浮夸,好腾口说,其蔽流

---

① 王树民:《江藩的学术思想及汉学与宋学之争》,载《河北师范大学学报》,1999年第2期。

于释、老,甚至援儒入佛,较之陆、王之说,变本加厉矣。"① 从中可以看出,江藩对北方之学表现出了更多的偏爱,他甚至对百泉、二曲等人专门作了点名褒扬:"北学以百泉、二曲为宗,其议论不专主一家,期于自得,无一语堕入禅窟。即二曲虽提唱'良知',然不专于心学,所以不为禅言,不为禅行也。刁、王诸子亦皆敬守洛、闽之教者,岂非笃信志道之士哉!"② 而对南方之学流于释、老则多有不满,尽管江藩在原则上是"不敢辟佛,亦不敢佞佛"的。在《国朝宋学渊源记》卷下的记载和评论中,江藩还对南方学者喋喋不休地辩论朱、陆、王三家异同的做法严加贬斥,称其为"词费""近名"。《附记》一卷则对以儒证佛、以佛证儒的薛起凤等人作了集中传述,尤其值得注意的是卷末的一段议论,作者对宋儒与佛学的关系作了揭示,以为宋儒于佛学既辟之,又效之,并指出自程伯子开始就已经援佛入儒了,均有见地。江藩还特地指出他的父亲学佛有年,明于去来,并称自己"谨守庭训,少读儒书,不敢辟佛,亦不敢佞佛"。这是研究江藩佛学思想来源的重要材料,结合《国朝宋学渊源记》中有关薛起凤、汪缙等人的传记,以及江藩自己诗文中关于佛学思想、关于与佛门人士交往的材料,我们就不难对江藩的佛学源流与佛学修养作一揭示了。还有一点也值得注意,有学者指出,江藩《国朝宋学渊源记》"摈斥桐城诸家于'国朝宋学'之外,是有意的"③。事实上是否这样,我们姑且不论,但一点可以肯定,江藩对桐城诸人是没有多少好感的,江藩曾对姚鼐高足方东树说过:"吾文无他过人,只是不带一毫八家气息。"④ 而这与继承唐宋古文传统的桐城诸人来说,是格格不入的。加之桐城诸人如方苞、姚鼐等人又多有攻击、谩骂汉学的言辞⑤,故而江藩对其的态度也就可想而知,在《国朝宋学渊源记》卷首"绪论"

---

① 徐洪兴编校:《汉学师承记》(外二种),生活·读书·新知三联书店1998年版,第199页。
② 徐洪兴编校:《汉学师承记》(外二种),生活·读书·新知三联书店1998年版,第199页。
③ 朱维铮:《中国经学史十讲》,复旦大学出版社2002年版,第142页。
④ 徐洪兴编校:《汉学师承记》(外二种),生活·读书·新知三联书店1998年版,第384页。
⑤ 参见暴鸿昌:《清代汉学与宋学关系辨析》,载《史学集刊》1997年第2期。

中，有这样一句话："藩少长吴门，习闻硕德耆彦谈论，壮游四方，好搜辑遗闻逸事，词章家往往笑以为迂。"此处的"词章家"，当即指以"义法"论文、主张"义理、考据、辞章"而尤为强调"辞章"的桐城诸人，而江藩在这儿所表现出来的态度显然是不屑。

与《国朝汉学师承记》相比，《国朝宋学渊源记》及《附记》就显得较为粗疏，传记过于简略，多侧重于记载传主的生平与言论，而对其著述与学说很少涉及。梁启超经过比较后指出："二书中汉学编较佳，宋学编则漏略殊甚，盖非其所喜也。"① 这是很有道理的。但无论如何，其首创之功仍不可没，对于研究清代学术史也还是有其参考价值的。

---

① 梁启超：《中国近三百年学术史》，东方出版社1996年版，第323页。

第五章

江藩子史新探

一、史学融贯

江藩的学术成就，主要表现在经学方面，诚可谓之"博综群经，尤深汉诂"①。然古人于经史往往不甚分别，江藩在史学方面的成就也很值得称道。当时学人如凌廷堪等都给予了高度评价，如凌氏《校礼堂文集》卷二十五《与张生其锦书》指出："近日学者风尚，多留心经学，于辞章则卑视之，而于史事，又或畏其繁密。辞章之学，相识中犹有讲求之者。而史学惟钱辛楣先生用功最深，江君郑堂亦融洽条贯，相与纵谈今古，同时朋好，莫与为敌，盖不仅经学专门也。"② 江藩的史学类著作，除了上面提到的经学史著作《国朝汉学师承记》和《国朝宋学渊源记》以外，还有参与编撰的地方志，如《嘉庆重修扬州府志》七十二卷、《道光广东通志》三百三十四卷、《道光肇庆府志》二十二卷等，以及校订《吴越备史》四卷、《杨太真外传》二卷、《西汉会要》七十卷等。八卷本《扬州图经》的署名问题虽然还有待进一步研究，但即便真如张连生所说是好事者将焦循、江藩等人编纂《扬州

---

① 蔡冠洛：《清代七百名人传·江藩》，中国书店1984年版，第1645页。
② 凌廷堪著，王文锦点校：《校礼堂文集》，中华书局1998年版，第226—227页。

府志》时搜集的一部分有关编写"事志"的文献材料汇编而成①，其中题署"江藩案"的数条按语还是可以作为研究江藩史学成就的材料加以利用。这些按语或录其异文，或补充解释，或考辨异说，尤其是考辨异说的按语，更可见其史学功底。如卷一的《厉王胥传》后有江藩的按语："江藩案：《诸侯王表》与《厉王胥传》不同。《表》云：胥在位六十三年。《传》云：六十四年。考《本纪》，胥立于武帝元狩六年，至宣帝五凤四年，共计六十三年。《传》误三为四也。《表》云：共三十三年薨。②《传》云：三年薨。共王立于孝元建昭五年，立十三年而薨。是薨于孝成阳朔三年矣。哀王封于孝成建始二年，建昭五年至建始二年，四年耳。则《表》作十三年误，《传》作三年亦误，当作四年。《表》云：哀王立十五年薨。《传》云：十六年。哀王立于建始二年，自建始二年至永始元年，共十五年。《成帝本纪》：孝王子守立于元延二年。自永始元年至元延二年共计六年。《传》云：后六年成帝复立孝王子守。据此则《传》云十六年误，当从《表》作十五年。《表》：靖王立十七年薨。《传》云：二十年。靖王立于元延二年，自二年至王莽居摄二年，共十七年。若如《传》云二十年，是靖王薨于王莽建国三年矣。但王宏嗣位在居摄二年，岂有靖王未死而王宏得嗣位之理哉？当以《表》为正。"从这条按语可以看出，江藩的考辨是细致而精审的，如指出共王实际是立四年薨，《传》所言三年、《表》所说十三年均误；又如指出靖王立十七年薨，当以《表》为正，这些辨证都是较有说服力的。江藩另有《校补陆志》一卷，乃同乡同学阮元嘱江藩以《舆地纪胜》中《真州》一卷校补前仪征县令陆师所修《仪征县志》，得数十条，仪征县令颜希源刻之于续志之末。江藩的《校补陆志》或对陆志加以校正，或加以补充，颇有参考价值，是以之后修纂的《仪征县志》如刘文淇等纂的《道光重修仪征县志》等皆附以刊行，于此也可见江藩的史学成就之一斑。另外，江藩还撰有《通鉴训纂》一书，可惜未能刊刻，至今也已无从得见，所以无法考察其内容与特色，但阮元曾

---

① 张连生：《八卷本〈扬州图经〉作者质疑》，《扬州大学学报》2001年第2期。
② "三十三"当作"十三"，因为在关于此条的辨证下即提到"《表》作十三年误"，在江藩此条按语之前的正文摘录的《诸侯王表》中也提到共王"十三年薨"。

为之撰序，对其特点有所涉及，对其成就也给予了高度评价："江君郑堂，专治汉经学，而子史百家亦无不通，于《通鉴》读之尤审，就己意所下者，抄成《资治通鉴训纂》若干卷，皆取其所采之本书而互证之，引览甚博，审决甚精。"① 至于江藩未刊刻的《经传地理通释》一书，目前就更难获悉其面目了。当然，江藩还有大量的诗文，从中也可一窥其史学成就。如传诵一时的《河赋》，文辞典雅，史事融贯，王昶跋云："本《汉书》《水经》以立言，故晋、魏后置莫论也，醇厚斑驳亦似邹、枚"②，江藩在序文中也指出："山居读书，慕木元虚③之赋海、郭景纯之赋江而赋灵河，晋以后之事，略而不取，恐泛滥则文冗长，且非古赋之体。事则稽之经史，水道合于《水经》，产则考之于古而征之于今。'玉卮无当，虽宝非用；侈言无验，虽丽非经'，左太冲之言也"，由此可知，江藩作《河赋》是想匹拟木玄虚《海赋》、郭景纯《江赋》的，并希望达到"宝而有用，丽而堪经"的高度。从《河赋》中，我们也确实不仅可以享受到典丽的文辞，更可体会到作者融贯史事、以史鉴今的旨趣。在某种意义上，江藩的《河赋》，与博征载集、贯串史事，述扬州割据之迹、死节之士而成的《广陵对》，是有资格相媲美的。正因为《河赋》有着"丽而堪经"的特色，阮元、金钟越等人均极力褒扬，一时广为传诵，或许是因为其中涉及的史事、水道、物产等都博征典籍，融贯古今，钱坤还专门为之作注，由缪荃孙刊入《藕香零拾》中，并有"赋则醇厚斑驳，注亦淹雅宏通"④ 之评。由此，就不难看出江藩融贯史事的能力了。再如《与张筱原书》一文，江藩纠正了《通典》和《文献通考》中一条史料的讹误，从中颇可看出江藩考辨史实的能力。作者先提出靶子，引述有问题的史料："杜佑《通典·食货篇》：宋文帝元嘉中，始兴太守孙豁上表曰'武吏年满十六，便课米十斛，十五以下至十三，皆课三十斛'云云。马端临《文献通考》引此与《通典》同。"继而详考《宋书》《南史》《后汉书》

---

① 《揅经室二集》：卷七《通鉴训纂序》，见《续修四库全书》本《揅经室集》。
② 江藩撰：《河赋注》，钱坤注，卷末王昶《跋》，《藕香零拾》本。
③ "木元虚"当作"木玄虚"，因避讳改。
④ 江藩撰：《河赋注》，钱坤注，卷末缪荃孙《识语》，《藕香零拾》本。

《风俗通》《汉书》等典籍的有关资料，首先指出孙豁乃徐豁之误；继而揭明武吏即亭长，"豁所表陈者，乃武吏之田，非民田"，并对《通典》《文献通考》产生讹误之由做了说明："自杜佑《通典》节去'郡大田'三字，混入赋税之内，遂讹为取民之制。而马端临《文献通考》袭其舛讹，又疑之曰：'晋孝武时，除度定田收租之制，只口税三斛，增至五石，而宋元嘉时，乃至课米六十斛，与晋制悬绝，殊不可晓。岂所谓六十斛者，非一岁所赋耶？'贵与但疑课米之多，而不疑'郡大田武吏'五字，盖误以为取民之制，竟置武吏于不论矣。"不仅如此，江藩还考察了《晋书·山涛传》等材料，并结合晋代有关田制，对始兴太守徐豁上表的情状作了具体分析："窃谓始兴系边郡，武吏之田，必边郡之屯田。武帝去兵之后，所有屯田希冀给武吏。晋制，五十人为屯田二千石，长吏以入谷多少为殿最。是时，求课最者，必争相益，乃至六十斛之多。豁不言税米而变文言课者，可见至宋时虽不以入米之多少为课殿最，而课之名犹在也。其始田多吏少，尚能输纳。至元嘉时，田止此数，而生齿日烦，势在不能均给，而武吏子孙，又成土著，甚至无大田之实，有武吏之名。按户征输，循而未改，于是有畏惧法逃匿，而户口岁减也"，从而再次强调徐豁所言乃武吏之田："若以此为取民之制，既与孝武口税三斛不符，且豁亦不必言武吏矣。"由此可见，江藩的考辨极为博洽，材料丰赡而史事融贯，很有说服力。

总的说来，江藩的史学成就是多方面的，尤其是长于清代学术史，如上文分析《国朝汉学师承记》所讨论的，史识、史才都很突出，在历史地理方面也有很多成果，如未刊之作《经传地理通释》以及《六安州沿革说》等考辨论文，当然还有参与编纂的《嘉庆重修扬州府志》等地方志①，至于如上文所举《与张筱原书》等考论史料或辨析史事的文章，更不在少数，而这些考论篇什，大多能够博征载籍，融贯古今，论析透辟，令人信服。故而，汪

---

① 除江藩外，扬州学人如焦循、阮元、刘文淇、刘宝楠等也都有纂修地方志的实践以及理论，详细情况可以参考许卫平：《清代扬州学者方志学成就简论》（《扬州大学学报》2000年第4期）、《扬州学派代表人物方志编纂理论述论》（《江苏地方志》2000年第5期）等文章。

喜孙评江藩"博览九流，尤精史学"①，当是有事实根据的。

二、子学博杂

诚如阮元在《通鉴训纂序》中所说，江藩不仅专门研治汉经学，"子史百家亦无不通"，江藩在子学方面亦颇有成就。譬如，江藩著有《蝇须馆杂记》五种，惜今已无从得见，据李斗《扬州画舫录》卷九《小秦淮录》记载，可知其名目为《枪谱》《叶格》《茅亭茶话》《缁流记》《名优记》。《鎗谱》盖记鎗的形制及技艺，《叶格》盖叙当时流行的叶子戏，亦即斗纸牌，《茅亭茶话》盖为当地风物掌故之琐记，《缁流记》乃佛教僧众之写生，《名优记》则是曲艺名家之传录。于之可见江藩之博学多识。此外，江藩还校勘过明刻本《十二子》，包括《无能子》（未题撰者）、《小荀子》（未题撰者）、《亢仓者》（未题撰者）、《鬼谷子》（未题撰者）、《玄真子》（唐张志和）、《天隐子》（未题撰者）、《鹿门子》（唐皮日休）、《鹖子》（华州郑县尉逢行珪注）、《关尹子》（未题撰者）、《公孙龙子》（赵人公孙龙）、《尹文子》（未题撰者）、《邓析子》（未题撰者）等十二种，多为周秦诸子，鲜有刊印。江藩之校勘，涉及文字的勘正、篇目的厘定等，于《十二子》之传刻不无贡献。在这里，我们主要依据《半毡斋题跋》二卷和《炳烛斋杂著》八卷，来对江藩的子学成就作一述评。

《半毡斋题跋》二卷，有《功顺堂丛书》本，后出的《丛书集成初编》本乃据《功顺堂丛书》本排印。《半毡斋题跋》分上下两卷，上卷有《钱氏诗诂》《三礼图》《谷梁注疏》《孟子注疏》《宋本四书》《国语》《乾凿度》《三辅黄图》《中华古今注》《羯鼓录》《杨太真外传》《事文类聚翰墨全书》《沈休文集》《东皋子集》《骆宾王文集》《李贺歌诗编》《刘蜕集》《群贤小集》《词源》《草堂诗余》等二十篇，多是江藩为所见、所藏、所校书籍而作的题跋，所涉范围颇广，包括经注、诗文集以及如《杨太真外传》这样的

---

① 江藩：《尔雅小笺》，卷首汪喜孙《跋》，《鄦斋丛书》本。

小说、《事文类聚翰墨全书》这样的类书、《词源》这样的词论专著等，主要是考察其作者与内容，辨明其版本与源流，时或附以江氏的评论。兹举《事文类聚翰墨全书》一篇以明之："《事文类聚翰墨全书》，诸家目录皆无此书。疑是宋刘应李《翰墨大全》。元人重为编次，羼入《方舆》一门耳。考兴和路之宝昌州，金之昌州也，仁宗延佑六年，改为宝昌州，是书仍作昌州，则编次之人，在仁宗延佑以前矣。壬集二卷后，有康熙时无名氏跋语，云刊于至正二年。盖甲集前有序记至正年月，今又失去耳。是书体例踳驳，不足以资考证，惟《舆地》一门，次叙与《元史》不同，如怀孟路下有冠州、恩州，可补《元史》"地志"之缺。"是篇先考《事文类聚翰墨全书》的作者，次及其版本源流，最后下以评论，以为此书"体例踳驳，不足以资考证"，但同时又指出《舆地》一门的价值所在。此外，通观《半毡斋题跋》卷上所收序跋，可以发现，江藩撰写的序跋是不拘一格的，有时是长篇累牍，详加论述，以考镜其源流本末，如《宋本四书》《杨太真外传》《群贤小集》《词源》等篇；有时又惜墨如金，以寥寥数语扼要概括，如《草堂诗余》一篇："是本不分小令、中调、长调，乃《草堂诗余》之元本也。世传《类编草堂诗余》，不知何人所分，古人书籍，往往为庸夫俗子所乱，殊为可恨。"真可谓言简意赅。另一方面，这些序跋所记述的各种典籍的版本、内容以及江藩的评论，也有着较高的文献价值和研究价值，如《词源》中江藩关于词律的认识以及对张炎世系的考察、《事文类聚翰墨全书》中江藩的评论，这些都是有参考意义的；又如《杨太真外传》中记及莲堂先生属江藩校正《杨太真外传》之事："《太真外传》二卷，宋乐子正撰。……莲堂先生，子正之云仍也。博学好古，购得予老友吴君小匏手抄影宋本，属予校正，付之梓人。能述祖德，前贤称美，岂非乐氏之贤子孙哉！校雠讫事，爰书数语于后"，《李贺歌诗编》述及江藩老友吴枌荪的生平："枌荪，长洲生。手抄秘籍数百种，日夕不辍，因而损一目。枌荪名翌凤，一字小匏"，这些都具有史料价值；尤为值得一提的是，《谷梁注疏》《孟子注疏》《宋本四书》《乾凿度》等篇，对于研究江藩的经学成就或思想不无参考价值，从《谷梁注疏》《孟子注疏》

《宋本四书》等篇，可以看出江藩对《谷梁传》①、《孟子》《四书》等儒家经典也是颇为关注的，这也再次证明了上文我们对江藩经学思想的分析是正确的，他固然偏好且专研经古文学，但对经今文学也有所关注，对宋儒之学更不是一概排斥；而上文在分析《隶经文》时引述的《乾凿度》中那段认为先秦之纬不比成、哀之纬，其辞醇正，值得信从的议论，则无疑能让我们更全面理解江藩对谶纬的看法。

《半毡斋题跋》卷下则有《五凤二年十三字碑》《礼器碑》《北海淳于长夏君碑》《武梁祠堂画像》《孔子见老子画像》《天发神谶碑》《瘗鹤铭》《祈疾疏》《姚恭公墓志铭》《九歌石刻》《温大雅集右军书》《颜临十七帖》《苻公碑》《马厩本泉帖》《南宋石经》《禹迹图》《宋嘉定井栏题字》《石刻画像》《义士左军砖》《许浦都统司砖》《长乐未央瓦》等二十一篇，主要是就碑、砖、瓦上面的刻字或画像而作的题跋，以述其原委为主，时或兼及江藩的评语，其中的《颜临十七帖》和《宋嘉定井栏题字》两篇，尤为值得一提。《颜临十七帖》，江藩亦不能辨其真赝，在此跋文中也是如实记之，仅是提出两条可疑之处，并请深于金石之学的南溪为之考证。由此，可见江藩多闻阙疑的态度，而不是强作解人，妄下断语。《宋嘉定井栏题字》一篇，则详细记载了嘉庆十二年六月十一日与族兄江仙舟、表弟方象明一起到扬州旧城二巷井栏拓字的事情，有"是日，赤日如炉，火云似伞，挥汗拓之。旁观咸以为痴，而予三人不顾也"云云，生动地反映出了江藩求学若渴的精神，也让我们对后来江藩以丰厚馆金尽易端溪石砚的举动有了更好的理解。故而，《宋嘉定井栏题字》的史料价值可以说是不言而喻的。

《炳烛斋杂著》八卷，于一九四八年刻入《合众图书馆丛书二集》，共四种，为江藩遗著未刊之稿，包括《舟车闻见录》二卷、《杂录续集》一卷、《续录三集》一卷；《端研记》一卷；《续南方草木状》一卷；《广南禽虫述》一卷（附《鳞介述》《兽述》）。该书卷首有顾廷龙识语，对江藩的生平、著述以及《炳烛斋杂著》的内容、刊刻缘由、经过作了详细介绍，所论颇有见

---

① 关于《谷梁传》的今古文问题，周予同认为在今古文之间，参见周予同：《中国经学史讲义》上海文艺出版社1999年版，第102页。

地，兹全文引述如下：

　　右《炳烛斋杂著》四种，清甘泉江郑堂先生藩遗著未刊之稿。先生少长吾吴，受业于仲林、艮庭之门，渊源红豆，与同乡焦里堂齐名，有'二堂'之目。生平博洽群籍，著述等身，洎得痹疾，自谓几成凿齿半人，视富贵如浮云，惟生平精力半瘁于此，恐魂魄一去，将安秋草，欲谋剞劂，募之同学，方晴江为作《募梓图》，宋帅初为之跋，云：'著有《周易述补》四册、《易大义》三卷、《乐县考》二卷、《国朝汉学师承记》八卷、《舟车闻见录》十卷，皆缮写成书矣。'按先生著述实不尽此数种，后经传布未刻尚多，亦有散佚。即图跋所自在《舟车闻见录》十卷卒未刊行者，今载《杂著》仅存四卷，已非全豹。《录》中记载多朝章国故，盖先生尝佐治四库七阁之事，谙习旧闻，定庵推为掌故之宗，洵不虚也。后客羊城阮文达督幕最久，所得馆金尽易端溪石砚，归装压担，暴客疑其挟巨金，尾之兼旬，易舟发箧，乃唾而去。味乎《端砚记》所述，允为寝馈有得之言。余如《续南方草木状》《广南禽虫述》皆纂于粤中，所谓多识于鸟兽草木之名，亦可贵矣。曩承吾友诸君仲芳介其知好上海杨君季鹿助印《墨堂家训》告成，闵丈葆之关心邑中文献，寓书拳拳，以总印先生杂著为属，俾'二堂'未刊著述相得益彰，时方夕虽筹款，未集而罢，忽忽四年矣。顷与诸君纵谭，偶及斯稿，未刊为憾，诸君慨然重商，杨君独任其资，克偿宿愿。两君关怀文化高谊，可钦！爰付石印，为本馆丛书二集之首。国难未已，物资动荡，瞬息万变，不遑寄闵丈校订，他日见之，当亦掀髯称慰尔。卅七年二月十日顾廷龙识。

　　据统计，《舟车闻见录》《舟车闻见杂录续集》及《舟车闻见续录三集》所载篇章分别为：《舟车闻见录》卷上收《制诰》等六十七篇、卷下收《奄党》等七十二篇，《舟车闻见杂录续集》收《区田》等七篇，《舟车闻见续录三集》收《经筵》等十八篇，共计收文一百六十四篇。总的来看，在形式上，这些篇章的篇幅长短不一，有时只是一笔带过，如《芝》："热河松根落叶间生灵芝，多赤色"；有时又不惜笔墨，洋洋洒洒，如《李元胤》《王祥》等篇，记述细致详赡，而《檄文》《限田论》等篇更是将长篇文献全文载录。在内容上，则显得较为博杂，涉及面也很广，以朝章国故为主，兼及部族属国、人物传记、草木鸟兽等。譬如，朝章国故大至政治、经济、军事、科举、教育等，小至斋戒御膳、太宗御坐等，皆有记载，如《制诰》《世封》《北征图》等，事关政治军事；《阁试》《八旗应试》《满州榜》《辟雍》《四库全书》等，语关科举教育；《赋税》《盐课》《关榷》《芦鱼课》《茶榷》《杂税》《印税》《矿税》《区田》《架田》《限田论》《浮粮议》《赋役》等，系乎经济；《千叟宴》《围场宴戏》《寿妇》《经筵》等，关乎掌故；他如《布鲁特》《南掌》《缅甸》《廓尔喀》《回疆》《叶尔羌》《喀什噶尔》《和阗》《乌什》《廓尔喀复叛》《卫藏》《喇嘛归顺》《准夷》《达瓦齐》《阿睦尔撒纳》《四卫拉》《伊犁》《暹罗》《宋腒月劳》《安南》《澳夷》等，均记载部族属国；《陈之遴》《何焯》《宋琬》《王林瑸》《王度心》《靳文襄》《张同敞》《李元胤》《王祥》等，都属于人物传记；至于《金莲花》《敖汉莲》《紫菊花》《翠雀花》《鹿葱》《长十八》《异花》《芝》《地椒》《野谷》《东墙》《草荔枝》《地莓》《楮李》《苍杧》《天竺》《乌沙尔器》《奇石密食》《欧李》《巴榄杏》《落叶松》《樽椤》《椴》《桦》《晒树》《六道木》《文木》《芍药》《杉》《夜亮木》《人参》《玉草》《蕨》《蘑菇》《萧艾》《狼》《礼鼠》《野马》《角角端》《山羊》《貂》《麙》《野猪》《犬》《箬漠鱼莘》《黑蝶》《蝉》《驴》《蚕》等篇，则无疑是有关草木鸟兽的。其实，观其篇目，我们就不难看出江藩的博学多识、熟于掌故。所以，正如顾廷龙所评，龚自珍推许江藩为掌故宗，并非虚言。不仅如此，这些篇章或载录重要文献，或详述人物传记，或杂记朝章国故，或广志鸟兽草木，还具有相当的文献价值以及研究价值，如《限田论》《浮粮议》《赋役》等篇，记载了涉及经济的重要文献，其研究价值显而易见；即便是记载掌故之文，也值得注意，如《经筵》："经筵进讲御制经论二首，翰林院恭进文二首，汉文二首，国书。国书左行，满讲官以左手揭文，德侍郎定圃为讲官，误以右手。讲毕后，纯庙大加诃斥，降为侍御。逾年，经筵讲毕后，改唐崔护诗曰：'去年今日此筵中，帽顶书篇相映红。冒顶不知何处去，书篇依旧笑东风。'书赐德保，并命和韵。经筵用朱书，故有'相映红'之句。和诗云：'经年负疚寸心中，袍袖难遮满面红。今日圣恩宽似海，惊心还怕打头风。'即下旨复旧职",不仅有稽录诗句之功,且对研究乾隆、德保其人其文、经筵进讲情况也都具有参考价值。

端溪石砚,乃石研中的精品,江藩亦极为爱重,曾以居阮元幕所得丰厚馆金尽易之。复撰《端研记》一卷,即为研究端溪石砚之力作。此书首先摘录有关端砚的重要资料:宋张世南《游宦纪闻》、宋失名《端溪砚谱》、清高兆《端砚考》,然后加以江藩的一段评论,接着罗列水坑、旱坑各坑之名,并附以说明,最后以"白端石""绿端石""五道石""垩土""白脆"等五条作为附录。书中罗列的水坑、旱坑各坑之名及其说明,颇为详赡,而且多有发明,可以看出江藩是花费了一番查考工作的,正如顾廷龙所说:"味乎《端砚记》所述,允为寝馈有得之言。"书中江藩的一段评论,也同样值得我们注意。它对端砚的由来、前人研究端砚的得失、端砚的分类、特点等情况一一做了说明:"端砚始于唐,盛行于宋,《端溪砚谱》所录之石,今人谓之宋坑,以微红色者为上色,如猪肝者为下。昔人论砚,言人人殊,皆由以耳为目,此倡彼和,真赝莫定。惟侯官高兆固斋亲至端溪,其言颇为详确。然康熙以后开凿之坑,兆所不知;即康熙以前之坑,亦未能详尽也。石有水坑、旱坑之分,水坑西而润,旱坑粗而燥。"文中,江藩对前人以耳为目、此倡彼和的做法予以了批评,而褒扬了高兆亲至端溪查考的行为,并以"详确"评其有关端砚的言论,由此可见,江藩是极为重视考查工作在端砚研究方面的作用的,而事实上他也是这么做的,他甚至不惜重金购买端砚,此举就很能说明问题,故而,江藩在这段评论中所说的"石有水坑、旱坑之分,水坑西而润,旱坑粗而燥",就非泛泛之论了。

《续南方草木状》一卷和《广南禽虫述》一卷(附《鳞介述》《兽述》),顾廷龙以为皆纂于粤中,前者记载了石柏、布里草、海苔树、芸香等四十余南方草木,后者则载录了金鸟、乌凤、石蟹、石羊、三足鹿、猿等广南禽兽虫鱼,其记载大多简明扼要,颇有助于多识鸟兽草木之名。

总的来看,江藩的子学成就较为博杂,在典籍文献、砖瓦石刻、朝章国故、石砚、草木虫鱼等方面均有著述,不仅保存了许多史料,还提出了很多有价值的见解,这些都是值得我们注意和研究的。

第六章

江藩文学发微

赵航在《扬州学派概论》一书中指出:"它("扬州学派")在诗、赋、散文及文学理论研究等方面也取得了很高的成就,特色也比较鲜明。"① 江藩,即是"扬州学派"中文学成就突出、别具特色的一位。他著有《乙丙集》二卷、《伴月楼诗抄》三卷、《扁舟载酒词》一卷、《炳烛室杂文》一卷、《炳烛室杂文补遗》② 一卷(王欣夫辑)、《炳烛室杂文续补》一卷(漆永详辑)及《竹西词抄》(存目)等,遍及诗、词、文、赋,在数量和质量上均很可观。

一、诗

《乙丙集》二卷,稿本,藏国家图书馆,上海图书馆藏有抄校本,卷上、卷下共收诗一百二十八首;《伴月楼诗抄》三卷,清抄本,藏上海图书馆,卷上、卷中和卷下共收诗一百七十三首,其中的卷上、卷中即分别是《乙丙集》的卷上和卷下,仅极个别文字有差异。特别值得注意的是,《乙丙集》卷首有江藩的自序,与收入《炳烛室杂文》的《乙丙集自序》在记载所收篇目时有所不同,前者曰:"得一百二十八首,厘为二卷,上卷六十五首,下

---

① 赵航:《扬州学派概论》,广陵书社2003年版,第264页。
② 《清史列传·江藩》、《清代七百名人传·江藩》以及严迪昌:《清词史》(江苏古籍出版社1999年版,第457页)等均作《江湖载酒词》,误。闵尔昌:《江子屏先生年谱》(民国十六年江都闵氏刊本,第21页)也已指出:"《扁舟载酒词》,中华书局印。《清史列传》作《江湖载酒词》,误。"

卷六十三首",这与《乙丙集》实际所首篇数是相吻合的;而后者则云:"得一百四十九首,厘为二卷,上卷七十七首,下卷六十三首。"另外,《伴月楼诗抄》卷尾附有江藩侄孙江璧跋文,较为详尽地记载了江藩的生平与交游唱和,很有参考价值。

正如江璧在跋文中所说,江藩"卓然为当代经师。暇而为诗,其余事也"。但江藩自束发后,就开始闭门造车地写作五七言诗了。十五岁的时候,从余萧客游,得以获知风雅之旨,创作水平有了很大提高。在此后的十一年中,作诗达八百首,《乙丙集》二卷所收的诗歌,即是乾隆丙午年从这八百首诗作中挑选出来的。可见,除了流传至今的《乙丙集》二卷和《伴月楼诗抄》三卷外,江藩还有大量的诗作,可惜大多亡佚了。江璧在跋文中也指出了江藩诗作散佚的严重状况:"早年诗不自重,间有所作,散见于诸同人集中,无专稿焉","在京与士大夫相赠答,稿亦罕有存者","公自中年后亦稍自检校,集其所为诗,得若干首,编为四卷,名曰《伴月楼诗拾》。年六十复游粤,载其诗南下。厥后,此稿亦遗落不复存。在粤时,叹粤中无可与言诗者,偶有所作,脱稿后辄焚之,故粤中诗今无一留者"。这是很令人遗憾的。我们今天从《乙丙集》和《伴月楼诗抄》中,仅能管中窥豹而得其一斑。

对于诗歌创作,江藩主张博采众长,他在《乙丙集自序》中明确指出,他"上窥汉、魏、六朝,下逮李唐、赵宋,虽不能入天厨、窃禁脔,而钟嵘之品、皎然之式,亦三折肱而思过半矣",广泛地从前代诗歌作品中汲取营养,博采众家之长。江藩还强调诗歌创作不应彰立门户。其《呈简斋先生》(其二)中有"作诗写性灵,何必立门户"之句,在称赞袁枚写诗独抒性灵的同时,也否定了世人彰立门户的行为。在《国朝汉学师承记》卷四《王兰泉先生》中,对争立门户的做法更是给予了严正的批评,哪怕批评的对象是从游三十年且对江藩多所鉴许的王昶:"今先生(王昶)以五七言诗争立门户,而门下士皆不通经史,粗知文义者,一经盼饰,自命通儒,何补于人心学术哉?"此外,江藩还注重诗歌创作的开拓创新,反对因袭陈词滥调。如其《和答子乘》诗中有"吾侪言语过,不拾昔贤余"之句,《秋日遣价邀墨庄清话墨庄作诗报仆和韵答之》诗亦有"从此与君约清话,了危莫拾晋人余"之语。又如江藩在《呈简斋先生》(其一)中有"发为古文辞,毕天下能事。徐庾作奴隶,韩柳亦愕眙"云云,又有"高论法汉魏,稍卑宗李杜。此皆诗囚语,攎拾前人吐。……公诗通造化,挥洒天花雨"之句,前者是对袁枚超越前人如"徐庾""韩柳"的诗歌成就给予了高度赞扬,肯定了开拓创新的做法;后者则旗帜鲜明地指出以汉魏为法,以李杜为宗乃诗囚之语,拾人牙慧,并通过对袁枚出神入化、挥洒自然的诗歌成就的褒扬,委婉地表达了反对因袭陈词滥调的意思。

江藩的诗歌创作,各体兼备,既有如《古风》《二树老人画梅歌》之古体,又有绝句、律诗之近体,多为五言、七言诗。从内容上看,以唱和酬赠之作居多,另有写景题画、咏史言志之类的诗歌作品。江藩常年漂泊在外,见赏于王昶、王杰、阮元等名公巨卿,加之又擅长诗文创作,且视友朋如性命,这就为其诗酒唱和提供了良好的主客观条件。关于诗酒唱和之盛况,江璧在跋文中有所记载:"当时若阳湖孙渊如、洪稚存,武进黄仲则诸前辈皆与公为文字交。公年五十始南归,居广陵之城北草堂。维时,适吴谷人祭酒、洪桐生太史掌教在扬,而华亭汪墨庄从吴中来,主于吾家,顾千里先生亦从虎丘买舟来扬,一时士大夫并汪容甫、赵介南诸公相为过从,文酒之宴无虚日,酬唱之作最多,甚盛事也。"故而,《乙丙集》和《伴月楼诗抄》中以唱和酬赠之作居多是不足为奇的。从这些诗篇来看,江藩酬赠唱和的不仅有余萧客、朱筠等师长,更多的是友朋,如胡量、黄石航、季雪坨、洪橓林等;不仅有汪缙、汪绳这样儒佛互证的儒生,更有淡上人、玉上人等释子。这类诗歌,固然多属流连光景、应酬往还之作,但也大多写得情真意挚,饶有趣味。如《早发银山却寄半客》:"行人残梦寄征鞍,相见匆匆一夕欢。学道艰辛谈道乐,读书容易著书难。云沉空谷天光曙,日转苍松江影寒。异姓兄弟如骨肉,何年同把钓鱼竿",把友朋之情、切磋之乐抒写得兴味盎然;而《过爱庐师》《孟陬十八日陪笥河夫子游圣恩寺作此以呈》等篇,则能够将从学师长的意趣形象地表达出来,即便是对老师的赞扬,如《孟陬十八日陪笥河夫子游圣恩寺作此以呈》(其二)称朱筠(号笥河)"文章窟里推先辈,仙佛中间第一人。若有朝云相伴住,东坡居士定前身"云云,也显得生动有趣。至于《游天平山次苏子美韵赠淡上人》《玉上人云寺内鸣钟声闻在此闻声在彼是现在声是虚空声请下一转语为述二十八字》等篇，则不仅仅是友朋间的唱和之作了，其史料价值尤为值得注意，它对于我们考察江藩的佛学渊源与修养都是极有裨益的。此外，江藩还有一些写景题画之作，如《杏花村舍》《六月二十九日阻风江口作》《阻雨盘古山庄》等篇写景，《题明皇幸蜀图》《二树老人画梅歌》《题听秋图小影》等篇题图，当然，在写景题画中也不免抒情、议论，如《题明皇幸蜀图》中有"妃子空余坡下骨，君王能斩画中头。开图莫笑郎当甚，曾愿长生祝女牛"之句，无疑是融入了作者对历史的思考与感慨。特别值得我们注意的，或许还是那些咏史言志诗。在这些诗作中，江藩在咏史的同时，也流露出许多对现实的思考，颇有意义。具体说来，江藩或者是咏史书，如《读五代史伶官传三首》《读后汉党锢传吊范光禄滂》《书司马相如传后》等；或者是咏古迹，如《御儿亭》《梅花岭吊史阁部》《出古北口》等。如《读五代史伶官传三首》："薯囊药箧翁家物，富贵儿郎垫破巾。试看宫中调笑事，真天子作假山人。杂戏俳优共妙伶，晋汾歌曲曲轻轻。翻成亚次新名目，按板声如批颊声。先王三箭血痕多，国政如何决八哥。一自五方焚器后，铜光不用镜新磨。"

可以说是用诗的形式，对欧阳修《五代史伶官传序》"忧劳可以兴国，逸豫可以亡身"所作出的生动诠释，而江藩生活的年代，正值清朝由盛转衰的时期，其现实意义是不言而喻的。再如《梅花岭吊史阁部》"乱臣诡说清君侧，圣主还兴问罪师。冷雨斜风斑竹路，家亡国破欲何之"、《出古北口》"多少苻秦慕容事，兴亡都在乱流中"等句，在对历史进行深层思考的同时，也饱含了作者穿越时空的感慨和无奈。其实，除了这些咏史之作外，江藩还有一些留意于现实的诗篇，体现了作者对民众的关怀。如《偶作》："凿井耕田食力安，小民元可免饥寒。劝君莫向皇州去，到处悲辛索一官。"

作者指出，劳动人民依靠勤劳的双手本可以免除饥寒，但因为受到官府的敲诈、盘剥，就只剩一片悲辛了。由此，表达了作者对劳动人民的同情与对官府敲诈的鞭笞与控诉。再如《友人从蜀中来话兵后风景有志》（其二）："红旗闻已赴神京，巴蜀初回大地春。望远喜无林障眼，入村幸免犬惊人。版图旧迹仍归汉，父老生还不避秦。最是天阴肠欲断，萧萧山雨湿青磷。"虽然取得了战争的胜利，但这却是以大量尸骨以及物力、财力为代价的，"望远喜无林障眼，入村幸免犬惊人""最是天阴肠欲断，萧萧山雨湿青磷"等句，流露出了作者反对战争、关怀民众的深情。通过这些留意现实的作品，我们完全可以认为，江藩不只是埋头于研究典籍，为经学而经学，也并不因为有达官贵人的延誉以及诗酒唱和而流连光景，他还有着深沉的关怀现实的一面。

从艺术上来讲，江藩的诗歌创作带有宋诗的风貌，尤其是略有苏诗之风，既有平易的一面，又有精工的一面，总体风貌则表现为清疏俊朗。上文提到，江藩主张在诗歌创作上博采众长，对汉魏六朝乃至唐宋诗歌都要兼收并蓄，但实际上，他对唐宋诗歌，尤其是宋人苏轼、黄庭坚二人的诗歌更为欣赏，如他有《读玉溪倾城消息隔重帘之句有感而作》等诗篇，而他所用的前人诗韵中则多属宋人，如苏舜卿、欧阳修、苏轼、黄庭坚等，而其中尤以苏、黄二人之诗韵居多，如用苏轼诗韵的有《咏雪用东坡尖叉韵十六首》《远斋雪中过我薄暮即去用东坡大雪独留尉氏韵》《读墨庄诗书其后用东坡翁书林逋卷尾韵》《上元夕同子乘药师王庙观灯用坡公雪后到乾名寺遂宿韵》等，用黄庭坚诗韵的有《梅窗独坐忆文洲归舟遇雪用山谷竹轩咏雪韵寄之》《残雪用山谷韵》《山谷次韵王定国扬州见寄诗中有明珠论斗煮鸡头之句今扬州并无鸡头何古今之殊若此遂次其韵》《山谷在广陵有之字韵诗三首清新可爱追和其韵》等，这充分说明，江藩对苏、黄二人的诗作极为熟悉且相当喜欢。其实，江藩在诗作中多次表达了对苏轼其人其诗的钦慕。如《十一月大雪不止季二雪坨同其弟蓉湖过舍茶话季氏仲季雅善调律玉笛牙板互相角胜颇慰岑寂用六一先生聚星堂雪诗禁体韵》云："欧九善战无寸铁，巨笔横扫如横槊。老门生诗实过之，我欲追配殊大噱。（东坡《聚星堂诗序》：仆以老门生继公后，不足追配先生。）"委婉表达了欲追配苏轼的愿望；而《咏雪用东坡尖叉韵十六首》则分明有一较高下之意，实际上，这十六首诗也确实充分显示了江藩诗歌创作的艺术技巧，得到了友朋的赞赏，江藩本人对此颇为得意，正如其在《和洪樾林客中感旧二首》（其一）中所云："萧萧两鬓已霜华，匹马曾经万里沙。笑我双声谐竞病，爱君险韵押尖叉。"在《答和黄大石舫见寄之作时石舫在广陵》一诗中，江藩更是明确表示要拜东坡为师，并以秦观、张耒自期："六根静业得声闻，愿学朱陈旧使君。再向苏门求下乘，秦张或者是同群。"从江藩的师承来说，他自幼就从朱筠等人游，受其影响是显而易见的，而朱筠与苏轼又有着几许相似之处，以至于江藩在推许朱筠时，曾把他比作苏东坡："文章窟里推先辈，仙佛中间第一人。若有朝云相伴住，东坡居士定前身"（《孟陬十八日陪笥河夫子游圣恩寺作此以呈》其二），或者直接用苏东坡指称朱筠："栢树有因梅有缘，因缘暗结东坡老。"（《栢因轩有梅一株倚墙而生今年春笥河夫子探梅见此婆娑树本以竹杖去其枝头蛛网谓藩曰何其古也十一月二十六日与墨庄约明年春宿还元阁作众香国主人谈及此事而先生已归道山矣唏嘘久之泫然泣下感而作此》）正是由于这种师承渊源与江藩自觉的努力，江藩的诗作在一定程度上体现出了苏诗的面貌，也正如江藩所自期的秦观、张耒的诗作那样①，或精工，或平易；而关于这一点，黄石舫早已有所察觉，江藩《答和黄大石舫见寄之作时石舫在广陵》一诗中的按语即指出："石舫来诗，谓予近日诗文有苏子之风。"具体说来，江藩的诗歌如苏诗一般，有以文为诗、以才学为诗、以议论为诗的倾向，或精工细致，或自然平淡，而在总体上则呈现出清疏俊朗的面貌。典型者，如《国香者荆州女子也不知其姓山谷谪居时曾属意焉后嫁与小民家故和马荆州水仙花诗有可惜国香天不管随缘流落小民家所为作也谷曾以此意告其友高子勉后山谷卒于宜州荆州地岁荒小民鬻其妻为本州岛田氏侍儿子勉过荆饮于田氏田氏出侍儿侑酒子勉以山谷事告之且劝以谷诗国香字之高友王子亦闻此事于高索高作国香诗诗见任渊山谷集注十五卷中古农先生昔有和作辛丑春墨庄问及此事予为之细述感叹唏吁遂和高诗焉》：涪翁沦谪年将晚，春日迷花犹款款。迷花迷到水仙花，罗袜凌波动班管。姬人未嫁似罗敷，豆蔻梢头二月余。青草岸边才子宅，绿波江上美人居。春云有梦梦何处，梦轻恐被风吹去。相思写入香草篇，空向诗中弄佳句。谪官无计但含悲，夫婿轻离倦扫眉。宋家南渡将迁日，白发词臣落魄时。太史沉泉沉未久，换字移居感故

---

① 苏轼以为"秦得吾工，张得吾易"，见《文献通考》卷二百三十七"张文潜《柯山集》"条下引，《四库全书》本。

友。无端飘荡荡浮萍,可怜仍作风前柳。金步摇兼翠羽翘,樽前一曲态娇饶。美人沦落才人死,酒罢歌阑魂暗销。翩翩风致水仙似,恼杀无双黄国士。根出淤泥香若兰,国香诗字为说字。茫茫千载话难详,红烛春宵起夜凉。好句传来人似玉,水仙一朵为谁香。"

关于黄庭坚属意某荆州女子且为之作诗寓意,高子勉劝田氏以国香字之,并且赋诗感叹一事,《能改斋漫录》卷十一、《夷坚丙志》卷十八、《宋人佚事汇编》卷十二等都有记载,江藩则以诗歌的形式将之娓娓道来而饶有情趣,融叙述、描摹、议论、用典于一体,可谓以文为诗、以才学为诗、以议论为诗的佳作,置之宋诗中将难以分辨。其中,"迷花迷到水仙花,罗袜凌波动班管。姬人未嫁似罗敷,豆蔻梢头二月余""无端飘荡荡浮萍,可怜仍作风前柳。金步摇兼翠羽翘,樽前一曲态娇饶"等句,描摹精工;"春云有梦梦何处,梦轻恐被风吹去。相思写入香草篇,空向诗中弄佳句",出语平易;而结尾"茫茫千载话难详,红烛春宵起夜凉。好句传来人似玉,水仙一朵为谁香"则又宕开一笔,使全诗带上清俊之风。顾广圻称江藩的诗作"神思隽永,体骨高秀,镕裁精当,声律谐美"①,但观此诗,可知所评不虚。他如《梦觉》:"片竹为床事事慵,春云如梦去无踪。道人不解玄机妙,那肯轻轻打晓钟"、《和汪大墨庄初秋有感》:"夏日苍凉秋日慵,闭门著述半因穷。浓阴欲造滋枯雨,清析方舒愈病风。莲漏滴残残夜永,鹤更报晓晓光空。功名两字难回首,白发欺人本不公"等诗,或平淡自然,或精工细腻,多呈现出清疏俊朗的面貌。

二、词

江藩词有刊刻传世的《扁舟载酒词》一卷及见于伍崇曜《乐县考跋》著录而未见传本的《竹西词抄》。伍氏称江藩"尝著《竹西词抄》,自序称少时颇研究音律"②。

---

① 顾广圻:《思适斋集》卷十二《江郑堂诗序》,《续修四库全书》本。
② 江藩:《乐县考》卷末伍崇曜《跋》,《粤雅堂丛书》本。

《扁舟载酒词》于道光三年与《国朝汉学师承记》八卷、《国朝经师经义目录》一卷、《国朝宋学渊源记》二卷、《附记》一卷合刻,后又于光绪十二年刻入《江氏丛书》中,卷首有顾广圻作于嘉庆二十年的序,卷尾有张丙炎作于光绪十二年的跋。尽管《扁舟载酒词》一卷仅收江藩五十首词作,但体式多样、内容广泛,艺术成就也很突出。从体式上来说,有小令、中调以及长调,既有如《一点春·汪大饮泉索题程四研红画梅花便面》这样仅二十四字的短篇,又有如《莺啼序》这样多达二百四十字的长篇。就内容而言,以题画、唱和之作居多,如《浪淘沙慢·题张大鄂楼十二梧桐小影》《龙山会·九月十日秦澹生太史招饮即席作》等,另有纪行咏史之作,如《氐州第一·出龙泉关》《八声甘州·易水,用柳七体》等篇,或体物遣兴之篇,如《于中好·蜗牛》《声声慢》等。从艺术成就来看,则不仅词句流美,且严于声律,诚如该书卷首顾广圻序所评:"清真典雅、流丽谐婉,追花间之魂、吸绝妙之髓,专门名家,未能或之先也",张丙炎所撰跋文亦以为可以与《梦窗甲乙稿》《白石道人歌曲》相颉颃。江藩精研音律,这在上文分析其《乐县考》时已可见一斑,他对词律曲调也颇有研究,对词的源流、对名家词作也相当熟悉,如他在所著《半毡斋题跋》卷上的《词源》一文中即指出:"玉田生词,与白石词齐名。词之有姜张,如诗之有李杜也。姜张二君,皆能按谱制曲,是以《词源》论五音均拍,最为详赡。窃谓乐府一变而为词,词一变而为令,令一变而为北曲,北曲一变而为南曲,今以北曲之宫谱,考词之声律,十得八九焉。"再如《扁舟载酒词》中,《梦芙蓉》一首是用吴文英自度曲填词,《昼夜乐·效柳七体》《八声甘州·易水,用柳七体》则是仿效柳永的体式而作,还有多处是用词序或按语的形式对姜夔、张炎等人的有关词调的平仄押韵作了考辨,如《满江红·雪夜渡江北上》一词后有按语云:"平调《满江红》始于白石,谓仄调多不协律,末句第二字用去声方谐音律。予细读姜词,玩其音节,第二句五字当用上声,六字当用去声,七句六字当用上声,下半曲第九句五字当用上声,始为合律,不拗歌喉矣。白石是曲押寒、山韵,而'阻江南'句阑入侵、覃,盖一时失于检点耳。"而江藩的通于词律曲调,不仅仅在于研读词谱、词作等文献资料,更时常考之以乐工的实践，如其《梦芙蓉》一词下的序文指出："此吴梦窗自度曲也，词家绝无继声者。夏日，泛舟湖上，独酌荷花中，不觉大醉。醒时已四鼓矣，遂填是调。明日入城，乞庄生吹笛按谱，有不叶者，改易数字，音节和谐，幸不失邯郸故步"，其《采绿吟》后的按语中也说道："予在吴门，以玉田词付与老伶工张仲芳谱之，按以洞箫，凡拗句音极清脆，惜歌谱失去不复记忆矣。"由此，江藩的精于词律以及所作词的音律谐婉，就很容易理解了。至于词句流美，在《扁舟载酒词》中更是随处可见，如《杏花天影·闺怨》：

> 个人远去三千里。抚瑶琴、偷弹绿绮。可怜无处说相思，暗地织回文、凑锦字。封姨妒、吹红堕紫。却春日芳心不死。恨他池上好鸳鸯，两两浴晴波、并颈睡。

此词写闺怨情思，言语流丽而不觉绮靡，给人一种清疏俊朗之感，而这也正是江藩词作的主要风格。他如《朝中措·送人还江南》"只恨潞河春水，几时流到江南"之句，《八声甘州·易水，用柳七体》"试问合从辩士，高谈抵掌，立取功名。岂能判一死，直刺嬴正。客来过，衰杨萧瑟，天半晚霞明。还疑是、白虹光射，匣剑长鸣"云云，或写别情而不靡丽绮艳，或咏史事而不慷慨激越，都明显带有一种清俊之风。

三、文与赋

江藩的文章，除了上文所论研析经义的《隶经文》及考论典籍、碑刻的《半毡斋题跋》外，另有《炳烛室杂文》一卷。是书于光绪三年刻入《滂喜斋丛书》，光绪十九年又刻入《积学斋丛书》。值得注意的是，《积学斋丛书》本《炳烛室杂文》，要比《滂喜斋丛书》本多《尔雅释鱼补义》一篇，少《节甫字说》《私谥非礼辨》二篇，而此二篇已收录于道光初年刊刻的《隶经文》中。《炳烛室杂文》所收多为书信序跋、传记论说等，以考释经史和传志人物为主。这些篇章颇有可观之处，如考释经史的《与张筱原书》，材料丰赡，辨证博洽，上文已有详细分析；又如传志人物的《吾母王孺人传》，叙述简而有法，描摹形象生动，先以"孺人在家，事父母以孝闻。于归后,以事父母者事姑,以佐其父母者佐夫、子,内外无间言"总评王孺人的生平行事,继而分别加以描摹刻画,如事姑以孝:"丁太孺人多病,孺人进甘旨、视汤药、扶持搔抓以及涤牏之役,无不亲为之",相夫以贤、教子以义:"序常丈,敦行君子,六十年中,夫妇相敬如宾。家无中人之产,当坎壈时,孺人少侘傺之色,而勤俭持家,服食朴素,虽不至有负薪被絮之苦,然亦可继簪蒿杖藜之风矣。嗣后四子成立,奉养无缺。孺人服敬姜之训,终不休蚕织也。孺人平居无怒色,无疾声,教子惟以义方,不加榎楚,即下及臧获,待之亦以礼。"如此,王孺人的形象就跃然纸上了。

尤为值得我们注意的是,《炳烛室杂文》卷首是一篇《河赋》,这是目前我们能够看到的江藩唯一一篇完整的赋作。此赋先渲染河水的大气磅礴:"河出其上,澜汗激荡。奔雷泄云,涌涛腾浪。若流浮竹而驷马难追,如鼓风轮而一苇难航",继而铺陈大禹治水时"导河积石,阆辟吕梁。下安民居,定墺四方"的宏阔场面与艰难波折,最终通过疏通水道,"播为九河",出现了"影则斜络乎天,形则贯注乎地。膝腋流化,筋脉卷舒。通中原之垢浊,为百川之具区"的崭新局面。通观全篇,诚可谓文辞富丽流美,史事融贯条畅,为文史结合之佳作,堪与木玄虚《海赋》、郭景纯《江赋》并传。此赋一出,曾广为传诵,江璧《伴月楼诗抄跋》即指出江藩"有仿《文选》体《河赋》一篇,最为当时传诵。"钱坤还专门为之作注,后刊入《藕香零拾》中。

江藩散佚的篇章,所在多有。王欣夫辑得《炳烛室杂文补遗》一卷,收《周礼注疏献疑序》《与焦里堂书》等佚文十四篇,其中《杨太真外传跋》《词源跋》已见于江藩《半毡斋题跋》中;漆永祥辑得《炳烛室杂文续补》一卷,收《夜读遂初堂诗》等佚诗六首(含残句)、《汉延熹西岳华山碑考序》《与汪喜孙书》等佚文十三篇。① 二者所收多为书信序跋,内容广博丰赡,文辞精炼畅达,与上论《炳烛室杂文》相类,兹不赘述。王欣夫称其"不但实事求是,绝无空言,且可窥为学博涉,无所不通矣"②,庶几得之。

---

① 参见漆永祥整理:《江藩集》,上海古籍出版社 2006 年版。
② 王欣夫撰:《蛾术轩箧存善本书录·未编年稿》,鲍正鸿等整理,上海古籍出版社 2002 年版,第 1620—1621 页。

关于古文，江藩是颇为自负的，他曾对姚鼐高足方东树说过："吾文无他过人，只是不带一毫八家气息"，也因此而得狂生之名。① 在《句容道中有怀胡大眉峰》一诗中，江藩还自言工于古文，并对世人对他只以经学推许而不称其古文略有不满，而将赏识其古文的胡量（号眉峰）引为平生第一知己："肆经识小愧声闻，（近日名流咸以经学推仆。）汉宋诸儒说正纷。粗浅疏迂从物议，玄黄朱绿要君分。（仆工古文，世无知者，唯眉峰亟称之，真可谓平生第一知己也。）"从《炳烛室杂文》看来，江藩的古文是有其特点的，或以融贯条畅见长，或以简洁有法著称，而大多带有清俊之风，非桐城古文所能局限。

有必要指出，谈到江藩的文学创作，我们必须考虑江藩的为人品性以及他的学术涵养。江藩有狂生之名，为人权奇倜傥，能走马夺槊，豪饮好客，交游四方。这种豪放爽朗的秉性，在其诗文中也有表现，如《观黄大石舫剑器歌》："闻之古有剑舞，长可以刺人，短可以自护。江郎置酒，黄郎斫地而歌。嗟乎！利器不可以示人，其奈酒酣耳热何"，就充分表现了江藩豪放的一面。但是，生活的磨炼，学术涵养的提升，又能变化气质，使其颇多反省，如在《国朝汉学师承记·洪亮吉》中云："今作君传，潸然泪下，自悔卤莽，致伤友道，能不悲哉！"在《国朝汉学师承记·李惇》中也提道："自君谢世之后，二十余年，藩坎坷日甚，而性情益戾，不闻规过之言，徒增放诞之行，可悲也夫！"从而使得文学创作渐趋内敛，较多地呈现出清俊的风貌。正如我们上面所分析的，江藩文学创作的主要风格还是清新俊朗，尤其是多作于中后期的《扁舟载酒词》所呈现出的清俊面貌②，而如《河赋》这样的豪迈雄俊之作并不多见。所以，阮元在《定香亭笔谈》卷四中称江藩"所为诗古文辞，豪迈雄俊，卓然可观"，并特别举出江藩《河赋》为例，其实，卓然可观不假，豪迈雄俊则未必，其主要风格还不如说是"清新俊朗"

---

① 王钟翰点校：《清史列传》，中华书局1987年版，第5610页。
② 严迪昌认为：《扁舟载酒词》多作于中年（参见严迪昌《清词史》，江苏古籍出版社1999年版，第457页），这是有道理的，如《莺啼序》一词作于嘉庆戊午，时江藩三十八岁，《凄凉犯》中也有"五十吾衰甚，如许头颅，一身无著"云云，再从其整体上呈现出的清俊风格来说，也基本可以断定多是江藩中后期的作品。

更为妥当。至于江藩的学术涵养,则对其文学创作的影响更加明显。这充分体现在江藩所强调的为文须本于经术之主张中。江氏《校礼堂文集序》指出:"君(凌廷堪)之学可谓本之性情,稽之度数者也。出其余绪,为古文词,经礼乐,综人伦,通古今,述美恶,大则宪章典谟,俾赞王道,小则文义清正,申纾性灵。嗟乎!文章之能事毕矣。近日之为古文者,规仿韩、柳,模拟欧、曾,徒事空言,不本经术,污潦之水不盈,弱条之花先萎,背中而走,岂能与君之文相提并论哉!"① 故而,在江藩诗文中,使事用典、考经释史比比皆是,多为根底经术之言。正如顾广圻《江郑堂诗序》所言:"世之论诗者,以为有学人之诗,有诗人之诗,此大不然。诗也者,学中之一事,如其不学,无所谓诗矣。是故,吾友江君郑堂,人咸知其为学人也,而其诗神思隽永,体骨高秀,镕裁精当,声律谐美,虽穷老尽气期为诗人者,未见其能臻此也。生平所作极富,散失几尽,今子某始掇为二卷。吾观天下诗人读郑堂诗者,晓然曰'学之所至,诗亦至焉',则诗道其兴矣。敢书斯言以为序。"② 不仅其诗如此,其文、词、赋皆是如此,"学之所至,文亦至焉",正是这种浓厚的学术养料,使江藩的文学创作具有了更丰富的内蕴。

总的来看,江藩的文学成就是比较突出的,也有着鲜明的特色。他的古文独立于桐城派之外,词作也与"浙派"有别③,诗、赋更是明显地带有自己的特点,而总体风貌则表现为清疏俊朗。展开来讲,"扬州学派"中的汪中、焦循、阮元等在文学创作或文学理论方面也都有着突出的成绩,诸如汪中的骈文、焦循的词作及戏剧理论、阮元的诗文创作与批评等,在文学史或文学批评史上都应该占有一席之地。也就是说,"扬州学派"不仅在学术史上有着举足轻重的地位,在文学史或文学批评史上也应有其位置,而上文关于江藩文学之评述,无疑是为此作出了一个很好的注脚。

---

① 参见凌廷堪:《校礼堂文集》,王文锦点校,卷首江藩《序》,中华书局1998年版。
② 顾广圻:《思适斋集》,卷十二《江郑堂诗序》,《续修四库全书》本。
③ 严迪昌即认为江藩:《六幺令·夜泊袁江闻笛》"瘦硬苍劲,却又有清空情味,不是沿'浙派'旧径所能达到的",见严迪昌《清词史》,江苏古籍出版社1999年版,第457页。

附录一

江子屏先生年谱

闵尔昌撰　高明峰点校

吾乡子屏江先生，渊源红豆，著述等身，饥驱朔南，布衣终老，亦可悲矣。平江李氏《先生事略》、江阴缪氏《儒林传稿》叙先生行事颇简，《儒林传稿》既载《续碑传集》中。筱珊入民国，复为清史馆撰《儒学传》，余尝假得其手稿观之，先生一传已从删汰，不识果何意也。汪孟慈尝称《汉学师承记》一书闻见广而义据严，"异时采之柱下，传之其人，先生名山之业，固当附此不朽。或如司马子长《史记》、班孟坚《汉书》之例，撰次《叙传》一篇，亦足屏后儒拟议规测之见"。尔昌今为先生《年谱》，殊未详备，弥惜无《叙传》可考耳。十六年十月十日，闵尔昌。

清高宗乾隆二十六年辛巳三月二十二日，先生生。

先生姓江氏，讳藩，字子屏，号郑堂，晚号节甫，扬州甘泉人。（凌次仲撰《周易述补序》称"旌德江君国屏"，先生盖初字国屏。洪稚存《北江诗话》谓先生"寓居江都，实旌德人"。张䝮伯亦称"旌德江郑堂先生"。汪醇卿《广陵思古编》又云先生"歙县籍，后居江都"。）父学佛有年，明于去来，尝曰："儒自为儒，佛自为佛，何必比而同之？学儒、学佛亦视其性之所近而已。儒者谈禅，略其迹而存其真，斯可矣。必曰'佛、儒一本'，亦高明之弊也。"先生守庭训，少读儒书，不敢辟佛，亦不敢佞佛。（先生家讳栋，未详何人。阮文达《揅经室集》于先生有"旧家"之称。李艾塘《扬州画舫录》云："天瑞堂药肆在多子街，旌德江氏生业也。"）

二十七年壬午，二岁。

二十八年癸未，三岁。

二十九年甲申，四岁。

三十年乙酉，五岁。

三十一年丙戌，六岁。

三十二年丁亥，七岁。

三十三年戊子，八岁。

三十四年己丑，九岁。

三十五年庚寅，十岁。

三十六年辛卯，十一岁。

三十七年壬辰，十二岁。

先生少长吴门。是年，从薛香闻先生受句读，香闻谕以涵养功夫。一日，先生忽叱仆人，香闻婉言开导曰："读书以变化气质为先，汝如此气质，尚能读书乎？况彼亦人子也，为汝役者，逼于饥寒耳。方哀矜之不暇，忍加诃责邪？"先生又尝从汪爱庐先生游，爱庐谓先生曰："吾于儒、佛书，有一字一句悟之十余年始通者。读《二录》《三录》，当通其可通者，不可强通其不可通者。"《二录》《三录》，爱庐所著书也。（先生从爱庐游，未详何年。程在仁亦从爱庐游，与先生友善，尝下榻先生家。又先生与袁寿阶少同里闬，后携家邗上，寿阶馆于康山，踪迹最密，谈论经史有水乳之合。并附记于此。）

三十八年癸巳，十三岁。

三十九年甲午，十四岁。

四十年乙未，十五岁。

先生束发时即能为五、七言诗。是年，从余古农先生游，始知风雅之旨，《乙丙集》即始于是年。（南陵徐氏《积学斋丛书》中《炳烛室杂文·

乙丙集自序》："年十五，从余先生游。"《广陵思古编》载《乙丙集自序》则作"年十六"。《乙丙集》既始于是年，今从《积学斋》本。案：阮文达《揅经室再续集·高密遗书序》云："子屏之师为余萧客仲林，为惠松崖先生之弟子，曾馆子屏家，此子屏昔所告予者。"又《定香亭笔谈》称："元和惠征君定宇经学冠天下，郑堂受业于惠氏弟子余君仲林，尽得其传。"张午桥跋《扁舟载酒词》云："先生师事吴县余萧客、江艮庭两先生，得师传于红豆惠氏。"章枚叔亦言："江翁受业余翁，余翁之学，本吴惠君。"明先生为惠氏再传弟子也。乃吴石华跋《隶经文》及《广陵思古编》并云先生"受学于元和惠氏"，《同治续纂扬州府志》、缪筱珊《儒林传稿》直云"少受学于元和惠栋、吴县余萧客、江声"，三先生并列，一似先生亲受业于惠氏者，不知松崖卒于乾隆二十三年戊寅，彼时先生尚未生，乌从而受学乎？况先生于《汉学师承记》自言："绺发读书，授经于吴郡通儒余古农、同宗艮庭二先生，明象数制度之原、声音训诂之学。"如先生亲受业于惠氏者，安得不叙述及之乎？《汉学师承记》于古农、艮庭称先生，《宋学渊源记》于薛香闻、汪爱庐称师，并先生亲受业者，而于松崖固未尝加以此称也。松崖尝言："古人亲受业者称'弟子'，转相授者称'门人'。"先生于《周易述补》《易大义》对松崖自称"门人"，亦是一证。）

四十一年丙申，十六岁。

受知朱笥河先生。每酒阑灯灺时，笥河尝谓先生曰："吾侪当以乐死，功名利钝，何足介意哉！"（以《笥河集》考之，是年实在京师，先生亦尚未北游，不知何缘得相见也。竢再考。）

四十二年丁酉，十七岁。

四十三年戊戌，十八岁。

是年，余古农先生殁。（此依吴子修《续疑年录》。《续疑年录》"年四十七"与《汉学师承记》合。任文田撰《余君墓志铭》云："殁于乾隆四十二年，年四十有九。"）古农为文典博古茂，不苟作。先生编次为集，得二十余篇藏焉。

古农殁后，先生泛滥诸子百家，如涉大海，茫无涯涘。江艮庭先生教之读"七经""三史"及许氏《说文》，乃从艮庭受惠氏《易》。(《节甫字说》云："弱冠时，受《易》汉学于艮庭。"读书有疑义，质之艮庭，指画口授，每至漏四下，犹讲论不已。

先生承江艮庭先生之学，著《尔雅正字》，以《说文》为指归，《说文》所无之字，或考定正文，或旁通叚借，不敢妄改字画。王西沚光禄见之，深为叹赏，谓先生曰："闻邵晋涵太史作《疏》有年矣，子竢其书出再加订正未晚也。"（此依《尔雅小笺序目》："乾隆四十三年，年十八"，《汉学师承记》作"十六岁"，盖"十八"之误。）西沚又尝谓先生曰："予门下士以金子璞园为第一。予近日得见好学深思之士，惟子及李子赓芸、费子士玑三人而已。"

朱二亭（名篔）见先生歌诗，属张旧山（名居寿）为介绍，引为忘年之交。后旧山死，诗稿散失无存，先生因录其唱和投赠之作为一册而序之。（案：先生携家邗上，当在此数年之中。）

四十四年己亥，十九岁。

四十五年庚子，二十岁。

春，从朱文游借地汲古阁影宋抄《九僧诗》，至壬寅读《群贤小集》，始知《九僧诗》即《圣宋高僧诗选》之前集也。

弱冠时，与汪容甫定交，日相过从。容甫尝谓先生曰："予于学无所不窥，而独不能明《九章》之术。近日患怔忡，一构思则君火动而头目晕眩矣。子年富力强，何不为此绝学？"以梅氏书赠先生。先生自以知志位布策，皆容甫之教也。

李成裕往江陵①，留宿先生家，然烛豪饮，议论史事，成裕朗诵史文，往往达旦。明日，先生取史文核之，一字不误也。先生交成裕时年少，好诋诃古人，成裕从旁谓先生曰："王子雍有过人之资，若不坐《圣证论》攻康成，岂非淳儒哉！"少顷，又曰："若夫佛氏轮回因果之说，浅人援儒入墨之论，不可不辨，子车氏所谓'正人心，息邪说'。苟不力辟之，是无是非之心矣。"

---

① "江陵"，《国朝汉学师承记·李惇》作"江阴"。

先生与阮文达同学交善。（文达称先生为早年益友。案：先生与成裕、文达定交并未详何年，姑附于与容甫定交之后。）

阳湖洪稚存、黄仲则流寓日下，贫不能归，偕饮于天桥酒肆。遇偃师武虚谷，招之入席。尽数盏后，虚谷忽左右顾盼，哭声大作，楼中饮酒者骇而散去。先生尝叩虚谷曰："何为如此？"虚谷曰："予幸叨一第，而稚存、仲则寥落不偶。一动念，不觉涕泣随之矣。"先生戏之曰："君乃今日之唐衢也。"（案：先生是年又似曾至京师。）

四十六年辛丑，二十一岁。

是年，朱笥河先生殁。

四十七年壬寅，二十二岁。

六月，于扬州书肆中得宋椠本《群贤小集》，乃马氏玲珑山馆旧藏，后为汪雪礓所有。

四十八年癸卯，二十三岁。

四十九年甲辰，二十四岁。

在扬州，汪容甫介凌次仲与先生定交，次仲为作《周易述补序》。惠松崖先生著《周易述》，未竟而卒，阙自《鼎》（清国史馆《惠栋传》作"革"，误。）至《未济》十五卦、《序卦》《杂卦》二传，先生补之。（《凌次仲年谱》：容甫手书海内通人、夙相交契者十有六人示次仲，中有先生。《校礼堂文集·与张生其锦书》云："近日学者风尚，多留心经学，而史学惟钱辛楣先生用工最深，江君郑堂亦融洽条贯，相与纵谈今古，同时朋好莫与为敌，盖不仅经学专门也。辛酉与今科在江宁，子聆其言论气概，当更有以感奋兴起矣。"又《梅边吹笛谱·齐天乐·同汪容甫访江豫来留饮》云："泥人金粉雷塘路，依依半城烟柳。后望雕花，清辞镂月，比户鸳鸯争绣。儒风在否。好携取经神，荜门偕叩。训诂专家，阿谁吴下嗣红豆。欣然相视一笑，便盘餐小酌，同话耆旧。《易》溯荀、虞，《书》研马、郑，信有师承传授，渊源细剖。渐暝色苍然，月窥虚牖。洗盏重斟，碧筒香到酒。"绎其意义，疑豫来即先生。《校礼堂文集》又有《与江豫来书》，首云："癸丑冬，同出都门。"癸丑，先生与次仲同客王文端许，大约岁暮又同南归也。

惟"豫来"之字，它处罕见，姑附记于此以竢考。)

五十年乙巳，二十五岁。

乙巳、丙午间频遭丧荒，以所聚书易米。书仓一空，作《书窝图》以寓感，一时耆宿题咏殆遍。("书窝"，《揅经室四集》作"书窠"："书窠小东门，出城路不转"，文达题句也。先生又有《秋江听潮图》，见歙汪婪《雅安诗集》。)

五十一年丙午，二十六岁。

岁大饥，日唯一饘粥。贫居无事，发所为诗八百首读之，起乙未，终乙巳，存一百四十九首，厘为二卷，名曰《乙丙集》。(《积学斋》本《杂文·乙丙集自序》"上卷七十七首，下卷七十二首"，数恰合。《广陵思古编》下卷作六十三首，则少九首矣。惜此集未得见。①)

五十二年丁未，二十七岁。

客游江西，在谢蕴山先生处，交胡雒君。(名虔，尝于友人许见先生致焦理堂手札两通，并及游豫章事，录于下：藩启礼堂大兄先生：西湖归，接手书，颇慰，渴想诸君子。因良伯来书，分作《纂故》一书，唯小学最难，如《说文解字》，皆训诂也，其同异讹错不能笔述，容来扬时面谈。且《纂故》，藩不知体例如何，足下以《说文》为主，千古不磨之论，若以《广韵》为主，便落下乘矣。至"周旋""窈窕"，归"周""窈"二韵。总之，是书必以《说文》为主，藩当作札与良伯，使改其体例可也。藩八月中必为豫章之行，顾小谢先生昔曾有"将伯助予"之说，见时乞为致候，并请日安。榜花开后即惠佳音是荷。制弟江藩顿首。外，良伯、少白信望代寄进京。又藩启理堂先生足下：藩于六月间自豫章归吴，贫病相攻，形神俱丧，屡欲来邗，皆以乏资斧，至茧双足，良可叹也。山居独处，于米盐琐碎之暇，将尒疋旧注见于《史》《汉》类书中及注疏中者尽行录出。去年，拜恳摘录《御览》旧注，想已卒业。今乘奴子来扬之际便，草此奉请万安，并祈将所摘旧注交付奴子带回是荷。足下天资高厚，闭户穷经，比来必有所得，

---

① 中国国家图书馆藏稿本《乙丙集》卷上六十五首，卷下六十三首，共一百二十八首，卷首自序所言亦与此合。

能示我一二以开茅塞否？明春试镫后当相见也。不具教。弟江藩万顿首。案：前札书"制"字，以乙巳、丙午间频遭丧荒计之，当是丁父忧。以焦理堂《日记》，嘉庆元年，先生母夫人尚在苏州也，此二书自是此一二年中所作。良伯盖阮文达字，段若膺《经韵楼集》有《与阮梁伯书》，"良""梁"音同，惟《雷堂盦主弟子记》已不载此字。《篡故》谓《经籍篡诂》，文达在馆阁日与孙渊如、朱少白、马鲁陈相约分篡，当亦属诸江、焦，后乃由浙士编录也。）

先生篡《纯庙诗集注》，王文端为进呈，赐《御制诗五集》，复谕召对圆明园，会林爽文陷台湾报至，遂辍，人惜其数奇。（林爽文事在是年，故列此。伊墨卿《留春草堂诗抄·赠先生诗》：丞相礼贤意，俾韬金马门。通儒经学重，上客布衣尊。慷慨忧时志，迂疏复古论。萧萧方落木，硕果盼秋原。自注：郑堂馆韩城王文端公邸第二十年。案：先生馆文端第未识始于何时，阮文达《高密遗书序》云"子屏嘉庆初年入京师，予荐馆王韩城师相家"，备查。列《御制诗注》之事终，落魄归扬州，先生馆文端第既二十年，不得在嘉庆初年始入京师。附记于此，以竢再考。）

冬，在扬州与叶霜林（名英）访焦理堂。先生与理堂皆以淹博经史为艺苑所推，时有"二堂"之目。厥后又称"江、焦、黄、李"，谓黄谦牧（名承吉）、李滨石（名钟泗）也。

五十三年戊申，二十八岁。

腊月二十一日，王兰泉先生招翁学使振三及先生与曹仲梅等官斋小集。乙酉正月初八日，复邀振三、仲梅诸君小集。（《春融堂集》并有诗，兰泉时官江西布政使，先生盖仍客江西。）

五十四年己酉，二十九岁。

五十五年庚戌，三十岁。

有《廪膳生吴君墓表》。（吴名兆松，字苍虬，江都人，卒于是年，故列于此。苍虬子梦熊，字曰达，先生与曰达有尹、班之雅。每见苍虬，执弟子礼，尝谓先生曰："读书当融释，讲学在缜密；不读书无入德之门，不讲学自得之乐。"）

五十六年辛亥，三十一岁。

馆王文端第。洪稚存时以编修充石经收掌详覆官，文端为石经馆总裁。稚存手定条例，先生呈之文端，文端是其说。彭文勤主其事，以为不然，文端不能与之争也。后文勤自作凡例，文端命先生勘定，驳其秕缪者数十条。文勤大怒，谓先生与稚存互相标榜。

五十七年壬子，三十二岁。

五十八年癸丑，三十三岁。

凌次仲和先生《芍药吟》。（淮阴史上舍性嗜花，先生赋《芍药吟》赠之。在溧阳史以示次仲，因和先生韵。先生原作录下：鼠姑香残过谷雨，继芳红药当阶吐。淡红香白满城闉，丰台名花贱如土。史侯爱花不好名，前身曾主芙蓉城。千枝万朵塞破屋，浮空一片香云生。斯人肝肠艳于雪，弃红取白更痴绝。清宵人静炉月明，不放银蟾骋皎洁。重帘犀押垂窗楔，抽豪日写灵飞经。蜂须蝶翅不敢近，护花郭女通三灵。广陵江郎住隔屋，孝先自笑便便腹。闲时默诵孙樵文，鼻息摇花睡方熟。将离引我梦还乡，筱园池馆临斜阳。晚风活色正惝恍，醒来鼻观留余香。慰我乡思觅红友，三百青铜沽一斗。酒酣耳热忽高歌，醉向花前酹残酒。愿花莫作锦绣堆，四围金带争先开。魏公秋容淡老圃，它年谁可调盐梅。按：次仲是年夏五月随王文端往热河，先生当亦偕行。）

自山右至都门，道出保阳，于查观察处手摹《九歌》石刻。

在都与凌次仲、王更叔（文端季子，名塯①）讲求象纬之学。

五十九年甲寅，三十四岁。

六十年乙卯，三十五岁。

至金陵应布政司试，同人集小西湖。（章枚叔云："江翁没世未尝试府县

---

① 据王杰弟子阮元所撰：《王文端公年谱》，王杰（字文端）共有四子，长子名嵘时，次子名堮时，第三子名塯时，第四子名壏时。故闵《谱》称王更叔"文端季子，名塯"有误，当作"文端叔子，名塯时"。闵《谱》"在都与凌次仲、王更叔（文端季子，名塯）讲求象纬之学"一条，当出自张其锦撰《凌次仲先生年谱》"五十八年癸丑，先生三十三岁"条下"是年，在都与江郑堂（藩）及王文端公季子更叔（塯）讲求象纬之学。"乃张氏不明王文端子嗣情况而误记。

廷。"然先生实以国子监生屡应乡举而不第者。)

冬，阮文达自山左移任浙江，过扬州，先生偕黄秋平、林庚泉、钟敼崖、徐心仲、汪晋蕃、掌廷、方月槎、黄春谷、焦里堂、方菊人、汪味芸、李滨石、濮朝衡、翼符、子耕、李艾堂、周采岩、郑云洲、何梦华钱之于虹桥净香圆。是日，寒雨满湖，未及平山而返，奚铁生为作《虹桥话旧图》。（文达尝称先生"淹贯经史，博通群籍，旁及九流二氏之书，无不综览。所为诗、古文、词，豪迈雄俊，卓然可观。为人权奇倜傥，能走马夺槊，豪饮好客，至贫其家，遍游齐、晋、燕、赵、闽、粤、浙、江，王韩城师极重之。"）

在扬州，与徐心仲亲善，讲习经史。心仲携妇入城，与先生所赁之屋衡宇相望，每相遇，辄日旰忘食，夜分不寝。心仲出所著《论语疏证》，先生为之序。

仁宗嘉庆元年丙辰，三十六岁。

有《享年室铭》。（为黄谦牧作。先生长谦牧十龄，缔交时先生甫及壮，见《梦陔堂文集·先生象赞序》。）

二年丁巳，三十七岁。

春，与六安张筱原同客王文端第，谈释地沿革之难，作《六安州沿革说》。先生有又《与张筱原书》。

三年戊午，三十八岁。

在白下作《莺嗁序》一阕。（是年，自京师归，重来白下。先是，乙卯，同人集小西湖，汪古香约填《莺嗁序》，先生匆匆渡江，未暇倚声。是年，熊姓栏复举此会，先生乃填是调，以践前约。）

秋，焦理堂出所制《释椭》示先生，先生为之序。

四年己未，三十九岁。

夏仲，有《多宝塔帖跋》。

先生从王兰泉先生游，垂三十年，论学谈艺，多蒙鉴许。兰泉因袁简斋以诗鸣江、浙间，从游者若鹜，乃痛诋简斋，比之轻清魔。提唱风雅，以三唐为宗，而江、浙李赤者流，以至吏胥之子、负贩之人，能用韵而不失拈者，皆在门下。是年，先生从京师南还，至武林，谒兰泉于万松书院，从容言曰："明时湛甘泉，富商大贾多从之讲学，识者非之。今先生以五、七言争立门户，而门下士皆不通经史，粗知文义者，一经盼饰，自命通儒，何补于人心学术哉！且昔年先生谓笥河师'太丘道广'，藩谓今日殆有甚焉！"是时，依草附木之辈闻先生言大怒，造谤语构怨，几削著录之籍。（先生先见知兰泉，后游京师，入王文端幕。先生尝作《河赋》，沉博绝丽，论者谓可与木玄虚《海赋》、郭景纯《江赋》并传。兰泉跋云："本《汉书》《水经》以立言，故魏晋后置莫论也，醇厚班驳亦似邹、枚。"金钟越《棕亭诗抄·书江郑堂河赋后》云："黄河西北来，银夏受其利。延缘出龙门，厥性乃暴肆。分疏为九道，圣人巧用智。因势而利导，所行在无事。后世贾让策，独见乃弃地。壖流虽有法，但作日前计。况今庙堂儒，穷源得根蒂。试采宋元书，襫兹汉魏制。文澜既益雄，赋则当更丽。请君放厥词，庶以继其志。"《河赋》有钱坤注，江阴缪氏刊入《藕香零拾》中。）

先生遇洪稚存于宣城，论《说文解字》"五龙六甲"之说及"冕""旒"字，不合；稚存出所作古文，先生又指摘其用事讹舛，稚存断断强辩。先生曰："君如梁武之护前矣。"因谈及"舆县"，稚存云"在江都"，先生据《文选注》"赤岸山"之证，当在六合。先生又谓《太平寰宇记》邓艾石鳖城、白水陂事不见于史而已，并未言无其事也。稚存忽寓书先生，谓舆县实在江都，而邓艾事乐史本之《元和郡县志》，岂可疑无此事者？先生恐激其怒，不答一字，遂不复相见矣。（《北江诗话》称先生《过毕弇山宫保墓道》诗曰'公本爱才勤说项，我因自好未依刘'，亦隐然自具身份，惜其为饥寒所迫，学不能进也。南海伍氏谓为"报复之师"。案《北江年谱》，己未，稚存似未曾至宣城，稚存至宣城当在丙寅、丁卯修《宁国府志》时。《凌次仲年谱》，丙寅二月，与宁郡鲁子山太守札有"今日之招，虽稚存、郑堂旧雨咸集，竟不敢奉陪"之语，是先生与稚存宣城遇后遂不复相见，疑非嘉庆四年事，姑记于此以竢考。

是年，江艮庭先生殁。（孙渊如《平津馆文稿·江声传》：嘉庆四年九月三日卒，年七十有九。《续疑年录》同。《汉学师承记》云："年七十有八，卒年未详。"案：《尚书集注音疏》卷十二末艮庭自识"乾隆五十四年，年六十有九"，又《小引》"五十八年，年七十有三"，以此计之，卒嘉庆四年实七十有九，若七十八，则当卒嘉庆三年矣。疑《汉学师承记》误。）

　　五年庚申，四十岁。

　　六年辛酉，四十一岁。

　　汪孟慈以《许浦都统司砖考》见赏于先生，孟慈时方十六岁。

　　七年壬戌，四十二岁。

　　是年秋，王文端乞休，明年春，归故里。

　　八年癸亥，四十三岁。

　　九年甲子，四十四岁。

　　十年乙丑，四十五岁。

　　正月，王文端卒于京师。（文端以去年谢赐寿入京。）

　　先生与宋帅初（名葆淳，安邑人）、焦理堂、秦敦夫、阮文达拟送唐石佛入焦山，未果。（后道光十年齐梅麓始亲载石佛入山，见《焦山志》）

　　有《与阮侍郎书》。（文达以所作先人《墓表》示先生，先生致书论之。案：文达以是年丁父忧，故列此。）

　　云间汪墨庄（名绳）工诗，少与先生共唱酬，已而落魄江、淮，乃馆之于家。王柳村谓先生"好客忘贫，今之顾侠君也。"（《北江诗话》云："墨庄寄食江上舍藩家，闻余至扬，偕江来访，同至傍花村看菊。明日携之谒扬州太守伊君秉绶，属为之地。"案：墨卿守扬在乙丑至丁卯间，姑附于此。）

　　十一年丙寅，四十六岁。

　　春，在宣城。（时洪稚存修《宁国府志》，凌次仲主敬亭讲席，并在宣城。）

　　阮文达在甘泉山惠照寺获四石，先生以为汉淮南厉王胥①冢石也。（翁覃溪苏斋跋云是胥自造宫殿石，非冢中石。）

　　十二年丁卯，四十七岁。

---

① 胥为广陵厉王。

六月十二日①，释粟荐告先生旧城二巷井阑有宋嘉定三年蒋世显刻字，字五行，计六十八字，先生即同族兄江仙舟、表弟方象明携纸墨往。是日，赤日如炉，火云似伞，挥汗拓之。旁观咸以为痴，而三人不顾也。

仪征令颜公续修县志，阮文达属先生以《舆地纪胜》中《真州》一卷校补前令陆公旧志，得数十条，颜刻诸《续志》之末。

有《与伊墨卿太守书》。（先生先在江宁闻墨卿丁父忧，返扬见讣有"稽颡拜""拜稽颡"之文，作吊入署见门妆亦然，因致书论之。）

有《清故刑部山东司员外郎郑君墓志》。（郑名宗汝，字翼之，江都人，以是年葬江宁，故列此。）

十三年戊辰，四十八岁。

三月既望，作《朱处士墓表》。（月、日见《二亭诗抄》卷首。）

十四年己巳，四十九岁。

春，客游四明，道出吴门。季秋，复来吴，作《吾母王孺人传》。（先生母先王孺人殁，先生扶柩回邗上，见《传》中，惟未详何年。王孺人长子学海与先生同学，娶先生妹，妹亦先王孺人殁。）

十五年庚午，五十岁。

有《节甫字说》。

有《词源跋》。（秦敦夫刻《词源》在嘉庆庚午，重刻在道光戊子，姑系于此。《半毡斋题跋》又有《骆宾王文集》《草堂诗余》二跋，当亦为敦夫作也。）

十六年辛未，五十一岁。

先生既为《汉学师承记》，复以传中所载诸家撰述有不尽关经传者，有虽关经术而不醇者，乃取其专论经术而一本汉学之书，仿唐陆元朗《经典释文》传注姓氏之例，作《经师经义目录》一卷，附于《记》后。其义例有四：一，言不关乎经义小学、意不纯乎汉儒古训者；一，书虽存其名而实未成者；一，书已行于世而未及见者；一，其人尚存，著述仅附见于前人传后

---

① "六月十二日"，《功顺堂丛书》本《半毡斋题跋·宋嘉定井栏题字》作"六月十一日"。

者，并不著录。命子钧缮录。良月既望，钧因识其后。（先生无子，尝有"门衰祚薄，养侄为儿"之叹。《同治续纂扬州府志》：江懋钧，字季调，年十六父殁，早补诸生。叔父以朴学名东南，所交多海内通儒，每宴集，懋钧皆侍，由是学问日进，著有《诗经释义》《尔雅旁证》《鸥寄斋古今体诗》。先生《乐县考》末附懋钧《宫县建鼓设于四隅辨》，当即钧。懋钧子璧，同治四年进士，进贤知县。璧子庚学，诸生，有孝行。）

十七年壬申，五十二岁。

在扬州，作凌次仲《校礼堂文集序》。（略云：藩与君交垂三十年，论乐会意，执礼析疑，虽隔千里，同声相应。岂知日景西颓，遽从短运，遗迹余文，触目增泫。）

汪孟慈为作《国朝汉学师承记跋》。

十八年癸酉，五十三岁。

阮文达督漕，延先生主讲山阳丽正书院，以布衣为诸生师。（先生发策问汉、魏《易》十五家，山阳丁俭卿晏条万余言，撷群籍之精，抉象数之奥，先生叹赏之。）

应乡试，宣城张絅伯（名其锦）谒先生于江宁，先生出《乐县考》示之。九月望日，絅伯为作序。

十九年甲戌，五十四岁。

二十年乙亥，五十五岁。

中秋后五日，顾千里为作《扁舟载酒词序》。（《思适斋集》又有《江郑堂诗序》，录于下：世之论诗者，以为有学人之诗，有诗人之诗，此大不然。诗也者，学中之一事，如其不学，无所谓诗矣。是故，吾友江君郑堂，人咸知其为学人也，而其诗神思隽永，体骨高秀，镕裁精当，声律谐美，虽穷老尽气期为诗人者，未见其能臻此也。生平所作极富，散失几尽，今子某始掇为二卷。吾观天下诗人读郑堂诗者，晓然曰"学之所至，诗亦至焉"，则诗道其兴矣。敢书斯言以为序。吴山尊亦有《半毡斋诗集跋》，见《汪氏学行记》。又《山尊集》中《初三日晚晴补和郑堂元日雪中诗》有"延龄专倚长桑术，句注时病甚专服"，君方先生殆善医矣，附记于此。）

二十一年丙子，五十六岁。

秋，在扬州，以画蝉柳扇索顾千里亿，千里为填《小重山》一阕。

秋，得痹疾。冬十一月，遇宋帅初于白公堤上，方晴江为先生作《募梓图》。（帅初跋云："甘泉江君节甫乐志典坟，潜心撰著，著有《周易述补》四册、《易大义》三卷（案：今《江氏丛书》中有《易大义》一册，为惠松崖征君撰，非先生著。先生尝欲为松崖补《易大义》三卷，未成，见先生嘉庆二十五年撰《易大义跋》中。惟宋跋云已缮写成书，与先生跋不合矣。）、《乐县考》二卷、《国朝汉学师承记》八卷、《舟车闻见录》十卷，皆缮写成书矣。嘉庆二十一年冬十一月，相遇于白公堤上，节甫为余曰：'某今秋忽得士安痹疾，几成凿齿半人，视富贵如浮云矣。惟平生精力半瘁于此，恐魂魄一去，将安秋草。'欲谋剞劂，募之同学。适淳安方君晴江在坐，云在歙时见仇十州画《朱性夫募驴图》，祝京兆、唐解元皆出资书疏中，仿其意为作《募梓图》，持游江湖，当有应之者。图成，予为之记。"案：此图后为江建霞所得。

二十二年丁丑，五十七岁。

龚璱人为先生叙所著书。（略云：江先生以布衣为掌故宗且二十年，乾隆朝佐当道治四库、七阁之事，于乾隆名公卿、老师宿儒，毕下上龁龂，万闻千睹，窥气运之大原，孤神明以深往。谓《汉学师承记》也。冬至日，璱人又附《与先生笺》。固始蒋子潇湘南尝从先生问奇字、研经术，见《七经楼文抄》阎彤恩序，附记于此。

二十三年戊寅，五十八岁。

客游南昌阳城，张孝廉子絜出惠松崖征君《易大义》示先生，为江艮庭先生手写本。征君《易大义》三卷，《目录》云："《中庸》二卷、《礼运》一卷阙。"当时著于目而实无其书。征君子汉光即以此为《大义》耳。先生手录一帙，知非《易大义》，乃《中庸注》也。

夏，客羊城。（先生先晤阳城张君，后来岭表，见《揅经室二集·李尚之传》。）先以著述数种付刊问世，四方争传诵焉。

阮文达延先生纂辑《皇清经解》《广东通志》《肇庆府志》，留幕府最久。所得馆金，尽易端溪石砚。后去粤时，归装压担，暴客疑其挟巨金，尾之兼旬，易舟发箧，乃唾而去。（文达尝拟取清代诸儒说经之书以及文集、说部加以剪截，引系于群经各章句之下，勒成一书，名曰《大清经解》，以为能总其事、审是非、定去取者，海内学友惟先生及顾君千里二三人。案：此所云《经解》与后来体例不同，学海堂本为严厚民所辑，实以人之先后为次序，不以书为次序也。又文达《高密遗书序》云："子屏饥驱至岭南，余延总纂《广东省通志》，数年书成。余调任云南，遂归扬州，不再相见。子屏随手挥霍，虽有陆贾装无益也。"案：文达于道光丙戌六月调云南，而先生侄孙顺铭则云"道光乙酉退息里门"，殆先一年归矣。）

是年除夕，阮文达为作《国朝汉学师承记序》。（《梦陔堂诗集·观汉学师承记怀江郑堂粤东》云："祖龙燔书《六经》丧，汉儒续绝严师传。西京人自守一说，力抱残缺存简编。由无之有等耕护，与失微绪宁拘牵。所以当时重授受，专经谱系如曾玄。东都学者间旁涉，邵公幼季尤称赏。伟哉郑许靡不贯，有似巨海纳百川。自从肃弼逞臆会，立言非必皆古先。纷纷同异每互证，南叶北叶各有偏。贞观诸儒作《义疏》，但解征综不解研。焉知宋后实学废，自许精义徒空诠。坐谈性命固道本，苟无礼乐何由宣。物名象数如可置，何必一画开天。我朝古义发无隐，辟使有蕴胥昭悬。圣人如日众星列，中天景云由陶甄。太原德清浚导始，后逮吴歙双渟渊。支流派衍遂分出，师承不异昭宣年。迩来混沌尽凿破，一埽疑似归本然。脱非两汉能继述，四代何自供搜穿。声音弗通字莫侍，训诂弗讲辞难笺。不明制作人道舛，不究推步天行愆。秦邮王氏润州段，新安程叟曋城钱。目中所见几先辈，在汉可列经师筵。吾友凌焦及江李，曩时聚讼犹日前。三君墓木皆已拱，江君远客如南迁。梦寐康成志矻矻，渊源红豆膺拳拳。不忘数典创斯作，直凭一线垂仔肩。茫茫绝业望千载，一堂恍接逡与虔。太常籍奏虎观论，对此犹逊覃敷全。悔我平生学诗礼，箧中残稿成迁延。故人垂问倘见及，更何岁月才丹铅。此书一出俗儒省，导训可令长绵绵。文章性道本一贯，无忘博约求高坚。"）

二十四年己卯，五十九岁。

二十五年庚辰，六十岁。

三月朔，作《惠松崖征君易大义跋》。

九月二十一日，跋宋拓本《隶韵》。（文云："敦夫太史所藏乃余清斋之故物，董文敏有跋语。惜缺《表》一首。老友赵晋斋云：'天一阁藏本有《表》文半篇，今为云台先生所得。'碑目亦残缺不全。藩曾补万之。敦夫刻本碑目下半册即藩所辑也。"）

为阮赐卿（名福，文达子，先生弟子也）说《毛诗》，因检《尔雅正字》旧稿，重加删订，据古本厘为三卷，易名《小笺》。

宣宗道光元年辛巳，六十一岁。

霜月庚申，作《尔雅小笺自序》。（"霜月"，见韩敕造《孔庙礼器碑》。《集古录》以"霜月"为九月。黄扶孟、刘楚桢从之。钱竹汀、王石臞并引《尔雅》"七月为相"，以"霜月"即"相月"。附记于此，竢考。）

阮文达刻《江苏诗征》成，是书王柳村所辑，文达束其稿入粤，属先生与许楚生、凌晓楼删订、校正者也。阮赐卿仿祭诗故事随先生祭之，有诗、画卷。

是年八月二十六日，曾冕士为作《隶经文序》。（此先生从诸文中删存者，苟非说经皆不录。冕士称先生"善汉学，不喜唐宋文，每酒酣耳热，自言文无八家气云。"）

九月，吴石华为作《隶经文跋》。（石华称"先生今年六十有一矣，矍铄善饭。"）

二年壬午，六十二岁。

嘉平月，长白达三（字诚斋）为作《国朝宋学渊源记序》。（在粤东榷署。又先生自序略云：近今汉学昌明，有一知半解者无不痛诋宋学。然本朝为汉学者，始于元和惠氏红豆。山房半农人手书楹联云："《六经》尊服虔，百行法程朱。"不以为非，且以为法。藩为是《记》，实本师说。嗟乎！耆英凋谢，文献无征，甚惧斯道之将坠，耻躬行之不逮也。）

三年癸未，六十三岁。

四年甲申，六十四岁。

五年乙酉，六十五岁。

退息里门，穷老益甚。所僦屋迁徙无定，客羊城时所刻书板亡失过半。（阮文达《高密遗书序》云："黄右原亹言幼读书入安定书院，曾宾谷先生异之曰：'尔勿为时下学，余荐老师宿儒一人与尔为师。'乃甘泉江子屏藩也。右原以重修礼延之，馆其家四年，子屏老病卒。"盖先生退息里门后事也，当在丙戌、丁亥间，附记于此。）

六年丙戌，六十六岁。

七年丁亥，六十七岁。

八年戊子，六十八岁。

九年己丑，六十九岁。

侄孙顺铭等请于先生，将所刻书板修补而汇萃之，颜曰《节甫老人杂著》。（光绪丙戌侄曾孙巨渠又以板多残阙，命二子朝栋、朝桢校雠补刊，今《江氏丛书》即此本。）

十年庚寅，七十岁。

十一年辛卯，七十一岁。

先生卒。（张午桥跋《扁舟载酒词》云"卒年七十一"，未言何年。以生乾隆二十六年推之，应卒道光十一年。陈穆堂《读骚楼诗二集·汪冬巢寒林独步图序》云"道光庚寅，江郑堂、许楚生、李练江、周乐夫相继殂谢"，则当在年七十矣。包慎伯《安吴四种·汪冬巢传》亦云："庚寅，君之执友三数人皆以物故，为《寒林独步》之图。"附记于此，以竢再考。汪孟慈跋《尔雅小笺序目》云："江先生为大兴朱学士弟子，博览九流，尤精史学。为人阔达大度，视友朋如性命。散其家产，接纳满天下。竟以饿死，吁可悲也。"黄谦牧《梦陔堂诗集·江郑堂没已数月秋窗独坐忆恻然成诗》云："繄予弱冠年，文章颇驰骛。经书虽烂熟，但解事章句。如何为贯穿，茫然若乘雾。遑论其室堂，不知有门户。无何遇江君，言论迥异趣。吐词必宗古，内实外敷布。朗如列宿分，不特百川注。瞠乎若有失，侧耸叩以故。君曰吾语汝，此岂空领悟。古来善读书，读横不读竖。要在研精微，能使经义著。记诵非可师，经师有先路。由是俗见祛，恍然若趋曙。明我以六书，析我以九数。通我以经石,扩我以传注。后来交浸多,引类从此赴。我行虽未逮,非君莫假步。君身为学海,君胸即武库。铸金事高密,重以广资助。穷源极突奥,辟尽妄与固。著书今满家,颠倒横竹素。当时游京华,宰相汲延誉。高名崛非常,几将致殊遇。如何竟无成,奔走四依附。东看钱塘朝,西寻豫章树。南登越王台,北临耿公渡。归来已衰年,穷愁毕呈露。回忆少壮时,酣饮数指顾。答人问百家,未有一字误。光怪如目前,闻者莫不妒。曾是遂蹉跎,无人与调护。吾乡邃经者,几辈皆就墓。赖君为灵光,今日复诀去。旧会滋销沉,通儒不再晤。所关种灵奇,奚独感迟暮。惭负驽蹇姿,每念飞子御。叹逝益思哀,滔滔水空度。"又《文集·江郑堂象赞》云:"江君懋学,式怀渊充。千秋一师,源穷派通。江君植躬,载以夷旷。不屑不洁,而非傥荡。孟喜不达,范丹长贫。忧乃骥屈,乐亦蠖伸。南楼依人,北海好客。饮三百杯,傲二千石。尘席已矣,衡门阒然。想其堂阶,如流百川。学母云遥,经师宛在。金石岂渝?丹青不改。"王句生《舍是集·挽江郑堂先生》云:"贯学昭代崇,宗风遽流衍。《六经》观文章,根柢固不浅。先生信好资,衷籍纵流眄。异说明师承,深心独精阐。蚤年负书游,声华轹京辇。呒笔窥宸章,旁征引坟典。抄成奏松扉,五云翼丹篆。皇情颇忻悦,召传俞未遣。金鞍捧赐函,荣耀照轩冕。(先生恭撰《纯庙诗小注》,由王韩城相国进呈,恩赏《御制诗五集》。后许召对圆明园,因闻林爽文逆信,庙谋劳昃,遂未果召。)脱略时公卿,无心致通显。东南学海堂,坐抗广筵辩。都讲风每移,操行石匪转。山岳论知交,黄金一言践。元礼天下模,讵徒艺文选。晚从粤峤归,足息剩双跰。旧箧新生尘,零落纸万卷。粝食餔昃光,席门卧阴藓。萧条睇孤云,奄忽送余喘。往余接德邻,青天屡容展。(嘉庆间曾与先生同住北城外。)裁缯旁质疑,豹鼠指能辨。回首高山颓,马悲涕长泫。庙食同慨梁,丰碑莫置岘。人寿徒须臾,悠悠孰征善。遗编多待传,募梓更虚愿。(先生已刻书惟《周易述补》《隶经文》《国朝汉学师承记》《宋学渊源记》,余稿多散失。又尝画《募梓图》,载之行箧。)空徇假年心,再想音尘缅。名实伸其常,庶令后来眷。"薛介伯《学诂斋文集·扬州十经师赞·江氏藩》云:"昭代崇经,黜浮持正。韦布高名,上达天听。学究师承,辨章为盛。《周易述补》，精于考证。捧手受教，附见氏姓。文著《隶经》，不同饾饤。博稽六艺，希风后郑。系无小同，《礼堂》谁定？"

无子，生时议以兄子为后，卒不果。（《梦陔堂文集·先生象赞序》云"属伯道之嗟，嗣从旁治，罔获先畴，浮沉筲斗"，又似有子嗣而不肖者。）

先生自京归，盛称徐星伯及徐少鹤曰："京师学者，孰与二徐？"先生殁，星伯出泉十万贯俾汪孟慈录先生遗书，与吴太守陈明经是正之。

先生所著书有《周易述补》五卷（在《学海堂经解》及《江氏丛书》中，卷七、卷八合为一卷，故《经解》只四卷）、《国朝汉学师承记》八卷、《经师经义目录》一卷、《国朝宋学渊源记》二卷、《附记》一卷、《隶经文》四卷、《续隶经文》一卷、《乐县考》二卷（以上数中在《江氏丛书》及《粤雅堂丛书》中。《隶经文》亦在《经解续编》中。惟《续隶经文》，《粤雅堂》及《经解续编》并无之）、《扁舟载酒词》一卷（在《江氏丛书》中。又有题《六家诗词》者，内有《扁舟载酒词》。"六家"为金冬心、朱老匏、朱二亭、汪巢林、罗两峰及先生）、《尔雅小笺》三卷（《鄦斋丛书》中）、《炳烛室杂文》一卷（《涝喜斋丛书》及《积学斋丛书》中）、《半毡斋题跋》二卷（《功顺堂丛书》中）、《经传地理通释》一卷、《仪礼补释》一卷、《考工戴氏车制图翼》一卷、《石经源流考》一卷、《礼堂通义》一卷、《通鉴训纂》一卷（《䂮经室集》有《序》略云：江君郑堂专治汉经学，而子史白家亦无不通。于《通鉴》读之尤审，抄成《资治通鉴训纂》若干卷，皆取其所采之本书而互证之，引览甚博，审决甚精）、《乙丙集》一卷、《伴月楼诗抄》一卷（王柳村《群雅集》载先生诗四首，录于下：《三楚》一首：三楚传消息，连天草色空。伤心歌《硕鼠》，极目送哀鸿。杨柳谁家月，笙箫别院风。两川估客断，米价问江东。《月夜渡太湖》一首：十月湖水清，扁舟去二更。丹枫当夜落，明月共潮生。树树碧云合，峰峰翠霭轻。它年如泛宅，垂钓答升平。《答吴玉松》一首：僻巷无人迹，成都扬子居。暮云天际阔，春草故交疏。谓眉峰、文洲、远斋邀月呼酸酒，寻人读冷书。商量诗格律，结习去无余。《卫霍》一首：伏波久驻五溪蛮，看遍湘南处处山。只恐功成枯万骨，天教马革裹尸还）、《蝇须馆杂记》一卷（计五种，为《枪谱》

《叶格》《茅亭客话》①、《缁流记》《名优记》,见《扬州画舫录》)、《舟车笔谈》一卷(嘉兴钱氏《碑传集》曾载一则)、《舟车闻见续录》十卷。(此目见宋帅初《募梓图跋》中。疑即《舟车笔谈》。案:《经传地理通释》以下数种并尚未见。又有《经解入门》八卷,署甘泉江藩纂,前有阮文达序,光绪中上海石印,十九年癸巳复刻于广西书局,冯德材《跋》已决其非先生真本矣。)

自题《江子屏先生年谱》稿后六首

万闻千睹拓过摸,学术宁因汉宋殊。早有渊源溯红豆,并尊服郑法程朱。

敖游南北布衣尊,长揖升阶礼数敦。一事傲它洪太史,未从幕府拜师门。

同心汪阮播兰芬,朴学扬州自一军。不似桐城矜义法,卓然雄俊《隶经文》。(先生自言文无八家气,盖犹汪容甫不慊于方灵皋诸人之意耳。)

十载秋风海上琴,著书辛苦鬓霜侵。归装胜压端溪石,豪客休疑陆贾金。

载酒扁舟引兴长,仲轩薇竹亦芬芳。填词老去风流在,不独谈经艳"二堂"。(《扁舟载酒词》,中华书局印。《清史列传》作《江湖载酒词》,误。吾扬经师有词集者,似只江、焦二家,它人尚未见。)

千秋青史讵相关,列传儒林待要删。付与旁人评得失,朱翁一例落孙山。

(《清史稿》竹君正三及先生并无传。)

---

① "《茅亭客话》",中华书局点校本《扬州画舫录》作"《茅亭茶话》"。

附录二

新编江藩年谱①

清高宗乾隆二十六年辛巳（1761）　一岁

三月二十二日，先生生于吴县寓所。（江藩《隶经文》卷四《节甫字说》、江沅《染香盦文外集·处士江公墓志铭》）

先生初名帆，一作飙，字雨来，一作豫来。后改今名，字子屏，一作国屏，号郑堂，又号水松、竹西词客，晚号节甫、节父、节甫老人、炳烛老人等，佛号辟支迦罗居士。祖籍安徽旌德，自祖父日宙迁徙扬州后，遂著籍甘泉。先生父名起栋，字胥容，号秋庄，佛号若波。学佛有年，明于去来。尝曰："儒自为儒，佛自为佛，何必比而同之？学儒学佛亦视其性之所近而已。儒者谈禅，略其迹而存其真，斯可矣。必曰'佛、儒一本'，亦高明之弊也。"先生守庭训，少读儒书，不敢辟佛，亦不敢佞佛。（江沅《染香盦文外集·处士江公墓志铭》、江藩《宋学渊源记》附记《程在仁》）

先生母吴孺人、徐孺人，姐某，生年皆不详。先生乃徐孺人所出。（江沅《染香盦文外集·处士江公墓志铭》）

是年，先生师友中，吴兆松五十二岁，袁枚四十六岁，朱筠四十四岁，童钰四十一岁，江声四十一岁，王昶三十八岁，汪缙三十七岁，王杰三十七岁，钱大昕三十四岁，余萧客三十三岁，朱筠三十三岁，罗聘二十九岁，翁

---

① 此谱主要参考了闵尔昌：《江子屏先生年谱》（民国十六年江都闵氏刊本）、漆永祥《江藩年谱新编》（见漆永祥：《江藩与〈汉学师承记〉研究》，附录一，上海古籍出版社2006年版）、薛以伟《江藩年谱补订》（南京师范大学2007年硕士学位论文），特此致谢，文中恕不一一出注。凡遇诸《谱》载录歧异者，择善而从。为节省篇幅，择要在有关条目下标注出处，引文从略。

方纲二十九岁，薛起凤二十八岁，李惇二十七岁，段玉裁二十七岁，谢启昆二十五岁，吴翌凤二十岁，方正澍十九岁，江镠十九岁，邵晋涵十九岁，汪中十八岁，武亿十七岁，洪亮吉十六岁，吴锡麟十六岁，吴云十五岁，宋葆淳十四岁，李斗十三岁，胡量十一岁，刘台拱十一岁，胡虔九岁，伊秉绶八岁，石钧七岁，吴鼒七岁，凌廷堪六岁，褚华四岁，钮树玉二岁，曾燠二岁，秦恩复二岁，钟褒一岁，朱锡庚一岁。

二十七年壬午（1762） 二岁

是年，余萧客撰成《古经解钩沉》三十卷，并题写《后序》。（余萧客《古经解钩沉》卷一上《后序》）

是年，顾凤毛、达三生。凤毛为顾九苞子，后向阮元荐举先生参纂《经籍籑诂》。先生尝致函焦循，请代为问候顾氏。（闵尔昌《江子屏先生年谱》乾隆五十二年条）

二十八年癸未（1763） 三岁

是年，王鸣盛丁母忧返里，旋卜居苏州阊门，专意著述。（钱大昕《潜研堂文集》卷四十八《西沚先生墓志铭》）

是年，汪中二十岁，治举子业，深究群经注疏。时李因培督学江苏，试《射雁赋》，汪中应试，榜出，列扬州府属第一，入江都学为附生。时杭世骏主讲安定书院，见汪中文，深加叹赏，汪中因得从杭氏借读群经正义，学以日进。（汪喜孙《容甫先生年谱》乾隆二十八年条）

是年，李钟泗、袁廷梼、焦循生。

二十九年甲申（1764） 四岁

是年，先生妹珠生。江珠字碧岑，号小维摩，善诗，有《小维摩诗稿》《青黎阁诗》等，于乾隆四十六年嫁于吾学海。（江珠《小维摩诗稿》卷首江藩《序》）

是年，徐复、阮元生。

三十年乙酉（1765） 五岁

是年，乾隆南巡，王念孙以大臣之子迎驾，献颂册，得赏举人。（闵尔昌《王石臞先生年谱》乾隆三十年条）

是年，汪光爔生。

三十一年丙戌（1766）　六岁

是年，乐钧、何元锡、吴嵩梁、王引之生。

三十二年丁亥（1767）　七岁

是年，臧庸、郭麟、江沅生。

三十三年戊子（1768）　八岁

秋，汪中应省试，本已中式，后不知何故被黜。寻病怔忡，遂不就省试。在江宁刻《策学謏闻》。（汪喜孙《容甫先生年谱》乾隆三十三年条）

是年，焦循受业于表兄范征麟。（闵尔昌《焦理堂先生年谱》乾隆三十三年条）

是年，汪莱、李锐、彭兆荪、王豫、张鉴生。后先生与汪莱、李锐时相过从，称汪莱为"密友"，于李锐则自称"老友"，与彭兆荪、王豫、张鉴等亦有诗词唱和。

三十四年己丑（1769）　九岁

是年，张镠生。

三十五年庚寅（1770）　十岁

是年，仪征盐船失火，汪中作《哀盐船文》，杭世骏为之序。（汪中著，田汉云点校《新编汪中集》之《文集》第七辑《哀盐船文》）

是年，顾广圻生。

三十六年辛卯（1771）　十一岁

是年，汪中在当涂朱筠学使幕。（汪喜孙《容甫先生年谱》乾隆三十六年条）

是年，刘彬华、黄承吉生。

三十七年壬辰（1772）　十二岁

先生少长吴门。是年，先生从薛起凤受句读，谕以涵养工夫。（江藩《国朝汉学师承记·附记·薛香闻师》）

是年，汪中在泰州与刘台拱、李惇相见，因与定交。冬，汪中与王念孙定交于朱筠幕中。（汪喜孙《容甫先生年谱》乾隆三十七年条）

是年，凌霄、方东树生。

三十八年癸巳（1773）　十三岁

是年，清廷始修《四库全书》。(《四库全书总目》卷首《圣谕》)

是年，江声撰成《尚书集注音疏》十二卷。(江声《尚书集注音疏》卷末《后述》)

是年，汪中为朱筠撰《朱先生学政记》。(汪喜孙《容甫先生年谱》乾隆三十八年条)

是年，刘华东生。

三十九年甲午（1774）　十四岁

冬，因朱筠之荐，汪中往宁波依冯廷丞。朱筠在荐书中称汪中"通人也，其学知经传之义，而达于史事，又善为古文词"。(汪喜孙《容甫先生年谱》乾隆三十九年条)

约是年，先生偕其妹珠，从汪缙问学。汪氏尝诲先生曰："吾于儒、佛书，有一字一句悟之十余年始通者。读《二录》《三录》，当通其可通者，不可强通其不可通者。"(江珠《小维摩诗稿》卷末吾学海《后序》、江藩《国朝宋学渊源记·附记·汪爱庐师》)

是年，先生妹珠承严命从吴云夫人学针黹事。先生与吴云时相唱和，其《伴月楼诗抄》有《和答玉松》《玉松家梅花盛开作此索饮》等篇。(江珠《小维摩诗稿》卷末吾学海《后序》)

是年，薛起凤卒，倪稻孙、金学莲生。

四十年乙未（1775）　十五岁

先生束发时即能为五、七言诗。是年，先生从惠栋弟子余萧客游，始知风雅之旨，"于是上窥汉、魏、六朝，下逮李唐、赵宋，虽不能入天厨、窃禁脔，而钟嵘之品、皎然之式，亦三折肱而思过半矣。"(江藩《乙丙集自序》)

先生《乙丙集》所录之诗，始于是年，集中第一首为《宿雨亭张丈止园》。第二首为《谷董羹》，乃与余师唱和之作，亦当作于此一、二年间。(江藩《乙丙集自序》)

是年，冯廷丞调台湾道，汪中以母病不能偕往，于四月归里。（汪喜孙《容甫先生年谱》乾隆四十年条）

是年，王念孙会试中式。殿试二甲第七名，改翰林院庶吉士。（闵尔昌《王石臞先生年谱》乾隆四十年条）

四十一年丙申（1776）　十六岁

是年，先生受知于朱筠。① 筠尝劝谕先生及时为乐，勿以功名利钝为意，先生甚为折服，有"文章窟里推先辈，仙佛中间第一人。若有朝云相伴住，东坡居士定前身"② 之句。（江藩《国朝汉学师承记》卷四《朱笥河先生》）

是年，余萧客托书贾钱听墨假滋兰堂朱奂所藏《灯下闲谈》，命先生抄录一本。先生抄录后题跋其上，署"江水松"。（缪荃孙《艺风堂藏书记》）

是年，汪中在江宁，受知于谢侍郎墉，与程瑶田定交。（汪喜孙《容甫先生年谱》乾隆四十一年条）

四十二年丁酉（1777）　十七岁

是年，先生师余萧客卒。余氏为文典博古茂，不轻易为之。先生编次为集，得二十余篇藏焉。余氏卒后，先生师从江声读七经、三史及许氏《说文》，乃从之受惠氏《易》。（任兆麟《余仲林墓志铭》、江藩《国朝汉学师承记》卷二《江艮庭先生》）

是年，汪中被选拔入太学。王念孙与汪中、李惇同访贾田祖，草堂欢聚，送汪中北行。五月，贾田祖卒，汪中为撰《墓志》。（汪喜孙《容甫先生年谱》乾隆四十二年条）

是年，戴震卒，汪潮生生。

四十三年戊戌（1778）　十八岁

是年，先生承江声之学，著《尔雅正字》，以《说文》为指归。《说文》所无之字，或考定正文，或旁通假借，不敢妄改字画。嘉定王鸣盛见之，深

---

① 此据江藩的自述，见徐洪兴编校《汉学师承记》（外二种）第81页，生活·读书·新知三联书店1998年版。漆永祥以为其事似无可能（见漆永祥《江藩与〈汉学师承记〉研究》第45页），因语系猜测，无法确证，故仍采江藩自述之语。

② 江藩：《伴月楼诗抄》卷上《孟陬十八日陪笥河夫子游圣恩寺作此以呈》，清抄本，藏上海图书馆。

为叹赏，谓先生曰："闻邵晋涵太史作《疏》有年矣，子俟其书出再加订正未晚也。"（江藩《尔雅小笺》卷首《序目》）

是年，朱筼见先生歌诗，嘱弟子张居寿为介绍，引为忘年之交。张氏与先生亦时有唱和，后张氏殁，先生辑录其与己酬赠之作为一册，并为之序。（朱筼《二亭诗抄》卷首江藩《朱处士墓表》①、江藩《炳烛室杂文·张旧山诗集序》）

是年，吾学海之父为其子求婚于秋庄公，聘先生妹珠为学海之室。（江珠《小维摩诗稿》卷末吾学海《后序》）

是年，吴慈鹤、车持谦、陈逢衡生。

四十四年己亥（1779）　十九岁

是年，先生假朱邦衡所藏惠士奇、惠栋父子手批本《说文解字》，抄录并有题记，署"江骦"。（王欣夫撰，鲍正鹄等整理《蛾术轩箧存善本书录·庚辛稿》卷一《说文解字》）

是年，焦循十七岁，应童子试，补县学生。循受知于学使刘墉，并从之习经。后刘氏卒，循作《感大人赋》以纪之。（闵尔昌《焦理堂先生年谱》乾隆四十四年条）

是年，先生族侄懋庄生。后先生所刻《周易述补》《尔雅小笺》《汉学师承记》《宋学渊源记》《隶经文》《扁舟载酒词》诸书，其板皆藏懋庄家。懋庄宝先生诸书而珍之，惟《扁舟载酒词》一卷，板终散失。（江藩《伴月楼诗抄》卷末江璧《跋》）

四十五年庚子（1780）　二十岁

春，先生从朱奂处借读汲古阁影宋抄《九僧诗》。（江藩《半毡斋题跋》卷上《群贤小集》）

时王昶、朱筠主盟文坛，天下奉为宗匠，先生常侍左右。（何青《遂初

---

① 江藩：《朱处士墓表》有异文。江藩《炳烛室杂文》收录此文，云"乾隆四十二年，处士见藩歌诗……"。是书初刻为同治、光绪间《滂喜斋丛书》本。然朱筼《二亭诗抄》卷首江藩《朱处士墓表》称"乾隆四十三年，处士见藩歌诗……"，是书为嘉庆刻本。从刻印时间而言，当以《二亭诗抄》所录为是。薛以伟《江藩年谱补订》据此系于乾隆四十三年，今从。

堂诗集》卷首江藩《跋》）

是年，先生拜袁枚于山塘，袁氏盛称先生之诗清拔工切。（江藩《伴月楼诗抄》卷下《呈简斋先生》、袁枚《随园诗话补遗》卷一）

是年，先生与汪中定交，日相过从。容甫尝谓先生曰："予于学无所不窥，而独不能明《九章》之术。近日患怔忡，一构思则君火动而头目晕眩矣。子年富力强，何不为此绝学？"以梅氏书赠先生。先生自以知志位布策，皆容甫之教也。（江藩《国朝汉学师承记》卷七《汪中》）

是年，洪亮吉、黄景仁流寓日下，贫不能归，先生偕饮于天桥酒楼。遇武亿，招之入席，尽数盏后，忽左右顾盼，哭声大作，楼中饮酒者骇而散去。武氏谓先生曰："予幸叨一第，而稚存、仲则，寥落不偶，一动念，不觉涕泣随之矣。"先生以今日之唐衢戏之。（江藩《国朝汉学师承记》卷四《武亿》）

是年，李惇会试中式。（江藩《国朝汉学师承记》卷七《李惇》）

四十六年辛丑（1781）　二十一岁

春，朱筠由闽返京，途径苏州，与先生同游探梅。旋病逝，先生作诗悼之，有"玉堂神仙今羽化，灞桥驴背谁人跨。催花风去败花雨，梅为谁开为谁罢"云云。（江藩《孟陬十八日陪筠河夫子游圣恩寺作此以呈》《栢因轩有梅一株倚墙而生今年春筠河夫子探梅见此婆娑树本以竹杖去其枝头蛛网谓藩曰何其古也十一月二十六日与墨庄约明年春宿还元阁作众香国主人谈及此事而先生已归道山矣唏嘘久之泫然泣下感而作此》）

是年，先生妹珠归于吾学海。（江珠《小维摩诗稿》卷末吾学海《后序》）

是年，阮元与凌廷堪订交于扬州。（阮元《揅经室三集》卷五《凌母王太孺人寿诗序》）

是年，徐松、汪蘗生。汪蘗为先生友锡维长女，后与先生有诗唱和。（汪蘗《雅安书屋诗集》卷一《江郑堂父执属题秋江听潮图集唐人句》）

四十七年壬寅（1782）　二十二岁

六月，先生于扬州书肆中得宋椠本《群贤小集》，乃马氏玲珑山馆旧藏，后为汪雪礓所有。先生录有《序目》一卷。先生亦因读《群贤小集》，始知《九僧诗》即《圣宋高僧诗选》之前集。（江藩《半毡斋题跋》卷上《群贤小集》）

七月，《四库全书》修成，永瑢等进表奏上。（《四库全书总目》卷首《表文》）

是年，程在仁从先生处借述古堂精抄本《吴越备史》及道藏本李荃注《太乙紫庭经》，后因程氏亡故而散失。程氏尝下榻先生家，喜与秋庄公谈论，自悲身世，愤激不平。秋庄公责其学儒、佛十余年，胸中尚不能消"秀才"二字，遂醒悟。程氏与先生有书信论学，先生尝致函程氏，答复居丧称"棘人"之说。（上海图书馆藏扬州江氏抄校本《吴越备史》江藩《跋》《国朝宋学渊源记·附记·程在仁》《隶经文》卷四《答程在仁书》）

是年，焦循传家教，好《孟子》书，立志为《正义》。子廷琥生。（闵尔昌《焦理堂先生年谱》乾隆四十七年条）

是年，阮元结识汪中于扬州。（阮元《揅经室续集》卷三《汪容甫先生手书跋》）

是年，童钰卒。先生与童钰时有唱和，其《伴月楼诗抄》卷中有《二树老人画梅歌》《作二树老人画梅歌后老人作梅书长歌见答遂次其韵》《二树先生画梅竹一幅并题绝句见赠舟至江口阻风细读于水窗中次韵一首》等诗。

四十八年癸卯（1783）　　二十三岁

春，凌廷堪在京师闻先生作《周易述补》，心慕其人，惜未得见。（江藩《周易述补》卷首凌廷堪《叙》）

是年，先生归邗上，有平山之行。为任兆麟作《孟子时事略跋》和《书任心斋诗后》。先生与任氏订道义交，时有"吴中二彦"之目。（任兆麟《孟子时事略》卷首江藩《跋》、王欣夫辑《炳烛室杂文补遗·书任心斋诗后》、张滋兰选录、任兆麟阅定《吴中女士诗抄·清溪诗稿》卷首江珠《读松陵任夫人春日闲居诗即次原韵奉寄》）

是年，汪中往江宁，修《南巡圣典》。（汪喜孙《容甫先生年谱》乾隆四十八年条）

是年，黄景仁卒，阮元从弟阮亨生。黄氏与先生为文字交。（江藩《伴月楼诗抄》卷末江璧《跋》）

四十九年甲辰（1784） 二十四岁

是年，在扬州，汪中介凌廷堪与先生定交，廷堪为先生《周易述补》作序。（江藩《周易述补》卷首凌廷堪《叙》）

是年，凌廷堪上书翁方纲，荐举阮元，信中提及先生与汪中。（凌廷堪《上洗马翁覃溪师书（甲辰）》）

是年，谢墉督学江苏，岁试扬州，阮元取入仪征县学第四名。先生因与阮氏同学交善。（张鉴等《雷塘庵主弟子记》乾隆四十九年条、江藩《国朝汉学师承记》卷首阮元《序》）

是年，李惇卒。李惇尝往江阴，留宿先生家，燃烛豪饮，议论史事，惇朗诵史文，往往达旦。明日，先生取史文核之，一字不误也。时先生年少气盛，好诋诃古人，惇从旁谓先生曰："王子雍有过人之资，若不作《圣证论》攻康成，岂非淳儒哉！"少顷，又曰："若夫佛氏轮回因果之说，浅人援儒入墨之论，不可不辨，子车氏所谓'正人心，息邪说'，苟不力辟之，是无是非之心矣。"（江藩《国朝汉学师承记》卷七《李惇》）

五十年乙巳（1785） 二十五岁

先生自编诗集《乙丙集》所收之作，止于是年。（江藩《乙丙集》卷首《自序》）

是年，先生于江安家观览其父立所藏宋刻本《金石录》及《谢皋羽像》。（叶昌炽编，潘承厚增补《滂喜斋藏书记》卷一"宋刻金石录十卷"条载江藩《金石录跋》）

是年，程晋芳卒。

五十一年丙午（1786） 二十六岁

正月十二日，先生自序《乙丙集》，有"丙午岁大饥，日唯一饘粥。贫居无事，发八百首读之，吟哦之声与饥肠雷鸣声相断续，乃去萧取艾、伐稂存禾，得一百二十八首，厘为二卷，上卷六十五首，下卷六十三首，起乙未，终乙巳"云云。（江藩《乙丙集》卷首《自序》）

二月五日，先生父秋庄公殁，年六十五。（江沅《染香盦文外集·处士江公墓志铭》）

八月，先生为任兆麟《夏小正注》作序。（任兆麟《夏小正注》卷首江藩《叙》）

丙午、丁未间，频遭饥荒，先生以所聚书易米，书仓为之一空，先生遂作《书窠图》以寓感，一时耆宿题咏殆遍。先生所藏明初椠本《农书》，上有先生师余萧客跋，亦于此间转手散失。（江藩《炳烛室杂文·石研斋书目序》、江藩《炳烛斋杂著·舟车闻见杂录续集·架田》）

是年，阮元应乡试，以第八名中式。后抵京师，得见前辈学者邵晋涵、王念孙及任大椿。（张鉴等《雷塘庵主弟子记》乾隆五十一年条）

是年，林爽文在台湾率天地会起义，攻占彰化，清廷命常青、徐嗣曾等剿办。（《清史稿》卷十五《高宗本纪六》）

是年，汪喜孙生。

五十二年丁未（1787）　二十七岁

正月，汪中谒太兴朱珪侍郎于钱塘节署，作《广陵对》三千言。（汪喜孙《容甫先生年谱》乾隆五十二年条）

先生自西湖归扬，接焦循手书，即致函焦氏，讨论阮元主编《经籍籑诂》事，并言八月必为豫章之行。后遂客游江西，在谢启昆处，交胡虔。时先生又有致阮元、朱锡庚书，请焦氏代寄进京。（闵尔昌《江子屏先生年谱》乾隆五十二年条、江藩《半毡斋题跋》卷上《三辅黄图》）

冬，先生与叶英访焦循。先生获睹焦氏《毛诗物名释》，阅三月而读竟，遂题序其上。后先生与焦循以渰博经史为艺苑所推，时有"二堂"之目。（焦循《雕菰楼集》卷二十一《叶霜林传》、焦循《毛诗物名释》卷首江藩《序》、王豫《群雅集》卷十九《焦循》）

是年，焦循以文质汪中，汪中曰："蕿之，此唐、宋人小说，何不学左丘明、司马迁？"（汪喜孙《容甫先生年谱》乾隆五十二年条）

是年，先生母吴孺人卒，殡于甘泉之宝城。（江沅《染香盦文外集·处士江公墓志铭》）

五十三年戊申（1788）　二十八岁

十二月，先生妹珠自叙《青藜阁诗稿》并呈任兆麟审阅。先生有《题碧岑诗集》一首。（江珠《青藜阁诗稿》卷首《自叙诗稿简呈心斋先生》、江藩《题碧岑诗集》）

十二月二十一日，王昶招翁方纲及先生、曹秉钧、王尚钰、金鸿书、施晋、汪庚、吴照、何元锡诸君于江西官署小集。（王昶《春融堂集》卷十九《腊月二十一日招翁学使振三及曹仲梅（秉钧）家若农金宝函（鸿书）施锡蕃（晋）江子屏（藩）汪上章（庚）吴照南（照）何梦华（元锡）诸君小集》）

是年，先生请焦循摘录《御览》旧注。（闵尔昌《江子屏先生年谱》乾隆五十二年条引江藩《与焦理堂书》）

是年，先生在苏州顾之逵家见宋刻《列女传》，为之眉飞色舞。（王欣夫辑《炳烛室杂文补遗·宋刻新编古列女传跋》）

是年，任兆麟《述记》刊印，先生曾参与审定。（任兆麟《述记·鉴阅参订姓氏》）

是年，阮元《车制图解》付梓。（阮元《揅经室一集》卷七《车制图解后跋》）

是年，林爽文兵败被杀。（《清史稿》卷十五《高宗本纪六》）

是年，顾凤毛卒，侄懋钧生。后先生以朴学名东南，所交多海内通儒，每宴集，懋钧皆侍，由是学问日进，著有《诗经释义》二十卷、《尔雅旁证》八卷、《鸥寄斋古今体诗》八卷。（英杰修，晏端书等纂《同治续修扬州府志》卷十三《人物·文苑·江懋钧》）

五十四年己酉（1789）　二十九岁

正月初八日，王昶复邀翁方纲及先生等官斋小集。（王昶《春融堂集》卷二十《初八日复邀振三及仲梅诸君官斋小集》）

孟春既望，先生妹珠为张滋兰《清溪诗集》题词。（张滋兰《清溪诗稿》卷首江珠《清溪诗集题词》）

五月，先生妹珠为任兆麟《箫谱》作《后叙》。（任兆麟《箫谱》江珠

《箫谱后叙》）

闰五月，张滋兰等吴中女士于林屋吟榭会课《白莲花赋》，任兆麟评江珠为第一。（任兆麟评《翡翠楼闺秀雅集》卷首《目录》、张芬《两面楼诗稿·晚春小饮怀碧岑江姊》）

六月，先生自豫章归吴下，贫病相交，形神俱丧。为人解说《考工》车制，乃作《考工戴氏车制图翼》。（闵尔昌《江子屏先生年谱》乾隆五十二年条、王昶《湖海文传》卷四十江藩《与焦里堂书》）

秋，先生妹珠为席蕙文《采香楼诗集》作序。（席蕙文《采香楼诗集》卷首江珠《叙》）

是年，钮树玉于紫阳书院拜谒钱大昕，后又获见江声、先生等，切磋问难，每有所闻见，因笔录之。（钮树玉《钮匪石日记》卷首自题）

是年，张滋兰选录、任兆麟阅定《吴中女士诗抄》刊印，收录张滋兰、江珠等十位吴中闺秀诗词。

是年，汪中游武昌，居湖北总督毕沅幕。为撰《黄鹤楼铭》，程瑶田书石，钱坫篆额，时人称"三绝"。（汪喜孙《容甫先生年谱》乾隆五十四年条）

是年，焦循与黄承吉交。（闵尔昌《焦理堂先生年谱》乾隆五十四年条）

是年，阮元中会试第二十八名，旋中殿试二甲第三名，赐进士出身，改翰林院庶吉士。（张鉴等《雷塘庵主弟子记》乾隆五十四年条）

是年，吴兰修、黄式三生。后黄氏作有《读江氏隶经文》《汉学师承记跋》等。（黄式三《儆居集》四《子集三·读江氏隶经文》、五《杂著一·汉学师承记跋》）

五十五年庚戌（1790）　　三十岁

正月，先生家仆自扬州还，得焦循手书及焦氏《与阮良伯书》。焦氏致函阮元论《考工》车制，先生以为焦说比例精审，议论详明，然亦有未安者，遂将所撰《戴氏考工车制图翼》录成就正，而复为之说。（王昶《湖海文传》卷四十江藩《与焦里堂书》）

春，顾广圻师从江声，成先生同门学侣。（顾广圻《思适斋集》卷十五

《题江艮庭先师遗札册后》）

是年，袁枚尝过先生蝇须馆，诗酒唱和。先生有《呈简斋先生》四首。（江藩《伴月楼诗抄》卷下《呈简斋先生》）

是年，先生与黄承吉交。（黄承吉《梦陔堂诗集》卷三十二《江郑堂没已数月秋窗坐忆恻然成诗》）

是年，吴兆松卒，先生为撰《墓表》，有"每见君，执弟子礼，谓藩曰：'读书当融释，讲学在缜密；不读书无入德之门，不讲学无自得之乐'"云云。（江藩《炳烛室杂文·廪膳生吴君墓表》）

是年，汪中自武昌归里。（汪喜孙《容甫先生年谱》乾隆五十五年条）

是年，焦循馆于扬州卞氏。撰成《群经宫室图》二卷，旋刊行于世。江声有书信与之辩难。（闵尔昌《焦理堂先生年谱》乾隆五十五年条）

是年，凌廷堪应万寿恩科会试，中式第四名。（张其锦《凌次仲先生年谱》乾隆五十五年条）

是年，清廷颁发三部《四库全书》，分庋文宗、文汇、文澜三阁。（《四库全书总目》卷首《圣谕》）

五十六年辛亥（1791）　　三十一岁

是年，先生晤阮元于京师，谈及焦循近况。（焦循《群经宫室图》卷首阮元《致焦循函》）

是年，得阮元之荐，先生馆东阁大学士兼管礼部事务王杰府第。时，王杰为石经馆总裁，洪亮吉充石经收掌详覆官。亮吉手定条例，嘱先生呈之，杰是其说。副总裁彭元瑞主其事，杰不能与之争。后元瑞自作凡例，杰命先生勘定，驳其秕谬者数十条。元瑞大怒，谓先生与亮吉互相标榜。期间，先生又尝协助王杰编辑《御制诗五集》，备查列《御制诗》注之事。（江藩《国朝汉学师承记》卷四《洪亮吉》、阮元《揅经室再续集》卷三《高密遗书序》）

约是年前后，吴鼒馆朱珪府第，时与洪亮吉、赵怀玉等雅集。吴氏尝病甚，专服先生所开药方。后吴氏有诗纪其事。（吴鼒《吴学士诗集》卷四有《初三日晚晴补和郑堂元日雪中诗》）

是年，阮元任詹事府詹事、文渊阁直阁事。复充石经校勘官，校《仪礼》十七篇。（张鉴等《雷塘庵主弟子记》乾隆五十一年条）

五十七年壬子（1792）　三十二岁

十一月，先生致书焦循，言及撰《春秋解诂》一书，并向焦氏请教年根置闰之捷法。十二月，焦循有《答江子屏论春秋历法书》《答江郑堂书》，答先生之疑，并谈及焦氏拟撰《加减乘除》等算学三书。焦氏《答江郑堂书》有"京师华聚之所，曾有志相合而可以埤助者乎"云云，知是年先生仍在京师。（焦循《里堂文稿·答江子屏论春秋历法书》《里堂文稿·答江郑堂书》）

是年，汪中写定《述学·内篇》三卷、《外篇》一卷，刊行于世。复写定郑氏《周易》、卫包未改《古文尚书》《仪礼·丧服》子夏传，教授喜孙于礼堂。（汪喜孙《容甫先生年谱》乾隆五十七年条）

是年，凌廷堪作《与焦里堂论路寝书》。（张其锦《凌次仲先生年谱》乾隆五十七年条）

是年，汪缙卒、龚自珍生。

五十八年癸丑（1793）　三十三岁

年初，先生盖尝南返至吴，与段玉裁交。①（段玉裁《经韵楼文集补编》卷上《有竹居集序》）

初夏，先生尝至五台山，有《氐州第一》（出龙泉关）词。复至保阳，于查观察处手摹《九歌》石刻。（江藩《扁舟载酒词·氐州第一》《半毡斋题跋》卷下《九歌石刻》）

其后，先生又尝至古北口，有《六州歌头》（出古北口有感）、《出古北口》纪游。后又至滦阳。（江藩《扁舟载酒词·六州歌头》《伴月楼诗抄》

---

① 漆永祥：《江藩年谱新编》据段玉裁作于乾隆五十八年的《有竹居集序》有"余自蜀中归，访友吴中，若汪明之元亮、江雨来藩，皆博雅士也"云云，且段玉裁于乾隆五十七年避祸移居苏州，遂系于乾隆五十七年。然据焦循写于乾隆五十七年的《里堂文稿·答江郑堂书》，内有"京师华聚之所，曾有志相合而可以埤助者乎"云云，知是年江藩仍在京师，难与移家苏州的段玉裁相见。而乾隆五十八年，江藩自山右入都门，或于年初有南返吴门之举，故系于此。

卷下《出古北口》《舟车闻见录》卷下《欧李》）

五月，凌廷堪随座主王杰至热河（今河北承德，亦称滦阳）。先生后游热河，遇淮阴史上舍，赋《芍药吟》赠之，凌廷堪次韵和之。（张其锦《凌次仲先生年谱》乾隆五十八年条，凌廷堪《校礼堂诗集》卷八《淮阴史上舍性嗜花江郑堂赋芍药吟赠之癸丑夏客滦阳出以见示并索和章因次郑堂韵》）

五月，阮元为焦循《群经宫室图》作序。六月，阮元任山东学政。（闵尔昌《焦理堂先生年谱》、张鉴等《雷塘庵主弟子记》乾隆五十八年条）

五月三十日，蒋立崖携夫人遗照索题于先生妹珠，时珠病，立秋后一日方好转，遂执笔题诗。（江珠《小维摩诗稿·癸丑五月晦日立崖先生携王夫人遗照索题是夕珠寒热交作奄卧终月至立秋后一日始能坐起信笔率成聊以塞责》）

先生返京师，仍寓王杰邸，与凌廷堪及王杰季子堉时讲求象纬之学。（凌廷堪《校礼堂文集》卷一《悬象赋（并序）》）

冬，先生与凌廷堪同出都门，廷堪返板浦。途中谈及时文，先生云："近见为文者，稽之于古，则训诂有乖；验之于今，则典章多舛。"又云："能文者必多读书，读书不多必不能文。"廷堪深为折服，以为非真读书人不能道也。（凌廷堪《校礼堂文集》卷二十四《与江豫来书》）

是年，林道源过吴，至吾学海家，询先生近况，江珠感而赠诗。（江珠《小维摩诗稿·癸丑正月林庚泉过吴至舍询郑堂近况感而赋赠》）

五十九年甲寅（1794）　　三十四岁

是年，钱敬开与钮树玉谈及先生尝在江西见王安石《新经》。（钮树玉《钮匪石日记》）

约是年前后，先生为罗聘《正信录》作序。（罗聘《正信录》卷首江藩《序》）

是年，汪中卒，丁晏生。

六十年乙卯（1795）　　三十五岁

六月八日，钮树玉舟次扬州，访先生。先生出示所藏秦刻《峄山碑》、阮元《仪礼考》，并偕访徐复。先生谓钮氏曰："扬州学者，焦、徐而已。"

（钮树玉《钮匪石日记》）

八月，先生自京师至金陵，应布政司试，未中。与同人集小西湖。（江藩《扁舟载酒词·莺啼序》）

是年，先生与徐复亲善，讲习经义。每相遇，辄日旰忘食，夜分不寝。后徐氏出所著《论语疏证》，先生为之序。（江藩《隶经文》卷四《徐心仲论语疏证序》）

是年，凌廷堪有《与江豫来书》。（张其锦《凌次仲先生年谱》乾隆六十年条）

是年，焦循随阮元游幕山东。冬，阮元自山东移任浙江，过扬州，先生偕黄文旸、林道源、钟裛、徐复、汪光爔、黄承吉、焦循、方仕夑、仕杰、汪澍、李钟泗、濮士铨、士鉁、士钤、李斗、周瓒、郑兆珩、何元锡诸人饯之于虹桥净香园。是日，寒雨满湖，未及平山而返，奚冈为作《虹桥话旧图》。（闵尔昌《焦理堂先生年谱》乾隆六十年条、阮元《定香亭笔谈》卷三）

是年，焦循有《与孙季逑比部辨考据著作书》，提及先生与焦氏谈及孙星衍之为人。先生与孙氏为文字交，此前当已有交游。（焦循《里堂文稿·与孙季逑比部辨考据著作书》、江藩《伴月楼诗抄》卷末江璧《跋》）

是年，王引之应顺天乡试，成孝廉。（刘盼遂《高邮王氏父子年谱》乾隆六十年条）

是年，蒋湘南生。后师从先生，阎彤恩《七经楼文抄序》称蒋氏"从江郑堂、阮芸台两先生问奇字、研经术。"（蒋湘南《七经楼文抄》卷首阎彤恩《序》）

仁宗嘉庆元年丙辰（1796）　　三十六岁

正月，先生为黄承吉作《亨年室铭（并序）》。（江藩《炳烛室杂文·亨年室铭（并序）》）

六月，焦循子廷琥患湿几危，循送之吴中就医。七月初七日，焦循趋山塘，过先生家，见太夫人生活艰苦，赠钱一千文。（焦循《里堂日记》）

是年，王念孙《广雅疏证》粗成，自为序。（闵尔昌《王石臞先生年

谱》嘉庆元年条）

是年，邵晋涵卒、仪克中生。

二年丁巳（1797）　三十七岁

春，先生与张筱原同客王杰府第，谈释地沿革之难，作《六安州沿革说》。后又有《与张筱原书》，考释《通典》和《文献通考》的一则史料。（江藩《炳烛室杂文·六安州沿革说》《炳烛室杂文·与张筱原书》）

时先生与焦循因谗言而产生误会。先生多次致函焦循，语带责备；焦氏遂复信解释，意欲消弭以《尔雅》"短足下"之谗言。（焦循《里堂文稿·丁巳手札·答江子屏》）

是年，先生在京师，黄承吉作《寄江郑堂》怀之，有"吾子振长策，三度游京师……酒味长如此，人生何别离"云云。（黄承吉《梦陔堂诗集》卷三《寄江郑堂》）

是年，凌廷堪致函阮元，论李斗《扬州画舫录》得失，欲请阮元偕先生及焦循、汪光爔等纂辑《补遗录》。（凌廷堪《校礼堂文集》卷二十三《与阮元伯元阁学论画舫录书》）

是年，阮元选浙江经古之士修纂《经籍籑诂》。《畴人传》亦开始编纂。（张鉴等《雷塘庵主弟子记》嘉庆二年条）

是年，王引之《经义述闻》刊行，自为序。（刘盼遂《高邮王氏父子年谱》嘉庆二年条）

是年，袁枚、朱筠、王鸣盛、叶英、顾之逵、徐复卒。

三年戊午（1798）　三十八岁

正月，阮元主纂之《淮海英灵集》修成，先生曾协助征诗。（阮元《淮海英灵集》卷首《凡例》）

先生自京师归，重至金陵，应布政司试，仍未中。与方正澍等雅集。先生作《莺啼序》一阕，忆及汪廷桂、林道源诸友。方正澍有《赠江郑堂》诗，或作于此间。是诗赞许先生豪迈超逸，并劝勉先生少饮酒、多珍重。（江藩《扁舟载酒词·莺啼序》、方正澍《子云诗集》卷八《赠江郑堂》）

秋，焦循出所制《释椭》示先生，先生为之序。（江藩《炳烛斋杂文·

释椭序》)

九月初三日，阮元主纂之《经籍籑诂》书成。冬，阮元委臧庸往广东刊刻，次年刊成印行。九月十二日，阮元任满入都。阮元是年有《题江子屏（藩）书窠图卷》，当作于入京前。（《经籍籑诂》卷首臧庸《后序》、张鉴等《雷塘庵主弟子记》嘉庆三年条、阮元《揅经室四集》卷四《题江子屏（藩）书窠图卷》)

十月，应石钧之招，先生与王昶暨汪文锦、李斗、程赞和、赞皇、吴鼒、程法、赵廷枢、焦循、钱东、许珩、李周南、汪光爔、光烜、黄恩长、杨试昕、李钟泗、黄承吉、黄至馥、汪潮生等二十余人休园文燕，王豫有诗纪之。（王豫《种竹轩诗选》卷三《戊午十月石远梅招同家述庵司寇暨汪绣谷李艾塘（斗）程燮斋吴山尊程砚红（法）程平泉（赞皇）赵剑南（廷枢）江郑堂焦里堂钱玉鱼（东）许白斋（珩）李静斋（周南）汪芝泉（光爔）黄苍雅（恩长）汪春山（光烜）杨时庵（试昕）李滨石（钟泗）黄春谷秋谷（至馥）汪饮泉（潮生）诸子休园文燕》)

至是年，先生已与黄承吉结交至密，亦因黄氏之故，结交汪潮生。（黄承吉《梦陔堂文集》卷六《汪饮泉冬潮诗集序》)

是年，凌廷堪致函王昶，言及先生数年前借阅凌氏旧作杂文一编，得王氏殷殷称道。（凌廷堪《校礼堂文集》卷二十四《与王兰泉侍郎书（戊午)》)

是年，王引之撰成《经传释词》，自为序。（刘盼遂《高邮王氏父子年谱》嘉庆三年条)

四年己未（1799）　三十九岁

三月二十日，钮玉树泛舟访先生于山塘。先生云毕沅幕中有三人：方正澍、洪亮吉、孙星衍也。若人品辞华，尤推方为第一。又言《方言》断非扬雄所作，皇侃《论语义疏》亦不可信。又观先生所得《玉刚卯》，上有铭文十六字，与《汉书》及《辍耕录》所引不同，定为汉器。（钮玉树《钮匪石日记》)

夏仲，思无邪堂主人出《多宝塔帖》见示，先生定为明初拓本，并题跋于后。（《国粹学报》第一年第四号《撰录门》之《多宝塔帖跋》)

十月，阮元编成《畴人传》，自序之。（阮元《畴人传》卷首《序》）

是年，先生从京师南还，至武林，谒王昶于万松书院，言其以五、七言争立门户，而门下士皆不通经史，无补于人心学术。依草附木之辈，遂造谤语构怨，几削著录之籍。然先生终不忍背师立异。先生从王昶游，垂三十年，论学谈艺，多蒙鉴许。（江藩《国朝汉学师承记》卷四《王兰泉先生》）

是年，先生遇洪亮吉于宣城，论《说文解字》及《太平寰宇记》等，多有不合。（江藩《国朝汉学师承记》卷四《洪亮吉》）

是年，王引之成一甲三名进士，授翰林院编修。（刘盼遂《高邮王氏父子年谱》嘉庆四年条）

是年，江声、罗聘、武亿卒。

五年庚申（1800） 四十岁

是年，先生与黄承吉往还论学，黄氏有诗纪其事。（黄承吉《梦陔堂诗集》卷四《郑堂见过论及字书音义别后申前意成诗简之》）

约是年，先生折足复愈，黄承吉有诗纪之。（黄承吉《梦陔堂诗集》卷四《喜江郑堂折足复愈》）

是年，阮元自序其《定香亭笔谈》，刊印行世。（阮元《定香亭笔谈》卷首《叙》）

是年，凌廷堪自序其词集《梅边吹笛谱》。（张其锦《凌次仲先生年谱》嘉庆五年条）

是年，江镠卒。

六年辛酉（1801） 四十一岁

是年，汪喜孙以《许浦都统司砖考》见赏于先生，先生为之延誉。（汪喜孙《汪荀叔自撰年谱》嘉庆六年条）

是年，先生、焦循、李钟泗、张其锦俱至江宁应乡试，焦循、李钟泗中式举人。（凌廷堪《校礼堂文集》卷二十五《与张生其锦书》、闵尔昌《焦理堂先生年谱》嘉庆六年条、焦循《雕菰楼集》卷二十三《捡选知县李君滨石事状》）

是年，生母徐孺人卒于吴，先生扶柩回邗上，乃启殡，与父秋庄公、母

吴孺人合葬于甘泉西乡。（江沅《染香盦文外集·处士江公墓志铭》）

是年，汪莱与先生共论算学。（汪莱《衡斋算学》第五册《序》）

是年，黄瑞乡试中举。（杨钟羲《雪桥诗话余集》卷六）

是年，章学诚卒，阮元子福生。

七年壬戌（1802）　　四十二岁

是年，金学莲有《题江郑堂上舍（藩）书窠图》。方正澍亦有《江郑堂索题书窠图》，以为先生"清福异才天最靳，儒林文苑尔兼堪"。（金学莲《三李堂集》卷六《题江郑堂上舍（藩）书窠图》、方正澍《子云诗集》卷八《江郑堂索题书窠图》）

是年，焦循入京会试，下第归里，作《壬戌会试记》纪其事。（闵尔昌《焦理堂先生年谱》嘉庆七年条）

是年，王杰乞休，奉旨慰留。（阮元《王文端公年谱》嘉庆七年条）

是年，谢启昆卒。

八年癸亥（1803）　　四十三岁

四月，先生借白下朝天宫道藏本，于秦恩复五笥仙馆校明刻本《十二子》之《鹖子》《公孙龙子》《尹文子》，涉及文字的勘正、篇目的厘定等，各书卷尾皆有先生题记与印章。除此三种外，《十二子》之《无能子》《小荀子》《玄真子》，先生未作校勘；《关尹子》《邓析子》《亢仓子》仅校改一二字；《鬼谷子》似有人先点校，先生复校，或增字校补，或在原字径改；《天隐子》之卷尾，有先生朱笔题记："原刻不错，所改俱非"；《鹿门子》不知何人所点，先生颇为不满，写有如下多条题记："未知何人所点，可恨"，"点书之人，可杖八十"，"如此点法，恶极"。（上海图书馆藏明刻本《十二子》，江藩校）

春，焦循访先生于秦恩复家，见先生昼夜著书不辍。先生示所著《周易述补》，嘱焦氏作序。焦氏读之三月，序而归之。（焦循《里堂文稿·江子屏周易述补叙》）

是年，王杰予告归里，嘉庆帝恩赐乾隆御用玉鸠杖及《御制诗》二章，以宠其行，王杰及朝中达官依韵奉答。后先生据之编成《赐杖集》二卷。

（阮元《王文端公年谱》嘉庆八年条）

是年，先生侄懋钧之父逢俊殁，母哀痛失明，懋钧涕泣之余，强为欢笑以解母忧。（英杰修，晏端书等纂《同治续修扬州府志》卷十三《人物·文苑·江懋钧》）

是年，焦循为汪莱《衡斋算学》作序，又有《与黄春谷论诗书》。（闵尔昌《焦理堂先生年谱》嘉庆七年条）

是年，奚冈卒。

九年甲子（1804）　　四十四岁

八月十七日，江珠病卒。（江珠《小维摩诗稿》卷末吾学海《后序》）

秋，阮元刻成《积古斋钟鼎彝器款识》十卷，自为之序，提及先生、秦恩复等亦为同好者。（阮元《揅经室三集》卷三《积古斋钟鼎彝器款识序》）

是年，郭麟客邗上，张镠为作《灵芬馆第三图》，先生作《题郭频伽灵芬馆图》。张氏有《题江藩书窠图》，或作于此时。（郭麟《灵芬馆诗话》卷七、张镠《求当集》卷七）

是年，先生、张其锦俱至江宁应乡试。凌廷堪致函张其锦，为其今科乡试文稿深感狂喜，且言及先生史学融洽条贯。（凌廷堪《校礼堂文集》卷二十五《与张生其锦书》）

时，汪绳落魄江淮，先生馆之于家。① 先生年少时即与汪氏交游唱和，今《伴月楼诗抄》有《和汪大墨庄焚香二首》《和汪大墨庄初秋有感》《仆札墨庄述天平之游墨庄有诗忆山中禅客见示仆次韵答之》等酬赠之作十余首。（洪亮吉《北江诗话》卷三）

甲子、乙丑间，刘大观侨居扬州，尝客先生诸旧家。刘氏作《题江子屏书窠图》，称"我友吴门江子屏，两眼不向众人青。简册围身效任昉，词华震世轻徐陵"，且诗中小注云："时子屏伤足，卧榻五十余日。"（阮元《揅

---

① 闵尔昌：《江子屏先生年谱》、薛以伟《江藩年谱补订》据洪亮吉《北江诗话》载有洪氏携汪绳访扬州知府尹秉绶一事，又以秉绶守扬在嘉庆十年至十二年间（未知何据），遂系于嘉庆十年。然考《同治续纂扬州府志》卷八《宦迹》，伊秉绶守扬当在嘉庆九年至十二年间，故系于嘉庆九年。

经室三集》卷五《邗上集序》、刘大观《玉磬山房诗集》卷四《邗上集·题江子屏书窠图》)

是年,阮元为钱大昕《十驾斋养新录》作序,旋刻之行世。(钱大昕《十驾斋养新录》卷首阮元《序》)

是年,钱大昕、胡虔、褚华卒。先生尝向钱氏请益问学,而与褚华唱和甚多。(南京图书馆藏丁以诚写真、费丹旭补图《郑堂先生小像》之戴熙、萧光襄题诗、江藩《伴月楼诗抄》卷上《文洲招元谨远斋及予泛舟石湖以空山无人分韵得空字》、卷中《香雪海次文洲韵》《梅窗独坐忆文洲归舟遇雪用山谷竹轩咏雪韵寄之》等)

十年乙丑(1805) 四十五岁

正月初十日,王杰卒于京邸。(阮元《王文端公年谱》嘉庆十年条)

三月,顾广圻为秦恩复《石研斋书目》作序,先生已先于顾氏序之。(顾广圻《思适斋集》卷十二《石研斋书目序》(乙丑三月))

五月二十二日,刘台拱卒。秋,先生读阮元《刘端临先生墓表》,作《与阮侍郎书》,就"亲家"称谓等问题提出商榷意见。(阮元《揅经室二集》卷二《刘端临先生墓表》、江藩《炳烛室杂文·与阮侍郎书》)

七月十七日,钟褱卒。黄承吉有《挽钟菽厓》诗悼之,提及先生与焦循。(焦循《雕菰集》卷二十二《甘泉优贡生钟君墓志铭》、黄承吉《梦陔堂诗集》卷九《挽钟菽厓》)

冬,郭麟有《寒雁篇同谷人先生莲堂芙初甘亭金手山(学莲)顾芝山(麟瑞)江郑堂(藩)蒋秋竹(知节)储玉琴(润书)作销寒第一集》。(郭麟《灵芬馆诗三集》卷二《邗上云萍集》)

是年,先生与宋葆淳、焦循、秦恩复、阮元拟送唐石佛入焦山,未果。(闵尔昌《江子屏先生年谱》嘉庆十年条)

是年,石钧、钟褱卒。钟褱子葵嘉尝问学于先生,今《乐县考》有先生与葵嘉问答乐律之语。(江藩《乐县考》卷末《答问》)

十一年丙寅(1806) 四十六岁

春,先生在宣城。时宁国知府鲁铨聘洪亮吉主修《宁国府志》,邀凌廷堪撰《宁国府沿革》，复聘凌氏主敬亭书院。三月十五日，凌廷堪邀同仁南楼小集，席间洪亮吉有诗赠先生。十六日，先生归扬，洪氏又饯行送别。期间，先生曾与洪氏论《说文解字》"五龙六甲"之说及"冕""旒"字，不合。洪氏出示所作古文，先生又指摘其用事讹舛。洪氏断断强辩。先生比之为梁武之护前，洪氏遂愠怒形于色。因谈次偶及舆县，洪氏认为在江都，先生则据《文选》注赤岸山之证，以为当在六合。先生又谓《太平寰宇记》邓艾石鳖城、白水陂之事，不见于史而已，并未言无此事。洪氏忽寓书于先生，谓舆县实在江都；而邓艾事，乐史本之《元和郡县志》，不可疑为无此事。洒洒千言，反复论辩。先生未答一字，恐激洪氏之怒，岂知益增其怒，遂不复相见。（江藩《国朝汉学师承记》卷四《洪亮吉》、洪亮吉《更生斋诗续集》卷四《径山大涤集·三月十五日凌教授廷堪约同人南楼小集酒半率赋即赠江上舍藩》《十六日集宾月阁饯江上舍藩》）

三月，阮元与扬州知府伊秉绶相约纂辑《扬州图经》，延先生与焦循、袁廷梼、严观、臧庸、赵怀玉、王豫等共襄其事，后因伊氏丁忧，阮公入都，未果。今存八卷本《扬州图经》，题署焦循、先生撰，今人张连生认为即是其后好事者将当时搜集之部分编写"事志"之文献汇编成册者。（王豫《群雅集》卷二十三《伊秉绶》、张连生《八卷本〈扬州图经〉作者质疑》（《扬州大学学报》2001年第2期））

十月，阮元主纂之《十三经校勘记》刊成。（张鉴等《雷塘庵主弟子记》嘉庆十一年条）

是年，先生将《九歌石刻》摹本检付装池，并题跋于后。（江藩《半毡斋题跋》卷下《九歌石刻》）

是年，阮元于甘泉山惠照寺获四石，半薶于土，色甚古，若有文字，以帚振水刷之，其文字之体在篆、隶之间，归而命工以纸揭之。其一石可辨者"中殿第廿八"凡五字，又一石"弟百册"三字，其二石尚未能辨。以拓本示先生，先生以为汉淮南厉王胥①冢石。后翁方纲以为广陵厉王胥自造宫殿石，非冢中石。（阮元《经室三集》卷三《甘泉山获石记》）

---

① 胥乃广陵厉王。

是年，王昶卒、懋庄子顺铭生。

十二年丁卯（1807）　四十七岁

六月十二日，先生与家兄仙舟、表弟方象明往旧城二巷井栏拓宋嘉定三年蒋世显刻字。（江藩《半毡斋题跋》卷下《宋嘉定井栏刻字》）

七月三日，阮元招先生与胡量、袁廷梼、严观等燕于文选楼，胡氏有诗纪之。胡氏侨居吴门，与先生早有交游，唱和颇多，先生《伴月楼诗抄》有《句容道中有怀胡大眉峰》《文洲招元谨远斋及予泛舟石湖以空山无人分韵得空字》《即席次元谨山字韵》《墨庄于九日前有诗约仆与眉峰登高赋诗岂知苦雨久阴登高之约遂不果矣得诗一首示墨庄寄眉峰》《寒夜危坐小楼闻胥江舟人咿哑声怆然生江湖之感有怀眉峰得五绝句》诸篇，而《句容道中有怀胡大眉峰》诗"粗浅疏迂从物议，玄黄朱绿要君分"句下有注云："仆工古文，世无知者，唯眉峰亟称之，真可谓平生第一知己也"，足见其交谊之深。胡氏《海红堂诗抄》则有《元日对酒奉酬江大郑堂》等酬唱之作。（胡量《海红堂诗抄·丁卯七月三日阮芸台中丞招同江郑堂袁受阶严子进燕文选楼》）

是年，仪征令颜希源续修县志，阮元嘱先生以《舆地纪胜》中《真州》一卷校补前令陆师旧志，得数十条，颜刻诸《续志》之末。（刘毓崧《通志堂文集》卷七《舆地纪胜序》（代阮文达公作））

是年，伊秉绶丁父忧去职。先生在江宁，抵舍见讣，有"稽颡拜拜稽颡"之文。后作吊入署，见门状亦然，心窃疑之。及读伊氏所刊《阴静夫先生遗文》，始知"稽颡拜拜稽颡"之说出于阴氏。先生以为"稽颡拜"用于世俗之谢帖则可，用于讣书、门状则不可，遂致函伊秉绶，与之商榷。（江藩《隶经文》卷四《与伊墨卿太守书》）

是年，先生为郑宗汝作《墓志》。（江藩《炳烛室杂文·清故刑部山东司员外郎郑君墓志》）

是年，钱大昕子东塾家刻本《潜研堂全书》刊成。先生纂《国朝汉学师承记》参考钱氏《潜研堂文集》《十驾斋养新录》甚多，故《师承记》主要编纂时间约始于是年。（漆永祥《江藩年谱新编》嘉庆十二年条）

是年，段玉裁撰成《说文解字注》三十卷。（刘盼遂《段玉裁先生年

谱》嘉庆十二年条）

是年，汪光爔卒。

十三年戊辰（1808） 四十八岁

三月既望，先生为亡友朱筼作《朱处士墓表》。（朱筼《二亭诗抄》卷首江藩《墓表》）

是年，王豫《群雅集》刻成，称先生"胸罗典籍，世推博雅，尤为王文端所器重，而好客忘贫，今之顾侠君也"。（王豫《群雅集》卷二十五《江藩》）

十四年己巳（1809） 四十九岁

春，先生客游四明，道出吴门。季秋，复来吴，应吾学海之请，作《吾母王孺人传》。吾学海与先生同学交好，后娶藩先生妹珠为妻，结为姻亲。先生与吾氏唱和甚多，今《乙丙集》有《书半客月榭吟后》《吾大半客滕大厦仙皆和仆作迭前韵二首》《即事呈半客》《早发银山却寄半客》诸诗。（江藩《炳烛室杂文·吾母王孺人传》）

是年，两淮盐政阿克当阿主修《扬州府志》，延先生与姚文田、白镕、朱方增、洪梧、吴慈鹤、秦恩复、龙云圻、贵征、江涟、胡秉虔、焦循等共事纂辑，以之前伊秉绶主修的《扬州图经》为本，订讹补缺，于次年刊成。（阿克当阿修，姚文田、江藩等纂《嘉庆重修扬州府志》卷首阿克当阿《序》）

是年，张鉴随阮元入京，见先生于扬州，有诗相赠。（张鉴《冬青馆乙集》卷二《北征集·过扬州见江郑堂藩》）

是年，方正澍、洪亮吉、凌廷堪、袁廷梼、李钟泗卒。

十五年庚午（1810） 五十岁

二月廿七日，江西吴嵩梁奉许太宜人出都，春间过扬州，与先生及张镠游桃花庵，吴氏有诗纪之。吴氏又有《江子屏藏善本书甚多岁歉持用易米念之心恻自记以文属为赋诗》，约作于此数年间。（吴嵩梁《香苏山馆诗抄·今体诗抄》卷七《桃花庵同江子屏张子贞作》《香苏山馆诗抄·古体诗抄》卷八《江子屏藏善本书甚多岁歉持用易米念之心恻自记以文属为赋诗》）

三月谷雨后五日，秦恩复重刻《词源》并跋，先生亦题跋其上。（嘉庆十五年秦恩复刻《词源》秦恩复、江藩《跋》）

是年，先生择元日令辰，启椟出筮，得《坎》之《节》，因自号节甫。作《节甫字说》。又作《凄凉犯》词，有"五十吾衰甚，如许头颅，一身无著。浮尘苦海，叹飘零、燕来巢幕。计拙谋生，竟难觅休粮妙药。每销愁，痛饮不醉，鲁酒薄"云云。（江藩《隶经文》卷四《节甫字说》《扁舟载酒词·凄凉犯》）

是年，先生撰《国朝汉学师承记》卷二之《余古农先生》，感叹治生艰难、有负师训。（江藩《国朝汉学师承记》卷二《余古农先生》）

是年，阮元补翰林院侍讲，兼国史馆总辑，辑《儒林传》。尝寄书焦循、臧庸、张鉴等人，征询纂修意见。焦氏等旋有论见呈上。（张鉴等《雷塘庵主弟子记》嘉庆十五年条、焦循《雕菰集》卷十二《国史儒林文苑传议》、汪喜孙《汪氏学行记》卷三录臧庸《上阮云台先生论儒林传书》、张鉴《冬青馆文甲集》卷五《答阮侍郎书》）

十六年辛未（1811） 五十一岁

三月朔，先生作《小维摩诗稿序》。是书乃先生妹珠之遗作，由吾学海辑

校付梓，并作《小维摩诗稿后序》。（江珠《小维摩诗稿》卷首江藩《序》、卷末吾学海《后序》）

十一月朔，先生为仪征许珩作《周礼注疏献疑序》。许氏《周礼注疏献疑》初有二百数十条，后删与江永等人之说雷同者数十条，增采数十条，时复删订。今年秋暑退，许氏归扬州，送贽于先生门下，乞为修正，先生为举错谬者数十条，两可者数十条，复假戴震《考工记图》、金榜《礼笺》、程瑶田《通艺录》诸书，使更订之。既成，先生遂为之序。（许珩《周礼注疏献疑》卷首江藩《序》、卷末许珩《跋》）

是年，先生撰成《汉学师承记》八卷，复以传中所载诸家撰述有不尽关经传者，有虽关经术而不醇者，乃取其专论经术而一本汉学之书，仿唐陆元朗《经典释文》传注姓氏之例，作《经师经义目录》一卷，附记于后。其义

例有四：一，言不关乎经义小学、意不纯乎汉儒古训者；一，书虽存其名而实未成者；一，书已行于世而未及见者；一，其人尚存，著述仅附见于前人传后者，并不著录。次列既，命侄懋钧缮录。十月十六日，缮录完毕，懋钧题识于后。（江藩《国朝汉学师承记》附《经师经义目录》江懋钧《识语》）

是年，崔瑶、臧庸卒。

十七年壬申（1812） 五十二岁

五月七日，汪喜孙为先生作《汉学师承记跋》。（江藩《国朝汉学师承记》卷末汪喜孙《跋》）

八月十六日，阮元奉到上谕，调漕运总督任。二十日，阮元将纂办粗毕之《儒林传》稿本交付国史馆。其《文苑传》创稿未就。（张鉴等《雷塘庵主弟子记》嘉庆十七年条）

十一月望日，在扬州，先生为亡友凌廷堪《校礼堂文集》作序，以为凌氏学贯天人，博综《丘》《索》，继顾炎武、胡渭之后，集惠栋、戴震之大成，并言及二人相交垂三十年，论乐会意，执礼析疑，虽隔千里，同声相应。（凌廷堪《校礼堂文集》卷首江藩《序》）

是年，阮元嘱先生整理阮氏抄自《永乐大典》之杨辉《摘奇》及《议古》等文献。（罗士琳《畴人传续编》卷一《杨辉传》）

是年，先生从吴鼒寓所借得《三辅黄图》校本，一日录毕，并题跋于后。（江藩《半毡斋题跋》卷上《三辅黄图》）

是年，王念孙《读书杂志》始陆续付梓。（刘盼遂《高邮王氏父子年谱》嘉庆十七年条）

是年，薛寿生。后作《扬州十经师赞》，名列先生，以志向往。（薛寿《学诂斋文集》卷上《扬州十经师赞》）

是年，张缪卒。

十八年癸酉（1813） 五十三岁

先生至江宁，再应乡试，仍不中。宣城张其锦谒先生于江宁，先生出《乐县考》示之。九月望日，张氏序之。（江藩《乐县考》卷首张其锦《序》）

是年，先生应汪喜孙之请，为其高祖镐京作《墓表》。①（江藩《炳烛室杂文·汪先生墓表》）

是年，先生应漕运总督阮元之聘主讲山阳丽正书院，以布衣为诸生师，丁晏等从之学。（丁晏《石亭记事·重修丽正书院记》）

是年，阮元撰成《汉延熹西岳华山碑考》四卷，先生为之序，旋刊于广东。（阮元《汉延熹西岳华山碑考》卷首江藩《序》）

是年，汪莱卒。

十九年甲戌（1814）　五十四岁

二月，阮元得观先生所荐萧令裕、文业兄弟之《文集》。同观者有阮亨、王豫、王实斋、阮琴士、阮小云诸人。（萧令裕《寄生馆文集》卷首王豫评、文业《永慕庐文集》卷首阮亨评）

闰二月十二日，《全唐文》辑成。董诰等三人为正总裁官，阮元等五人为总阅官。（《全唐文》卷首《序》《编校全唐文职名》）

三月二十二日，阮元奉到上谕，调任江西巡抚。（张鉴等《雷塘庵主弟子记》嘉庆十九年条）

是年，曾燠开校刻《全唐文》馆，吴鼒荐先生入馆，未果。（袁昶《安般簃诗续抄·题江子屏小像》

是年，焦循取三十年来手录之读书笔记，编次为《里堂道听录》五十卷，自为之序。（闵尔昌《焦理堂先生年谱》嘉庆十九年条）

是年，乐钧卒。乐氏有《江郑堂诗序》，称"君诗葩流雪絜，泉吐玉鸣。泛滥而循涯，驰骋而遵路。因椎轮为大辂，易绣帨以轻缣。镕裁通变，自成馨逸。"又尝嘱先生校正吴翌凤手抄影宋本《杨太真外传》，并刊印传世。（乐钧《青芝山馆文集》卷上《江郑堂诗序》、江藩《半毡斋题跋》卷上《杨太真外传》）

---

① 漆永祥：《江藩年谱新编》系之于嘉庆十七年（1812），误。致误原因当是漆氏一时疏忽，漆氏以为镐京卒于康熙四十年（1701），其实《汪先生墓表》明言镐京卒于康熙四十一年，卒后一百一十二年，即为嘉庆十八年（1813）。

二十年乙亥（1815）　　五十五岁

六月五日，先生应赵魏之嘱，为其所藏宋刻本《金石录》题跋。（叶昌炽编，潘承厚增补《滂喜斋藏书记》卷一"宋刻金石录十卷"条）

六月九日，先生观《护命经》《尊胜陁罗尼咒》《褚河南书阎立本画灵室度人经小楷》《陶贞白书茅山帖》诸帖于宵市桥西一草堂，作《题宋拓魏晋隋唐小楷》。（王欣夫辑《炳烛室杂文补遗·题宋拓魏晋隋唐小楷》）

秋，在扬州，先生邂逅何青，得尽读其《遂初堂集》，遂为之跋，并有《夜读遂初堂诗》二首。（何青《遂初堂诗集》卷首江藩《跋》）

中秋后五日，顾广圻为先生《扁舟载酒词》作序，以为"清真典雅，流丽谐婉，追《花间》之魂，吸《绝妙》之髓，专门名家，未能或之先也"。顾氏另有《江郑堂诗序》，以为先生之诗"神思隽永，体有高秀，镕裁精当，声律谐美，虽穷老尽气期为诗人者，未见其能臻此也"。（江藩《扁舟载酒词》卷首顾广圻《序》、顾广圻《思适斋集》卷十二《江郑堂诗序》）

是年，王念孙作《汪容甫述学叙》。（闵尔昌《王石臞先生年谱》嘉庆二十年条）

是年，姚鼐、段玉裁、伊秉绶卒，先生侄懋钧子璧生。江璧曾与兄筱素搜罗校订先生之诗，合《扁舟载酒词》一卷、《诗》三卷，同付梓人。然今未见刻本。（江藩《伴月楼诗抄》卷末江璧《跋》）

二十一年丙子（1816）　　五十六岁

夏闰六月，秦恩复重刊宋蜀本《骆宾王文集》十卷，先生有《骆宾王文集跋》。（江藩《半毡斋题跋》卷上《骆宾王文集》）

秋，阮元主纂之《十三经注疏》附《校勘记》刻成。（张鉴等《雷塘庵主弟子记》嘉庆二十一年条）

秋，在扬州，先生以画蝉柳扇，索顾广圻题，顾氏为填《小重山》一阕。后郭麟、金学莲等亦有题先生蝉柳扇词。（顾广圻《思适斋集》卷四《词·小重山·江郑堂持画蝉柳扇索题于时秋也即景赋之（丙子在扬州作）》、郭麟《灵芬馆词·忏余绮语》卷二《台城路·为江子屏题蝉柳画扇》、金学莲《三李堂集》卷十《西子妆慢·为江子屏赋画蝉柳和郭频伽彭甘亭》）

秋，先生得痹疾。冬十一月，遇宋葆淳于白公堤上，先生告以得痹疾事，几成凿齿半人，恐魂魄一去，著述零落，欲谋剞劂，募之同学。适方晴江在座，为先生作《募梓图》，宋氏为之记。时先生所撰《周易述补》四卷、《乐县考》二卷、《国朝汉学师承记》八卷、《舟车闻见录》四卷等，皆已缮写成书。(叶昌炽《缘督庐日记抄》卷六庚寅十二月初四日条引宋葆淳《募梓图跋》)

冬，先生客游吴下，晤吴翌凤，获睹吴氏所示《吴越备史》，重校秘书，如获奇珍。(钱俨《吴越备史》江藩《跋》，上海图书馆藏扬州江氏抄校本)

去年，汪喜孙官内阁中书。是年，迎养母太夫人京师，舟次宿迁，不戒于火。家藏《陈逆簠》《东目目牺尊》等古砚彝器之属，载在后一舟，悉毁于火。其父《述学》旧板，与喜孙所著书稿，一时俱烬。喜孙哀先泽之就湮，遂终身不治金石之学。先生有《陈逆簠》释文，并纪其事。(汪喜孙《汪喜荀自撰年谱》嘉庆二十年、二十一年条、《汪氏学行记》卷四录江藩《陈逆簠释文》)

是年，阮元为焦循作《雕菰楼易学序》。(闵尔昌《焦理堂先生年谱》嘉庆二十一年条)

是年，赵曾卒。

二十二年丁丑（1817） 五十七岁

六月，先生完成《吴越备史》之抄校，并题记于后。(钱俨《吴越备史》江藩《题记》，上海图书馆藏扬州江氏抄校本)

八月二十八日，阮元调补两广总督，于十月二十二日到任接印。(张鉴等《雷塘庵主弟子记》嘉庆二十二年条)

十月，先生自吴门归，以抄校之《吴越备史》示秦恩复。秦氏读竟，疏其疑虑而题跋于后。(钱俨《吴越备史》秦恩复《跋》，上海图书馆藏扬州江氏抄校本)

是年，龚自珍作《江子屏所著书序》《与江子屏笺》。在《序》中论先生《汉学师承记》为"窥气运之大原，孤神明以窎往。义显，故可以纵横而侧求；词高，故可以无文字而求"。然《笺》中则论先生书名曰《国朝汉学师承记》有"十不安",建议改为《国朝经学师承记》,则"浑浑圜无一切语弊矣"。(龚自珍著,王佩诤校《龚自珍全集》第三辑《江子屏所著书序》、第五辑《与江子屏笺》)

是年,焦循写定《雕菰楼易学》四十卷。(闵尔昌《焦理堂先生年谱》嘉庆二十二年条)

是年,洪梧、李锐、李斗卒。先生尝为李斗《扬州画舫录》题词,李氏《扬州画舫录》则有多处提到先生,如卷一载录先生《周太仆铜鬲释文》一篇,为先生文集所失收;卷九《小秦淮录》记录先生之学行著述,颇可参考:"天瑞堂药肆在多子街,旌德江氏生业也。江藩字子屏,号郑堂,幼受业于苏州余仲林,遂为惠氏之学。又参以江慎修、戴东原二家,著有《周易述补》《考工戴氏车制图翼》《仪礼补释》《石经源流考》,又《蝇须馆杂记》五种,为《枪谱》《叶格》《茅亭茶话》《缁流记》《名优记》";卷十一《虹桥录下》言及先生家庖之"十样猪头"风味绝胜;卷十二《桥东录》记载江增性好山水,尝制茶担以济胜,行列甚都,名曰"游山具",先生为之作《游山具记》。凡此种种,于考见先生其人其学颇有助益。(李斗著,陈文和点校《扬州画舫录》卷首《题词》之江藩《题画舫录·梦扬州》)

二十三年戊寅(1818)　五十八岁

春,先生客游南昌,阳城张孝廉子絜出惠栋《易大义》示先生,为江声手写本,云系徐述卿学士所赠。先生遂手录一帙,知其非《易大义》,乃《中庸注》也。(江藩《周易述补》附《易大义》卷首《跋》)

夏,先生南下广州,入阮元幕,并告知李锐已殁之事。后阮元应李锐子继淑之请撰《李尚之传》。(阮元《揅经室二集》卷四《李尚之传》)

十一月十五日,阮元携广东巡抚李鸿宾奏《纂修广东省通志折》,聘先生与陈昌齐、刘彬华、谢兰生等四人为总纂。后吴兰修、曾钊、刘华东、方东树、许珩、郑兆珩、韩卫勋、仪克中等亦参与其事。(《道光广东通志》卷首阮元、李鸿宾《纂修广东省通志折》《重修广东通志职名》)

是年,阮元将王豫所辑《江苏诗征》稿交先生与许珩、凌曙三人,嘱删定校正。(阮元《揅经室二集》卷八《江苏诗征序》)

是年，先生在广州刻成《国朝汉学师承记》八卷附《国朝经师经义目录》一卷，为后来诸本之祖。①

除夕，阮元为先生作《国朝汉学师承记序》，称先生"得师传于红豆惠氏，博闻强记，无所不通，心贯群经，折衷两汉……所纂《国朝汉学师承记》八卷，嘉庆二十三年居元节院时刻之。读此可知汉世儒林家法之承授，国朝学者经学之渊源，大义微言，不乖不绝，而二氏之说，亦不攻自破也"。先生极为看重此《序》，故其后《国朝汉学师承记》诸本皆录之。（江藩《国朝汉学师承记》卷首阮元《序》）

是年，汪喜孙刊其父《述学》成。此本较旧刻增入《补遗》《别录》。先生有《与汪孟慈书》，称雕本甚精，足征喜孙之孝思无穷。（汪喜孙《汪氏学行记》卷四《江郑堂先生与喜孙书》）

是年，翁方纲、吴锡麟、孙星衍、倪稻孙卒。先生与倪氏时有赠答，其《扁舟载酒词》有《惜红衣·题倪大米楼莲衣梦景图》《疏影·题倪大米楼帆影图》二阕。

二十四年己卯（1819）　　五十九岁

正月二十三日，阮元、李鸿宾奉到嘉庆帝朱批，准其修纂《广东省通志》。（《道光广东通志》卷首阮元、李鸿宾《纂修广东省通志折》）

三月，方东树赴粤东，阮元延其修《广东通志》，初任分纂，一月后改任总纂事。（郑福照《方仪卫先生年谱》嘉庆二十四年条）

约是年，先生将《国朝汉学师承记》初刻版剜改，增入《阮序》后重印，即后来误认为初刻本者。（漆永祥《江藩年谱新编》嘉庆二十四年条）

是年，焦循《孟子正义》草稿成，次为三十卷。（闵尔昌《焦理堂先生年谱》嘉庆二十四年条）

是年，吴翌凤卒。先生于吴氏以"老友"视之，尝得吴氏所赠《李贺歌诗编》，又题跋于后。（江藩《半毡斋题跋》卷上《杨太真外传》《李贺歌诗编》）

---

① 此版本国家图书馆有藏，封面题"嘉庆戊寅刊"，依目录、《国朝汉学师承记》正文、汪喜孙《跋》《国朝经师经义目录》编次，然无阮元《序》。

二十五年庚辰（1820）　　六十岁

三月朔，先生为先师惠栋《易大义》题跋。（江藩《周易述补》附《易大义》卷首《跋》）

三月初二日，阮元创办学海堂于广州城西文澜书院。（张鉴等《雷塘庵主弟子记》嘉庆二十五年条）

三月十一日，先生为阮元藏宋刻《列女传》题跋。（王欣夫辑《炳烛室杂文补遗·宋刻新编古列女传跋》）

夏，阮亨《瀛舟笔谈》刊印。是书卷八载："余见江郑堂上舍藩所藏旧镜铭云：'古铁顽银不计年，道袍一拂泠光鲜。分明照得人间事，卖与无盐不值钱。'诗旨寄托深远，恐非唐人能及。"该诗为先生《乙丙集》《伴月楼诗抄》所失收，可辑补。（阮亨《瀛舟笔谈》卷八）

五月，阮亨于扬州收至先生邮寄之《国朝汉学师承记》刻本，读书之暇，颇喜翻阅，以为深得史家体例。爰嘱艺古堂坊友黄信仲校正，由同人捐资重刊，以公诸世。（嘉庆二十五年扬州黄氏艺古堂刊《国朝汉学师承记》卷首阮亨《序》）

九月二十一日，先生跋阮元藏宋拓本《隶韵》。（王欣夫辑《炳烛室杂文补遗·隶韵跋》）

是年，先生为阮福说《毛诗》，肄业及《尔雅》。因检《尔雅正字》旧稿，重加删订，据古文厘为三卷，易名《尔雅小笺》。（江藩《炳烛室杂文·尔雅小笺序目》）

是年，先生有《霓裳中序第一》词。（江藩《扁舟载酒词·霓裳中序第一》）

是年，焦循卒，年五十八。阮元撰《传》称曰"通儒"。黄承吉有《挽焦里堂》，忆及先生。焦循卒后半年，子庭琥亦病逝。（闵尔昌《焦理堂先生年谱》嘉庆二十五年条、黄承吉《梦陔堂诗集》卷二十《挽焦里堂》）

是年，陈昌齐卒。

宣宗道光元年辛巳（1821）　　六十一岁

三月二十一日，为先生诞辰前一日，先生出丹阳丁以诚写真、西吴费丹旭补图之《郑堂先生小像》，李黼平、郑兆珩、韩卫勋、阮元、阮福等皆奉题作诗，以贺先生诞辰。（南京图书馆藏丁以诚写真、费丹旭补图《郑堂先生小像》）

六月，吴兰修欲刻何梦瑶《算迪》，先生为之序。惜不知何故，未刻成。至道光二十六年，方由伍崇曜刊入《岭南遗书》中。（何梦瑶《算迪》卷首江藩《序》）

七月，《江苏诗征》刻成。除夕，阮元设酒脯祭之，宾僚有祭诗。阮福仿祭诗故事，随先生祭之，有诗画卷。（张鉴等《雷塘庵主弟子记》道光元年条）

霜月①庚申，先生作《尔雅小笺自序》。（江藩《炳烛室杂文·尔雅小笺序目》）

八月二十六日，曾钊为先生《隶经文》作序。九月，全书刊成，吴兰修为作《隶经文跋》。先生尝为吴氏作《南汉纪跋》。（江藩《隶经文》卷首曾钊《叙》、卷末吴兰修《跋》、吴兰修《南汉纪》江藩《跋》）

是年，阮元撰成《性命古训》，先生为之跋，盛赞阮氏揭千古沉霾之精义，可谓功不在禹下。（江藩《隶经文》卷四《书阮云台尚书性命古训后》）

时阮元欲萃国朝经说，条系之为《大清经解》，拟聘先生总其事。（江藩《隶经文》卷末吴兰修《跋》）

是年，方东树主粤东廉州海门书院。（郑福照《方仪卫先生年谱》道光元年条）

是年，吴鼒、彭兆荪、张镠卒。

二年壬午（1822）　六十二岁

三月二十八日，《广东通志》修成。闰三月丙子朔，阮元为之序，并刻印行世。（张鉴等《雷塘庵主弟子记》道光二年条、《道光广东通志》卷首阮元《序》）

闰三月，曾燠以巡抚衔巡视两淮盐政。（《清史列传》卷三十三《曾燠传》）

---

① 七月或九月均可别称为霜月。

十二月，先生纂成《国朝宋学渊源记》二卷《附记》一卷，达三于粤东权署为之作序。达三另有《和江郑堂海印阁原韵》，约作于此前后。（江藩《国朝宋学渊源记》卷首达三《序》、达三《诚斋诗抄》卷三《和江郑堂海印阁原韵》）

约是年，黄承吉有《观汉学师承记怀江郑堂粤东》诗。（黄承吉《梦陔堂诗集》卷二十二《观汉学师承记怀江郑堂粤东》）

三年癸未（1823）　　六十三岁

六月，先生在粤刻《国朝汉学师承记》八卷、《国朝经师经义目录》一卷、《国朝宋学渊源记》二卷《附记》一卷、《扁舟载酒词》一卷。① 又先生《端砚记》一卷、《续南方草木状》一卷、《广南禽虫述》一卷附《兽述》诸书，亦当撰成于此前后数年间。（漆永祥《江藩年谱新编》道光三年条）

是年，先生师江声孙江沅与先生遇于粤东，先生乞沅为父秋庄公撰《墓志铭》。又汪沅携汪缙《文录》及《制义》至南海，张杓、曾钊读而善之，出资为刻《文录》，先生为汪氏高足，故分任之，计五十余金而十卷之工竣，即道光三年张杓等刻本。（江沅《染香盦文外集·处士江公墓志铭》、汪缙《汪子文录》卷十江沅《跋》）

是年，李锐《李氏遗书》刊成，其中《汉三统术》《汉四分术》《汉乾象术》等三书由先生校勘。（李锐《李氏遗书》之《汉三统术》《汉四分术》《汉乾象术》卷末题记）

是年，先生应肇庆知府夏修恕之聘，往端州纂辑《肇庆府志》。阮元、周世锦、田享屯、萧光襄等皆有诗送行。（南京图书馆藏丁以诚写真、费丹旭补图《郑堂先生小像》）

约是年或稍后，汪喜孙听闻先生刻成《宋学师承记》，遂致函先生，希其惠寄。（汪喜孙《从政录》卷一《与江郑堂先生书》）

是年，阮元《揅经室集》刻成，分作四集。（张鉴等《雷塘庵主弟子记》道光元年条）

---

① 全书一函六册，藏上海图书馆。封面左上隶书题"道光癸未六月刊"，中间隶书大字两行"国朝汉学/师承记"，右下题"江都胡培题"。

是年，方东树主粤东韶州韶阳书院。（郑福照《方仪卫先生年谱》道光元年条）

是年，徐颋卒。

四年甲辛（1824）　六十四岁

五月，王杰子埙时摄两广盐铁都转事，出杰《祖帐集》草稿乞先生编次。杰予告归里，同僚饯于翰林院，公赋二章留别，一时和者几及百人，为一代词林之掌故。先生遂厘为二卷，以和韵诗为上卷，以送行诗为下卷。王杰另有《赐杖集》①，与《葆淳阁集补遗》《读书札记》合刻为一册，亦为经先生之手编定者。（王杰等《祖帐集》卷末江藩《跋》）

是年，阮福承父命，刻成焦循《雕菰楼集》二十四卷附焦廷琥《蜜梅花馆文录》一卷《诗录》一卷。（道光四年扬州阮氏岭南节署刊《雕菰楼集》附焦廷琥《蜜梅花馆诗录》卷末阮福《跋》）

是年，方东树馆阮元幕中。著成《汉学商兑》三卷，以纠扬汉抑宋之弊，并作《上阮芸台宫保书》，寻求支持。（郑福照《方仪卫先生年谱》道光四年条、方东树《仪卫轩文集》卷七《上阮芸台宫保书》）

五年乙酉（1825）　六十五岁

是年，先生自岭南退息里门，穷老益甚。所偎屋迁徙无定，客羊城时所刻书版亡失过半。先生在肇庆时，极嗜端溪石砚，著有《端研记》一卷，考论其形制，复以所得馆金，尽易端砚。后去粤时，归装压担，暴客疑其挟巨金，尾之兼旬，易舟发箧，乃唾而去。归扬州后，尝赠曾燠端砚，曾氏有《郑堂自岭外归见惠端砚为歌》纪其事。（江藩《节甫老人杂著》卷首江顺铭《识语》、江藩《扁舟载酒词》卷末张丙炎《跋》、曾燠《赏雨茅屋诗集》卷十七《郑堂自岭外归见惠端砚为作歌》）

是年，阮元辑刻《皇清经解》，主事者为钱塘严杰。先前，阮氏有意嘱先生总其事，终未果。（张鉴等《雷塘庵主弟子记》道光五年条、江藩《隶经文》卷末吴兰修《跋》）

---

① 漆永祥：《江藩年谱新编》及《江藩与〈汉学师承记〉研究》第四章《江藩著述考》均作《赐枚集》，误。

是年，方东树授经阮元幕中。著《书林扬觯》二卷。（郑福照《方仪卫先生年谱》道光五年条）

是年，赵魏卒。

六年丙戌（1826）　六十六岁

四月，两淮盐政曾燠被召回京，以五品京堂候补。此前，先生自岭南退息里门后，曾氏向黄奭推荐先生，以为"老师宿儒"，黄氏遂礼聘先生馆其家，专诚受教达四年之久。（《清史列传》卷三十三《曾燠传》、阮元《揅经室再续集》卷三《高密遗书序》）

是年，方东树作《汉学商兑序例》，仿朱熹《杂学辨》例，摘录原文，各为辩正于下。（方东树《汉学商兑》卷首《序例》）

是年，阮元调任云贵总督，方东树遂辞阮元聘自粤归里，旋往浙右。（张鉴等《雷塘庵主弟子记》道光六年条、郑福照《方仪卫先生年谱》道光六年条）

是年，王豫、吴慈鹤卒。

七年丁亥（1827）　六十七岁

秋，曲阜东野隆吉校刻先生《国朝汉学师承记》八卷、《国朝经师经义目录》一卷、《国朝宋学渊源记》二卷《附》一卷。（孙殿起《贩书偶记》卷三《经部·诸经总义类·诸经授受源流之属》）

是年，黄承吉作《孟子正义序》，忆及先生与焦循、李钟泗及黄氏四人嗜古同学，时有"江、焦、黄、李"之目。（黄承吉《梦陔堂文集》卷五《孟子正义序》）

是年，汪潮生重晤何元锡，极道三十年来离别之感，题诗以赠，忆及先生，有"昔君三十我二十，坐上春风动颜色……几度低回异死生，须眉惟有江郎（郑堂）在"云云。今先生《扁舟载酒词》有《一点春·汪大饮泉索题程四研红画梅花便面》《八归·汪大饮泉招同人集东柯草堂送石大远梅返吴门》《声声慢·题汪大饮泉秋隐荾填词图》等赠答汪氏之作。（汪潮生《冬巢集》卷二《重晤何梦华极道三十年来离别之感为歌以赠之明日梦华即返武林兼以志别》）

是年，姚文田、钮树玉卒。

八年戊子（1828）　六十八岁

秋，阮福撰成《滇南金石录》，自为之序。（阮福《滇南金石录》卷首《序》）

冬末，曲阜东公①印行先生《隶经文》四卷《续》一卷，先生同门顾广圻得之，后赐弟子某，弟子于除夕题跋于后。（江藩《隶经文》，南京图书馆藏，卷末有跋，扉页有顾广圻题记："此吾同门江子屏文，刻于粤东。戊子冬杪，曲阜冬公印行。"）

是年，刘文淇、刘宝楠与诸友赴金陵应乡试，不中。始相约各治一经，刘文淇任《左传》，刘宝楠任《论语》。后二人分别撰成《左传旧疏考正》八卷和《论语正义》二十四卷。另，先生卒后，汪喜孙偕刘文淇、刘宝楠校录先生《尔雅小笺》。（小泽文四郎《刘孟瞻先生年谱》道光八年条、上海图书馆藏清抄本《尔雅小笺》卷首《序目》后汪喜孙《跋》）

秦恩复刻《词源》后，阅十余年，得吴县戈载所校本，勘订讹谬，精严不苟。自哂前刻卤莽，几误古人，以误后学。爰取戈本重付梓人，公诸同好，庶免鱼鲁之讹。（道光八年刊《词源》秦恩复《跋》）

是年，凌霄卒。凌氏尝与先生同游莫愁湖、桃花庵，有诗纪其事。（吴嵩梁辑《溟鸥集》卷三凌霄《洪稚存提学（亮吉）孙渊如观察（星衍）蒋秋竹孝廉（知节）江郑堂上舍（藩）同游莫愁湖舟中口占》《范平圃（邦政）汪宁溪（百川）江郑堂吴兰雪（嵩梁）汪玉屏张子贞汪元波（承达）江素山暨兰溪弟同集桃花庵各成一律》）

九年己丑（1829）　六十九岁

秋，侄孙顺铭等请于先生，将所刻书板修补而汇萃之，颜曰《节甫老人杂著》，收录《周易述补》四卷附惠栋《易大义》一卷、《国朝汉学师承记》八卷、《国朝经师经义目录》一卷、《国朝宋学渊源记》二卷《附记》一卷、《隶经文》四卷《续》一卷，凡五种二十二卷。后光绪十二年丙戌，顺铭子

---

① 此东公当即本谱道光七年条所录校刻江藩：《国朝汉学师承记》八卷、《国朝经师经义目录》一卷、《国朝宋学渊源记》二卷《附》一卷之东野隆吉。

巨渠又以板多残缺，命二子朝栋、朝桢校雠补刊，增《乐县考》二卷、《扁舟载酒词》一卷，凡七种二十五卷，改题《江氏丛书》。(江藩《节甫老人杂著》卷首江顺铭《识语》、江藩《江氏丛书》江巨渠《识语》)

九月，《皇清经解》刻成，计一千四百卷，收书一百八十三种，撰著者七十三家。(《皇清经解》卷首夏修恕《序》)

十一月，阮福《孝经义疏补》刊成。(张鉴等《雷塘庵主弟子记》嘉庆九年条)

约是年，汪喜孙致函先生，告知先生《周易述补》已刊入《皇清经解》，并索求先生《文集》《汉学师承记》诸书。(汪喜孙撰、杨晋龙主编《汪喜孙著作集》上册《汪孟慈集》卷五《与郑堂先生书》)

是年，何元锡、刘彬华卒。先生与何氏有赠答之词，又尝得何氏所赠《梁武祠堂画像》，作有考释文字。(江藩《扁舟载酒词·澡兰香·题何三梦华媚兰小影》《半毡斋题跋》卷下《梁武祠堂画像》)

十年庚寅（1830）　七十岁

春夏间，先生卒。葬扬州桃花庵侧，友朋以诗文悼之。(陈逢衡《读骚楼诗二集》卷一《汪冬巢寒林独步图》、包世臣《安吴四种》卷十六《艺舟双辑·汪冬巢传》、汪潮生《冬巢集》卷四《曩以卜生庵图册乞题于郑堂练江题未成而两君皆殁秋窗展玩怆忆为诗》、黄承吉《梦陔堂文集》卷一《江郑堂像赞（并序）》《梦陔堂诗集》卷三十二《江郑堂没已数月秋窗坐忆恻然成诗》、汪喜孙《抱璞斋诗集》卷五《五哀诗·江郑堂先生》、丁晏《颐志斋感旧诗·江郑堂师》、王翼凤《舍是集》卷四《挽江郑堂（藩）先生》)

先生无嗣，尝以侄懋钧继之。(江藩《国朝汉学师承记》卷七《汪中》、江藩《国朝经师经义目录》卷末江懋钧《跋》)

昔年，先生自京师归，尝盛赞徐松及徐颋曰："京师学者，孰与二徐？"先生殁后，徐松出泉十万贯，俾汪喜孙校录先生遗书，《尔雅小笺》即其中之一。(江藩《尔雅小笺》卷首《序目》后汪喜孙《跋》，上海图书馆藏清抄本)

先生博学多识，著述等身。所撰大抵可分独著、参编、辑校三类。独著传世者有《周易述补》四卷（一作五卷）、《乐县考》二卷、《尔雅小笺》三卷、《隶经文》四卷《续》一卷、《国朝汉学师承记》八卷、《国朝经师经义目录》一卷、《国朝宋学渊源记》二卷《附记》一卷、《舟车闻见录》二卷《杂录续集》一卷《续录三集》一卷、《端研记》一卷、《续南方草木状》一卷、《广南禽虫述》一卷《兽述》一卷、《半毡斋题跋》二卷、《炳烛室杂文》一卷、《炳烛室杂文补遗》一卷（王欣夫辑）、《炳烛室杂文续补》一卷（漆永祥辑）、《乙丙集》二卷、《伴月楼诗抄》三卷、《扁舟载酒词》一卷，凡十八种四十五卷；存目者有《考工戴氏车制图翼》《仪礼补释》《礼堂通义》《经传地理通释》《石经源流考》《通鉴训纂》《蝇须馆杂记》（计五种，为《枪谱》《叶格》《茅亭茶话》《缁流记》《名优记》）、《竹西词抄》等，凡十二种。参编有《嘉庆扬州府图经》八卷、《嘉庆重修扬州府志》七十二卷《卷首》一卷、《道光广东通志》三百三十四卷《卷首》一卷、《道光肇庆府志》二十二卷《卷首》一卷，凡四种四百三十九卷。辑校有《校补陆志》一卷、《祖帐集》二卷、《赐杖集》二卷等数种。而旧题先生参编之《嘉庆扬州府图经》，很可能非先生所为。旧题先生所撰之《经解入门》，则绝非先生所为。今人漆永祥整理先生文集，收录有《隶经文》四卷、《续隶经文》一卷、《炳烛室杂文》一卷、《半毡斋题跋》二卷、《伴月楼诗抄》三卷、《扁舟载酒词》一卷及《炳烛室杂文补遗》一卷、《炳烛室杂文续补》一卷等，可见先生文辞之概貌。

主要参考文献

（清）江藩撰：《周易述补》《续修四库全书》本。

（清）江藩撰：《乐县考》《江氏丛书》本。

（清）江藩撰：《尔雅小笺》《鄦斋丛书》本。

（清）江藩撰：《隶经文》（附《续隶经文》）《续修四库全书》本。

（清）江藩撰：《国朝汉学师承记》《续修四库全书》本。

（清）江藩撰：《国朝汉学师承记》钟哲整理，中华书局1983年版。

徐洪兴编校：《汉学师承记》（外二种），生活·读书·新知三联书店1998年版。

（清）江藩纂，漆永祥笺释：《汉学师承记笺释》，上海古籍出版社2006年版。

（清）焦循、江藩纂：《扬州图经》，江苏古籍出版社1998年版。

（清）阿克当阿主修，姚文田、江藩等编纂：《嘉庆重修扬州府志》，江苏古籍出版社1991年《中国地方志集成》本。

（清）阮元修，陈昌齐、江藩等纂：《道光广东通志》，上海商务印书馆1934年影印本。

（清）屠英等修，江藩等纂：《道光肇庆府志》，《续修四库全书》本。

（清）江藩撰：《校补陆志》，江苏古籍出版社1991年《中国地方志集成》本《道光重修仪征县志》附。

（清）江藩撰：《炳烛斋杂著》，民国三十七年《合众图书馆丛书二集》本。

（清）江藩撰：《半毡斋题跋》，《功顺堂丛书》本。

（清）江藩撰：《炳烛斋杂文》，光绪三年《滂喜斋丛书》本。

（清）江藩撰，钱坤注：《河赋注》，《藕香拾遗》本。

（清）江藩撰：《乙丙集》，稿本，中国国家图书馆藏。

（清）江藩撰：《伴月楼诗抄》，清抄本，上海图书馆藏。

（清）江藩撰：《扁舟载酒词》，《江氏丛书》本。

（清）王杰等撰，江藩编：《祖帐集》，道光间刻本。

（清）王杰等撰，江藩编：《赐杖集》，嘉庆间刻本。

（清）江藩撰：《节甫老人杂著》，道光九年刻本。

（清）江藩撰：《江氏丛书》，光绪十二年刻本。

（清）江藩著，漆永祥整理：《江藩集》，上海古籍出版社2006年版。

漆永祥著：《江藩与〈汉学师承记〉研究》，上海古籍出版社2006年版。

闵尔昌撰：《江子屏先生年谱》，民国十六年江都闵氏刊本。

薛以伟撰：《江藩年谱补订》，南京师范大学2007年硕士学位论文。

李学勤主编：《十三经注疏》（标点本），北京大学出版社1999年版。

（清）皮锡瑞著，周予同注释：《经学历史》，中华书局1959年版。

朱维铮著：《中国经学史十讲》，复旦大学出版社2002年版。

中国科学院图书馆整理：《续修四库全书总目提要经部》，中华书局1993年版。

赵尔巽等撰：《清史稿》，中华书局1977年版。

王钟翰点校：《清史列传》，中华书局1987年版。

（清）钱仪吉纂：《碑传集》，中华书局1993年版。

闵尔昌纂：《碑传集补》，上海书店1988年影印《清碑传合集》本。

汪兆镛纂：《碑传集三编》，上海书店1988年影印《清碑传合集》本。

（清）李元度纂：《国朝先正事略》，岳麓书社2008年版。

（清）李桓辑：《国朝耆献类征初编》，台湾明文书局1985年影印本。

陈乃乾编：《清代碑传文通检》，中华书局1959年版。

蔡冠洛编：《清代七百名人传》，北京市中国书店1984年版。

（清）李放撰：《皇清书史》，台湾明文书局1985年版。

（清）丁绍仪辑：《清词综补》，中华书局1986年版。

徐世昌等编，沈芝盈、梁运华点校：《清儒学案》，中华书局2008年版。

郑晓霞、吴平标点：《扬州学派年谱合刊》，广陵书社2008年版。

王章涛著：《阮元年谱》，黄山书社2003年版。

章钰、武作成等编：《清史稿艺文志及补编》，中华书局1982年版。

王绍曾著：《清史稿艺文志拾遗》，中华书局2000年版。

柯愈春著：《清人诗文集总目提要》，北京古籍出版社2001年版。

孙殿起著：《贩书偶记》（附《续编》），上海古籍出版社1999年版。

上海图书馆编：《中国丛书综录》，上海古籍出版社1986年版。

（清）李斗撰，汪北平、涂雨公点校：《扬州画舫录》，中华书局1980年版。

（清）阮元撰：《定香亭笔谈》，《丛书集成初编》本。

（清）汪中著，田汉云点校：《新编汪中集》，广陵书社2005年版。

（清）凌廷堪著，王文锦点校：《校礼堂文集》，中华书局1998年版。

（清）焦循著，刘建臻点校：《焦循诗文集》，广陵书社2009年版。

（清）阮元撰：《揅经室集》，《续修四库全书》本。

（清）顾广圻撰：《思适斋集》，《续修四库全书》本。

顾廷龙主编：《续修四库全书》，上海古籍出版社2002年版。

刘凌、孔繁荣编校：《章太炎学术论著》，浙江人民出版社1998年版。

梁启超著：《中国近三百年学术史》，东方出版社1996年版。

张舜徽著：《清代扬州学记》，上海人民出版社1962年版。

赵航著：《扬州学派概论》，广陵书社2003年版。

刘建臻著：《清代扬州学派经学研究》，江苏人民出版社2004年版。

刘建臻著：《焦循学术论略》，社会科学文献出版社2012年版。

严迪昌著：《清词史》，江苏古籍出版社1999年版。